职业院校
汽车类"十二五"规划教材

"十二五"职业教育国家规划教材
经全国职业教育教材审定委员会审定

U0742540

汽车

行驶·转向·制动系统检修（第2版）

Maintenance of Automobile Driving,
Steering and Braking System (2nd Edition)

◎ 曾鑫 熊力 主编
◎ 宋广辉 谈丽华 韩小伟 罗永前 副主编

人民邮电出版社
北　京

图书在版编目（CIP）数据

汽车行驶·转向·制动系统检修 / 曾鑫，熊力主编
. -- 2版. -- 北京：人民邮电出版社，2014.9
职业院校汽车类"十二五"规划教材
ISBN 978-7-115-34583-7

Ⅰ. ①汽… Ⅱ. ①曾… ②熊… Ⅲ. ①汽车－行驶系
－车辆检修－高等职业教育－教材②汽车－转向装置－车
辆检修－高等职业教育－教材③汽车－制动装置－车辆检
修－高等职业教育－教材 Ⅳ. ①U472.41

中国版本图书馆CIP数据核字(2014)第030334号

内 容 提 要

　　本书按照"知识技能一体化"的教学要求组织教学内容，依据汽车行驶、转向与制动系统的结构
组成，从简单到复杂层层递进，将各系统组成结构、工作原理、维护保养、故障诊断、检测修理知识
和技能操作有机结合，结合我国当前的大众、东风、现代、丰田等主流车型进行介绍。

　　本书共分 3 个学习情境，主要介绍汽车行驶系统检修、汽车转向系统检修和汽车制动系统检修。
书中每个学习情境包含若干任务，每个任务包括任务分析、相关知识和任务实施。

　　本书既可作为高职高专院校汽车维修类专业的教材，也可作为汽车维修企业从业人员的岗位培训
教材，对从事汽车检测、诊断与维修等汽车服务一线的技术人员也具有参考价值。

◆ 主　　编　曾　鑫　熊　力

　　副主编　宋广辉　谈丽华　韩小伟　罗永前

　　责任编辑　刘盛平

　　责任印制　杨林杰

◆ 人民邮电出版社出版发行　　北京市丰台区成寿寺路 11 号

　　邮编　100164　电子邮件　315@ptpress.com.cn

　　网址　https://www.ptpress.com.cn

　　北京盛通印刷股份有限公司印刷

◆ 开本：787×1092　1/16

　　印张：15.25　　　　　　　2014 年 9 月第 2 版

　　字数：355 千字　　　　　2025 年 7 月北京第 13 次印刷

定价：33.00 元

读者服务热线：(010)81055256　印装质量热线：(010)81055316
反盗版热线：(010)81055315

Foreword
第 2 版
前 言

　　"汽车行驶·转向·制动系统检修"课程是汽车维修类专业的核心课程，主要讲授汽车转向、行驶和制动系统组成结构、工作原理、维护保养、故障诊断等方面的知识，培养学生汽车行驶、转向与制动系统检修的职业能力。

　　本书针对汽车维修职业岗位典型工作任务，强化汽车行驶、转向与制动系统检修的技能训练，使学生正确认知汽车行驶、转向和制动系统零部件，熟练掌握专用拆装工具和检测仪器设备的使用、系统的拆装、调整调试、诊断、检测和维修技能。

　　我们对本书的体系结构做了精心的设计，全书分为3个学习情境共14个学习任务，各任务依据系统结构组成内容由简单到复杂、由易到难层层推进，每个任务从知识点的学习到技能点的讲授再到典型技能训练任务的实施，最后通过学习工作页对任务进行巩固和复习，达到知识技能一体化的掌握。同时，在学习过程中，培养学生与领导、同事的沟通能力，与客户的交往能力，并养成安全、环保和质量意识，对促进学生就业具有显著的作用。

　　本书配备了PPT课件、任务工单、学习工作页、考核评价等丰富的教学资源，任课教师可到人民邮电出版社教学服务与资源网（www.ptpedu.com.cn）免费下载使用，同时本书配合国家精品课程网络教学平台（http://jpkc.hgpu.edu.cn/qcxsjx），既可方便教师参考使用，又能满足学生同步进行网络自主学习。本书的参考学时为86学时，各部分的参考学时参见下面的学时分配表。

情 境 名 称	学 习 任 务	学 习 目 标		参考学时
		知 识 目 标	能 力 目 标	
学习情境一 汽车行驶系统检修	任务一 车架与车桥检修 任务二 车轮与轮胎检修 任务三 车轮定位调整 任务四 悬架系统检修	1. 熟悉车架、车桥、车轮、轮胎、悬架系统等的结构 2. 掌握故障检修方法	1. 能够分析典型故障原因 2. 能够完成常见故障排除	24

续表

情境名称	学习任务	学习目标		参考学时
		知识目标	能力目标	
学习情境二 汽车转向系统检修	任务一　机械转向系统检修 任务二　液压助力转向系统检修 任务三　电控助力转向系统检修 任务四　智能转向系统检修	1. 熟悉各种转向系统的组成结构 2. 掌握故障检修方法	1. 能够分析典型故障原因 2. 能够完成常见故障排除	24
学习情境三 汽车制动系统检修	任务一　车轮制动器检修 任务二　液压制动系统检修 任务三　气压制动系统检修 任务四　ABS制动系统检修 任务五　ABS/ASR控制系统检修 任务六　制动能量回收系统检修	1. 熟悉汽车制动系统的组成结构 2. 掌握故障检修方法	1. 能够分析典型故障原因 2. 能够完成常见故障排除	38
总学时				86

　　本书在再版的过程中吸收了许多使用者提供的意见，在任务中增加了部分新技术内容，在学习情境三中单独增加了制动能量回收系统检修任务，增加了每个情境的练习题和全书综合题。

　　本书由武汉软件工程职业学院曾鑫和黄冈职业技术学院熊力任主编，黄冈职业技术学院宋广辉、武汉软件工程职业学院谈丽华、芜湖职业技术学院韩小伟、重庆电子工程职业学院罗永前任副主编。黄伟、卫登科、国树文、聂进、刘志君、卫登科、武永勤、聂进、程俊、赵小波、陶业齐等参加了编写。李春明主审了全书，并提出了很多宝贵的修改意见，我们在此表示诚挚的感谢。

　　由于水平有限，书中难免存在不妥之处，敬请广大读者批评指正。

编　者

2014年2月

Contents

目 录

Chapter 1

学习情境一
| 行驶系统检修 |

根据职业岗位能力要求，以行驶系统常见故障检修的实际工作过程为导向，依据故障常见部位和类型分为 4 个学习任务，以案例导入学习任务，通过学习能够全面掌握需要解决该故障所需具备的知识和技能。

学习任务	学习目标		
	知识目标	能力目标	素质目标
任务一 车架与车桥检修	（1）车架与车桥的功用 （2）车架与车桥的基本组成 （3）车架与车桥的类型	（1）车架与车桥的检查 （2）车架的检修 （3）车桥的拆装与调整	
任务二 车轮与轮胎检修	（1）车轮与轮胎的功用及类型 （2）车轮与轮胎的基本组成 （3）常见品牌轮胎的特点及选用方法	（1）车轮与轮胎的维护 （2）轮胎动平衡检测与调整 （3）正确进行车轮换位	（1）团队协作能力 （2）责任感、良好的职业操守 （3）良好的交际沟通能力 （4）分析解决问题的能力
任务三 车轮定位调整	四轮定位的定义、主要参数	（1）四轮定位仪的正确使用 （2）车轮定位故障检测与调整 （3）车轮定位检测故障的范围（什么情况下需要做四轮定位）	
任务四 悬架系统检修	（1）悬架系统的功用 （2）悬架系统的基本组成 （3）悬架系统的分类 （4）电控悬架系统 （5）电控悬架的原理	（1）电控悬架的基本检查 （2）电控悬架的故障诊断 （3）电控悬架系统检查注意事项 （4）电控悬架系统的调整	

任务一　车架与车桥检修

一、任务导入

　　车架俗称"大梁"，是汽车的装配基体，汽车绝大多数的零部件、总成都安装在车架上。另外，车架不仅承受各零部件、总成的载荷，还要承受汽车行驶时来自路面各种复杂载荷的作用，如汽车加速、制动时的纵向力，汽车转弯、侧坡行驶时的侧向力，不良路面传来的冲击等，受力情况如图1-1所示。

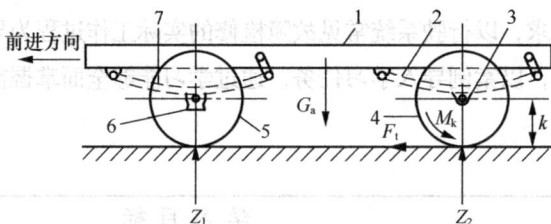

图1-1　车架受力结构图
1—车架；2、7—悬架；3、6—车桥；4、5—车轮

　　车桥通过悬架与车架或车身相连，支撑着汽车大部分重量。
　　车架与车桥是整个汽车的基础骨架部分。

二、相关知识

（一）车架的功用和结构

1. 车架的功用

① 支撑、连接各零部件、总成，保持各零部件和总成的相对位置，保证不发生运动干涉。

② 承受车内、外各种载荷的作用。

2. 车架的类型和构造

　　汽车上采用的车架主要有边梁式车架、中梁式车架、综合式车架和无梁式车架4种类型。目前汽车上多采用边梁式车架和无梁式车架。

（1）边梁式车架

　　边梁式车架如图1-2所示，它由两根纵梁和若干根横梁构成。纵梁和横梁之间通过铆接或焊接的方法连接起来。这种车架结构简单、便于整车的布置，同时有利于改装变型和扩展品种，所以在货车、客车、特种车、专用车等多种类型的汽车上都广泛应用。

纵梁的结构具有以下特点：①从宽度上看有前窄后宽、前宽后窄和前后等宽 3 种形式，前窄使前轮具有足够的偏转角度，提高了车辆的机动性能；后窄用于重型车辆，便于布置双胎。②从平面度上看有水平和弯曲两种形式，水平的纵梁便于零部件、总成的安装和布置；弯曲的纵梁可以降低车辆重心。③从断面形状上看有槽形、Z 字形、工字形和箱形几种，这些形状主要为了满足在质量小的前提下，车架具有足够的强度和刚度承受各种载荷。

> **提示**
>
> 横梁多为槽形，一般由低碳合金钢板冲压而成。

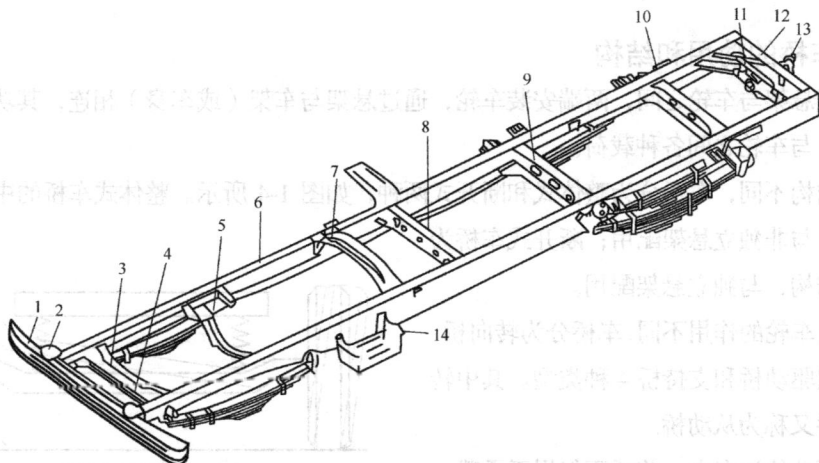

图1-2 边梁式车架

1—保险杠；2—挂钩；3—前横梁；4—发动机前悬置横梁；5—发动机后悬支架及横梁；6—纵梁；
7—驾驶室后悬置横梁；8—第四横梁；9—后钢板弹簧前支架横梁；10—后钢板弹簧后支架横梁；
11—角撑横梁组件；12—后横梁；13—拖钩；14—蓄电池托架

（2）无梁式车架

无梁式车架是用车身兼做车架，汽车的所有零部件、总成都安装在车身上，车身要承受各种载荷的作用。

> **提示**
>
> 这种车身又称为承载式车身，广泛用于乘用车和客车，如图1-3所示。
>
>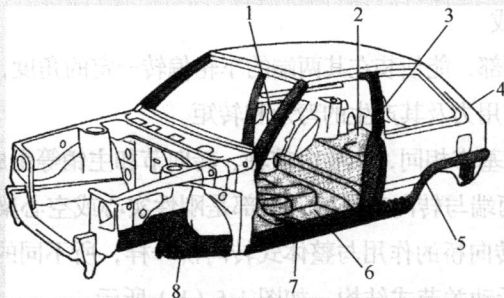
>
> 图1-3 承载式车身
>
> 1—A柱；2—行李舱底板；3—B柱；4—后围侧板；5—后纵梁；6—底板；7—车门栏板；8—前纵梁

（3）中梁式车架和综合式车架

中梁式车架和综合式车架由于结构复杂，加工制造及维修困难，所以目前很少应用。

3. 车架的失效形式

车架在使用过程中会出现弯曲变形、扭转变形、裂纹、锈蚀、螺栓、铆钉松动等失效形式。

由于车架承受各种载荷的作用，在某些情况下有可能出现车架的弯曲和扭转变形。车架的变形会导致汽车各总成之间的装配、连接位置发生变化，使得各系统出现故障。

为了汽车整体布局、安装的需要，车架常要制成各种形状，在形状急剧变化的地方往往会由于应力集中而导致裂纹、断裂，所以早期发现车架的裂纹对于汽车的安全非常重要。

恶劣的工作环境往往会使汽车车架锈蚀，路面不平产生的冲击震动会使螺栓、铆钉等连接松动。

（二）车桥的功用和结构

车桥位于悬架与车轮之间，两端安装车轮，通过悬架与车架（或车身）相连，其功用是传递车架（或车身）与车轮之间各种载荷。

按悬架结构不同，车桥分为整体式和断开式两种，如图1-4所示。整体式车桥的中部是刚性实心或空心梁，与非独立悬架配用；断开式车桥为活动关节式结构，与独立悬架配用。

按车桥上车轮的作用不同，车桥分为转向桥、驱动桥、转向驱动桥和支持桥4种类型。其中转向桥和支持桥又称为从动桥。

在后轮驱动的汽车中，前桥不仅用于承载，而且兼起转向作用，称为转向桥；后桥不仅用于承载，而且兼起驱动的作用，称为驱动桥。

前轮驱动和全轮驱动（4WD）等类型汽车的前桥，除了承载和转向的作用外，还兼起驱动作用，所以称为转向驱动桥。

只起支撑作用的车桥称为支持桥。挂车的车

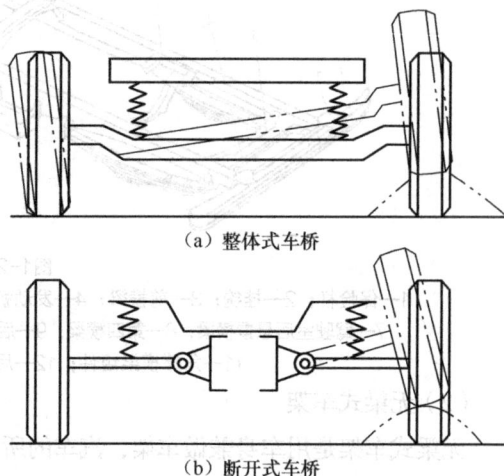

（a）整体式车桥

（b）断开式车桥

图1-4　整体式和断开式车桥

桥就是支持桥。支持桥除不能转向外，其他功能和结构与转向桥相同。

1. 转向桥的结构、组成

转向桥通常位于汽车前部，能使装在其两端的车轮偏转一定的角度，以实现汽车转向。同时还要承受车架与车轮之间的作用力及其产生的弯矩和转矩。

各种车型的转向桥结构基本相同，主要由前轴、转向节和主销等组成。

整体式转向桥的车桥两端与转向节铰接，中部是刚性实心或空心梁，与非独立悬架配用，如图1-5（a）所示。断开式转向桥的作用与整体式转向桥一样，所不同的是断开式转向桥与独立悬架匹配，断开式转向桥为活动关节式结构，如图1-5（b）所示。

提示 转向桥不仅要求具有足够的刚度和强度，同时为保证转向轻便、行驶稳定和减少轮胎磨损，应使转向轮具有正确的定位角和适当的转向角，应尽量减少转向桥的质量和转向传动件的摩擦阻力。

有些断开式转向桥没有车轴（或车梁），仅由一些与悬架共用的杆件组成。

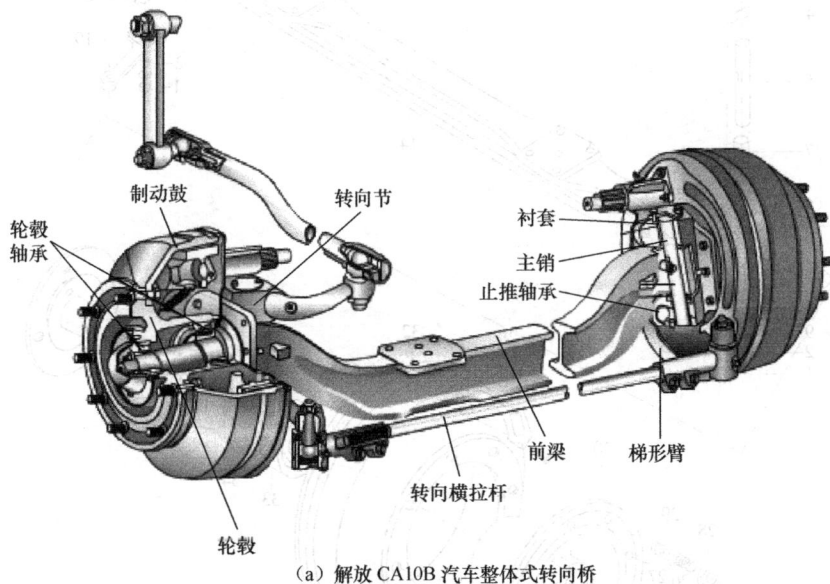

（a）解放 CA10B 汽车整体式转向桥

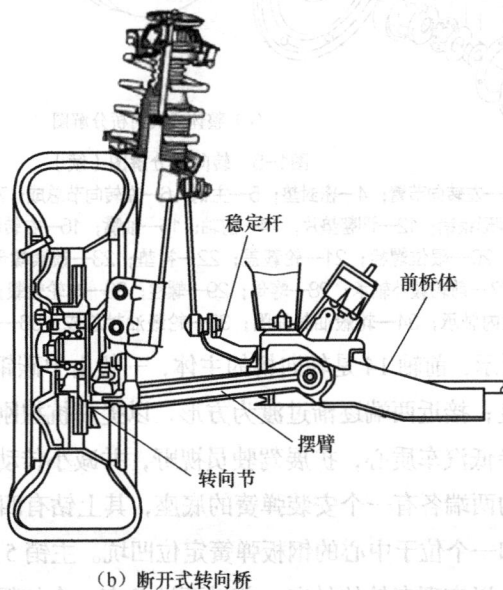

（b）断开式转向桥

图 1-5　转向桥分解图

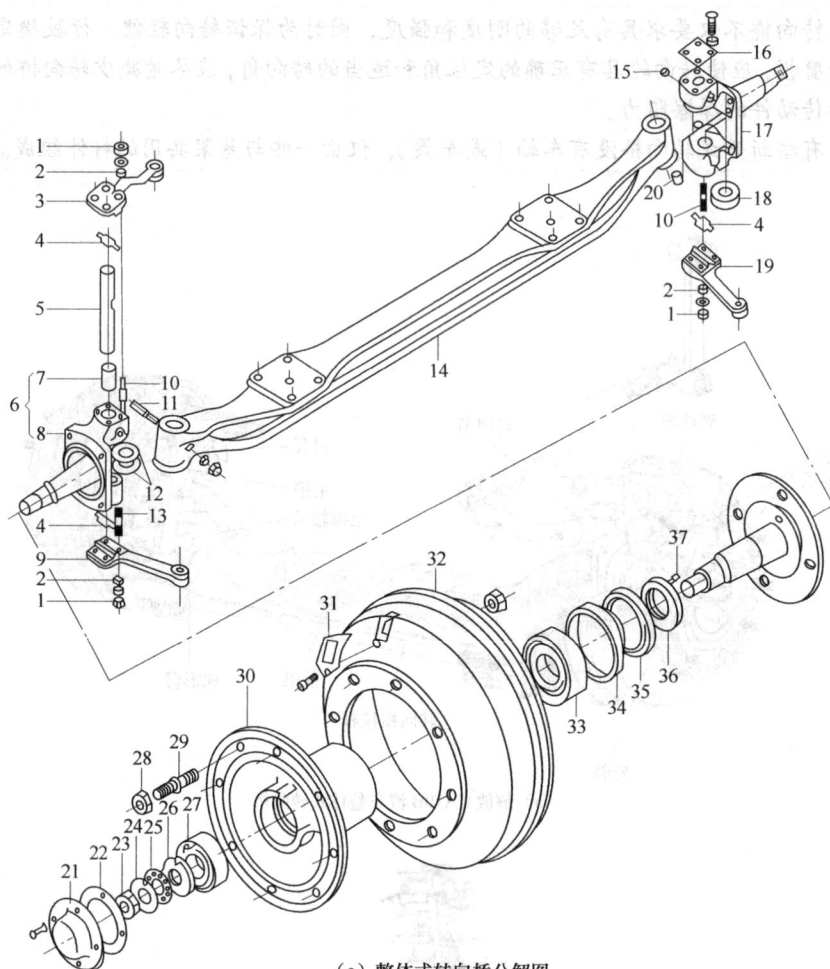

（c）整体式转向桥分解图

图1-5　转向桥分解图（续）

1—紧固螺母；2—锥套；3—左转向节臂；4—密封垫；5—主销；6—左转向节总成；7—衬套；8—左转向节；9—左转向梯形臂；
10、13—双头螺柱；11—楔形锁销；12—调整垫片；14—前轴；15—油嘴；16—右转向节臂；17—右转向节；18—滚子推力轴承；
19—右转向梯形臂；20—限位螺栓；21—轮毂盖；22—衬垫；23—锁紧螺母；24—止动垫圈；25—锁紧垫圈；
26—调整螺母；27—前轮毂外轴承；28—螺母；29—螺栓；30—车轮轮毂；31—检查孔堵塞；32—制动鼓；
33—前轮毂内轴承；34—轮毂油封外圈；35—轮毂油封总成；36—轮毂油封内圈；37—定位销

如图1-5（c）所示，前轴14是转向桥的主体，一般由中碳钢经模锻而成。其端面采用工字形断面以提高抗弯强度；接近两端逐渐过渡为方形，以提高抗扭刚度。中部向下弯曲，使发动机位置得以降低，从而降低汽车质心，扩展驾驶员视野，并减小传动轴与变速器输出轴之间的夹角。在前轴凹形上平面的两端各有一个安装弹簧的底座，其上钻有四个安装U形螺栓骑马螺栓（俗称骑马螺栓）的通孔和一个位于中心的钢板弹簧定位凹坑。主销5是铰接前轴14与转向节8，使转向节绕着主销摆动，以实现车轮的转向。前轴两端各有一个加粗部分，呈拳形，称为拳部，其中有通孔，主销即装入此孔内。用带有螺纹的楔形锁销11将主销固定在拳部孔内，使之不能转动。主销的作用是铰接前轴与转向节，通常，乘用车乘用车中不设独立的主销，而以转向节上、下球头中心的连线为主销的轴线。

转向节是一个叉形部件。上下两叉制有安装主销的同轴销孔，通过主销与前轴的拳部相连，使前轮可以绕主销偏转一定角度而使汽车转向。为了减小磨损，转向节销孔内压入青铜衬套 7，衬套上的润滑油槽在上面端部是切通的，用装在转向节上的油嘴 15 注入润滑脂润滑。为使转向灵活轻便，在转向节下叉与前轴拳部之间装有滚子推力轴承 18。在转向节上叉与拳部之间装有调整垫片 12，以调整其间的间隙。转向节轴上有两道轴颈，内大外小，用于安装内外轮毂轴承 27 和 33。在转向节的上叉上装有与转向节臂 3 和 16 制成一体的凸缘，在下叉上则装有与转向梯形臂 9 和 19 制成一体的凸缘，此两凸缘上均制有一矩形键，因此在左转向节的上、下叉上都有与之配合的键槽。转向节通过矩形键和带有锥形套的双头螺栓与转向节臂及梯形臂相连。

> 车轮轮毂通过内外两个圆锥滚子轴承 27 和 33 支撑在转向节轴颈上。汽车转向时转向节绕主销旋转，带动前轮绕主销旋转。车轮轮毂轴承的松紧度可用调整螺母加以调整。轮毂外端用冲压的金属罩盖住。车轮轮毂转向节上还装有限位螺栓，与前轴上的限位凸台相配合，可以限制并调整转向轮的最大偏转角。

2. 转向驱动桥

转向驱动桥如图 1-6 所示，与一般驱动桥一样，由主减速器、差速器、半轴和桥壳组成。由于转向时转向车轮需要绕主销偏转一个角度，故与转向轮相连的半轴必须分成内外两段（内半轴和外半轴），其间用万向节（一般多用等角速万向节）连接，同时主销也因此而分制成两段（或用球头销代替）。转向节轴颈部分做成中空，以便外半轴从其中穿过。

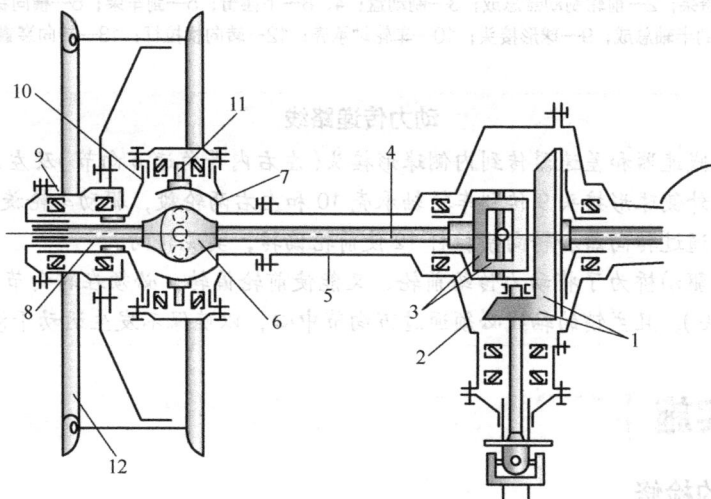

图1-6　转向驱动桥示意图
1—主减速器；2—主减速器壳；3—差速器；4—内半轴；5—半轴套管；6—万向节；
7—球形支座；8—外半轴；9—轮毂；10—转向节壳体；11—主销；12—车轮

3. 桑塔纳 2000 转向驱动桥

大多数乘用车都采用了发动机前置、前轮驱动的布置形式，前桥都是转向驱动桥。图 1-7 所示为桑塔纳 2000 乘用车的前桥总成，采用的是断开式、独立悬架转向驱动桥。

车桥上端通过左、右悬架与承载式车身相连接，下端通过三叉形左、右下摆臂与固定在车身上的副车架相连接，车轮上下跳动时，摆臂绕支承关节摆动，从而使前轮固定。悬架下摆臂通过球形接头与转向节连接，并通过下摆臂上的长孔可调整车轮外倾角，为了减小车辆转向时的车身倾斜，在副车架与下摆臂之间还装有横向稳定器。

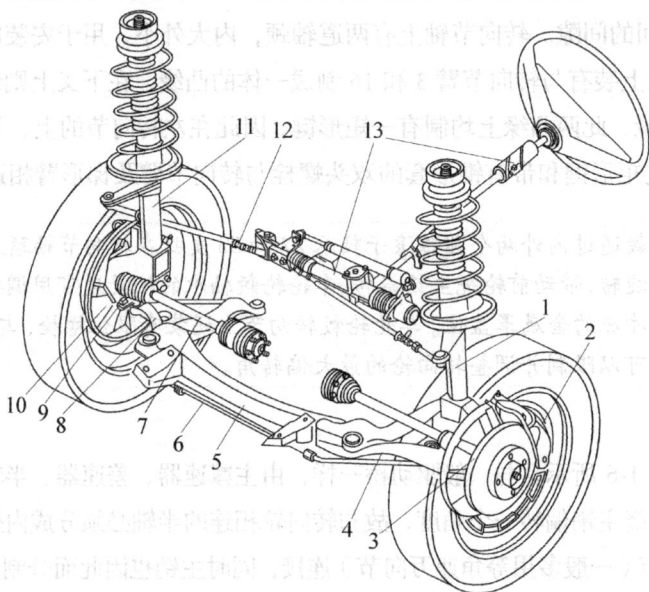

图1-7 桑塔纳2000乘用车的转向驱动桥（主减速器和差速器未画出）

1、11—悬架；2—前轮制动器总成；3—制动盘；4、8—下摆臂；5—副车架；6—横向稳定器；
7—传动半轴总成；9—球形接头；10—车轮轴承壳；12—转向横拉杆；13—转向装置总成

动力传递路线

经主减速器和差速器传到内侧球形接头（左右内等角速万向节）及左右传动半轴7，并经左右外侧球形接头9传到车轮轴承壳10和左右两轮毂，驱动车轮旋转。当转动转向盘时，通过转向器和转向横拉杆12使前轮偏转，实现转向。

转向驱动桥为了将动力传给前轮，又能使前轮偏转，必须在转向节内加装万向节（球形接头），且主销的轴线必须通过万向节中心，以确保不发生运动干涉。

三、任务实施

（一）车架的检修

1. 车架外观检查

从外观上检查车架是否有严重的变形、裂纹、锈蚀、螺栓或铆钉松动等现象。

2. 车架变形的检修

车架弯曲的检查可以通过拉线、直尺等来测量、检查。一般要检查车架上平面和侧平面的直线度误差。车架纵梁直线度允许误差为1 000mm，长度上不大于3mm。

车架扭转通常采用对角线法进行测量。如图1-8所示，分段测量车架各段对角线1—1、

2—2、3—3、4—4 长度差，不应超过 5mm。如果车架的各项形位误差超过标准值，则应进行校正。

3. 车架裂纹的检修

车架出现裂纹，应根据裂纹的长短及所在部位的不同，采取不同的修复方法。微小的裂纹可以采用焊修的方法。裂纹较长但未扩展至整个断面，且受力不大的部位，应先进行焊修，再用三角形腹板进行加强，如图1-9所示。

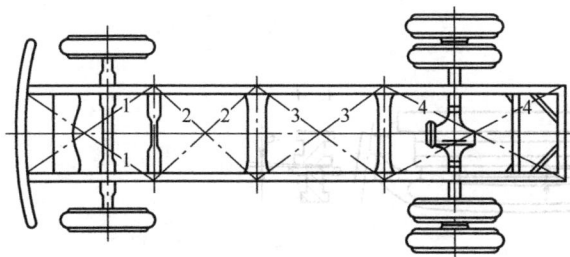

图1-8　车架扭转的检查　　　　　　　　图1-9　用三角形腹板加强

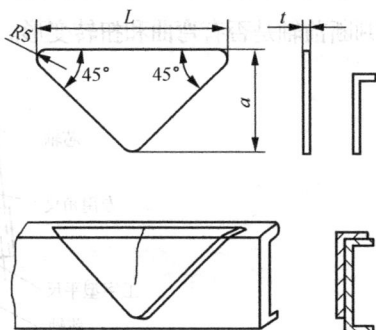

> **提示**
> 如果裂纹已扩展到整个断面，或虽未扩展到整个断面，但在受力较大的部位时，应先对裂纹进行焊修，然后用角形或槽形腹板进行加强，如图1-10所示。加强腹板在车架上的固定，可以采用铆接、焊接或铆焊结合的方法。采用铆接方法时，铆钉孔应上下交错排列。采用铆焊结合的方法时，应先铆后焊，以免降低铆接质量。采用焊接方法时，应尽量减少焊接部位的应力集中。

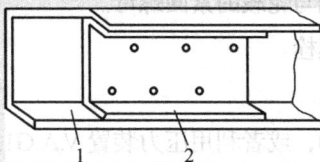

图1-10　用槽形腹板加强
1—纵梁；2—槽形腹板

（二）车桥的维护

车桥的维护主要包括3个方面的内容。

1. 检查车桥漏油

主要是检查驱动桥、转向驱动桥的相关部位是否有漏油的地方。

2. 检查车桥部位的螺栓、螺母是否松动

用扭力扳手按规定力矩将螺栓、螺母重新紧固。

3. 前轮定位的检查和调整

一般采用四轮定位仪检查车轮外倾角、主销内倾角、主销后倾角、前束，并调整以符合标准值。

（三）前轴的检修

1. 前轴的磨损

① 当钢板弹簧座平面磨损大于 2mm 或定位孔磨损大于 1mm 时，需堆焊修复或更换新件。

② 主销承孔的磨损。承孔与主销的配合间隙：乘用车不大于 0.10mm，载货汽车不大于 0.20mm。磨损超过极限，可采用镶套法修复。

2. 前轴变形的检修

① 前轴变形的检验。常用的检测方法是采用如图 1-11 所示的角尺检验法。通过测量 a、b 值可以判断前轴是否有弯曲和扭转变形。

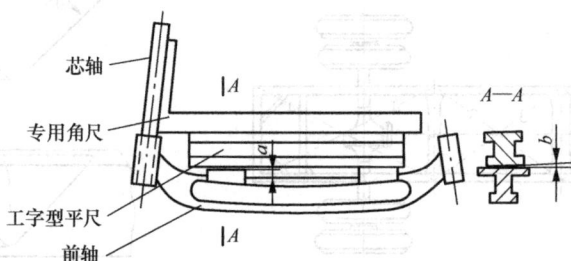

图1-11　角尺检验法

② 前轴校正。前轴变形校正必须在钢板弹簧座和定位孔、主销孔磨损修复后进行，以便减少检验、校正的积累误差，提高生产率。校正多采用冷压校正法，使用大型的前轴液压检验校正机设备完成。

（四）桑塔纳 2000 半轴总成的拆装

1. 拆卸

① 在车轮着地时，拧下传动轴与轮毂的紧固螺母。

② 拧下传动轴凸缘上的紧固螺栓。

③ 将传动轴与凸缘分开。

④ 从车轮轴承壳内拉出传动轴，或者利用压力装置 V.A.G1389 拉出传动轴。

> **提示**　拆卸传动轴时，轮毂绝对不能加热，否则会损坏车轮轴承，原则上应使用拉具。拆掉传动轴后，应装上一根连接轴来代替传动轴，防止移动卸掉传动轴的车辆时，损坏前轮轴承总成。

2. 安装

① 擦净传动轴和花键上的油污，涂上锂基润滑脂。

② 在外万向节的花键上涂上一圈 5mm 的防护剂 D6，然后装上传动轴花键套。涂防护剂后的传动轴安装后应停车 60min，才可使用汽车。

③ 将球头销重新装配在原位置，并拧紧螺母。在安装球头销时，不能损坏波纹管护套。

④ 必要时检查前轮外倾角。

⑤ 车轮着地后，拧紧轮毂固定螺母。

任务二 车轮与轮胎检修

一、任务导入

随着汽车的普及，车辆越来越多，车轮对车辆的安全、舒适起到至关重要的作用，特别是轮胎质量已经上升到影响驾车以及乘客生命安全的高度。消费者在考虑车型省油、经济耐用或者养护成本的同时，轮胎的质量问题已经不容车主忽视。我们必须正视自己座驾轮胎的情况，尽量降低胎噪，降低磨损速度，防止异常磨损，保证自己以及家人的行车安全。

二、相关知识

（一）车轮的功用与组成

车轮是介于轮胎和车桥之间承受负荷的旋转组件，其功用是安装轮胎，承受轮胎与车桥之间的各种载荷的作用。车轮与轮胎又称车轮总成。

车轮俗称钢圈，一般是由轮毂、轮辋和轮辐组成，如图1-12所示。轮毂通过圆锥滚子轴承或者固定轴承的法兰装在车桥或转向节轴径上，用于连接车轮与车桥。轮辋用于安装和固定轮胎。轮辐用于将轮毂和轮辋连接起来，并通过螺栓与轮毂连接起来。

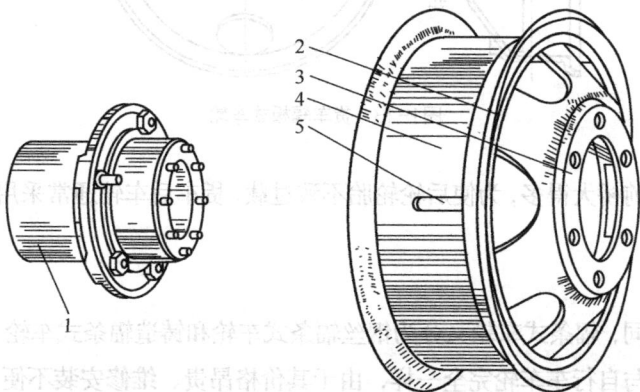

图1-12 车轮的组成
1—轮毂；2—挡圈；3—轮辐（辐板式）；4—轮辋；5—气门嘴出口

车轮按材质一般分为钢车轮和合金车轮。合金车轮多以铝为基本材料，适当加入锰、镁、铬、钛等金属元素而成。

　　汽车，因钢车轮高速行驶时易变形、制动时产生高温导致爆胎、制动效能降低，铝合金由于热传导系数比钢、铁等大三倍，从而增强了制动效能、提高了轮胎和制动盘的使用寿命、有效保障了汽车的安全行驶，因此越来越多的汽车采用铝合金车轮，但铝合金车轮的耐用性稍差，且一旦遇到坚硬物碰撞后变形不能修复，使用成本较高。

（二）车轮的构造

1. 轮辐

按轮辐结构的不同，车轮可以分为辐板式车轮和辐条式车轮两种。

（1）辐板式车轮

货车辐板式车轮如图1-13所示。

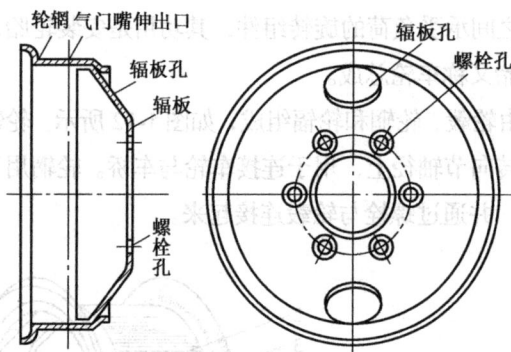

图1-13　货车辐板式车轮

　　货车后桥负荷比前桥大得多，为使后轮轮胎不致过载，货车后车轮通常采用双式车轮，如图1-14所示。

（2）辐条式车轮

　　按辐条结构的不同，辐条式车轮又分为钢丝辐条式车轮和铸造辐条式车轮，如图1-15所示。钢丝辐条式车轮的结构与自行车车轮完全一样，由于其价格昂贵、维修安装不便，故仅用于赛车和某些高级乘用车上。另外，辐条式车轮还不能与无内胎轮胎组合使用。铸造辐条式车轮常用于重型货车上，辐条与轮毂铸成一体，轮辋是用螺栓和特殊形状的衬块固定在辐条上，为了使轮辋和辐条很好地对中，在轮辋和辐条上都应加工出配合锥面。

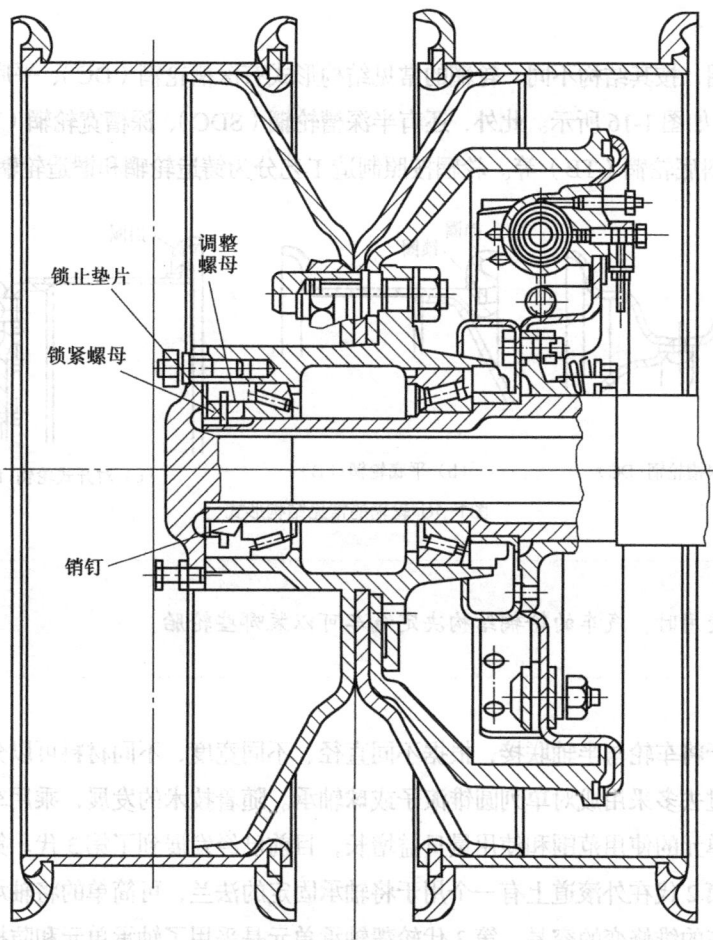

锁止垫片

调整螺母

锁紧螺母

销钉

图1-14 货车双式车轮

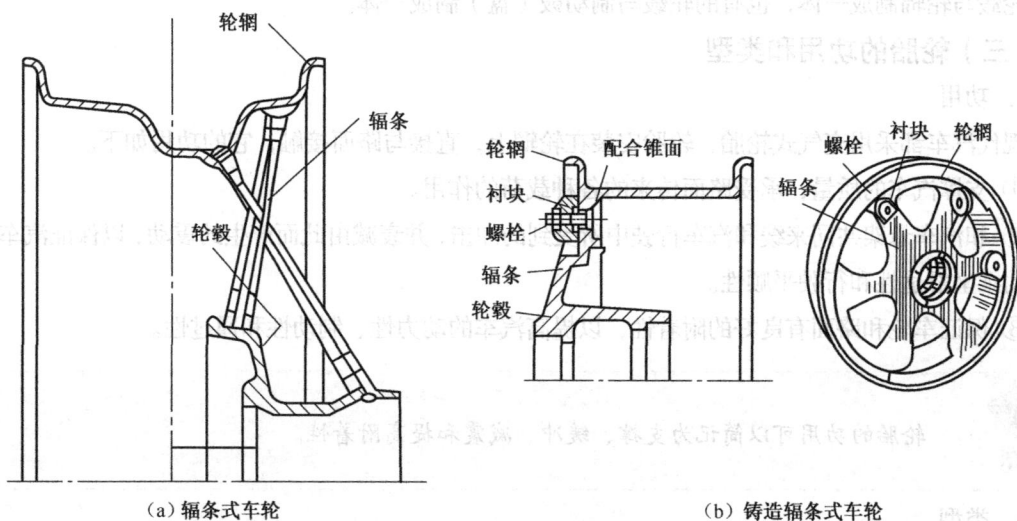

轮辋

辐条

轮毂

（a）辐条式车轮

轮辋 配合锥面

衬块
螺栓
辐条
轮毂

螺栓 衬块 轮辋
辐条

（b）铸造辐条式车轮

图1-15 辐条式车轮

2. 轮辋

轮辋俗称轮圈，按其结构不同，轮辋的常见结构形式有深槽轮辋（DC）、平底轮辋（FB）和对开式轮辋（DT），如图1-16所示。此外，还有半深槽轮辋（SDC）、深槽宽轮辋（WDC）、平底宽轮辋（WFB）和全斜底轮辋（TB）等。轮辋按照制造工艺分为铸造轮辋和锻造轮辋。

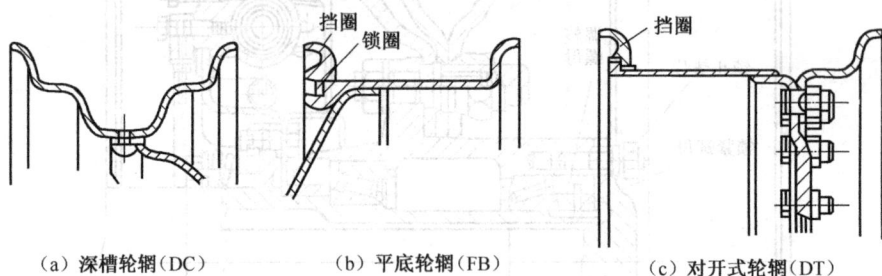

（a）深槽轮辋（DC）　　　　　（b）平底轮辋（FB）　　　　　（c）对开式轮辋（DT）

图1-16 轮辋的常见结构形式

提示　在使用时，汽车的轮辋结构决定汽车可以装哪些轮胎。

3. 轮毂

轮毂主要用于将车轮与半轴联接，根据不同直径、不同宽度、不同材料可以分出很多型号。乘用车的轮毂轴承过去多采用成对单列圆锥滚子或球轴承。随着技术的发展，乘用车已经广泛的使用轮毂单元。轮毂单元的使用范围和使用量日益增长，目前已经发展到了第3代。第1代是由双列角接触轴承组成。第2代在外滚道上有一个用于将轴承固定的法兰，可简单的将轴承套到轮轴上用螺母固定，使得汽车的维修变的容易。第3代轮毂轴承单元是采用了轴承单元和防抱死系统相配合。轮毂单元设计有内法兰和外法兰，内法兰用螺栓固定在驱动轴上，外法兰将整个轴承安装在一起。有的轮毂与轮辐制成一体，也有的轮毂与制动鼓（盘）制成一体。

（三）轮胎的功用和类型

1. 功用

现代汽车都采用充气式轮胎，轮胎安装在轮辋上，直接与路面接触，它的功用如下。

① 支撑汽车的质量，承受路面传来的各种载荷的作用。

② 和汽车悬架共同来缓和汽车行驶中所受到的冲击，并衰减出此而产生的震动，以保证汽车有良好的乘坐舒适性和行驶平顺性。

③ 保证车轮和路面有良好的附着性，以提高汽车的动力性、制动性和通过性。

提示　轮胎的功用可以简记为支撑、缓冲、减震和提高附着性。

2. 类型

① 按轮胎内空气压力的大小，轮胎分为高压胎（0.5～0.7MPa）、低压胎（0.2～0.5MPa）和超

低压胎（0.2MPa 以下）3 种。低压胎弹性好、减震性能强、壁薄散热性好、与地面接触面积大附着性好，因而广泛用于乘用车。超低压胎在松软路面上具有良好的通过能力，多用于越野汽车及部分高级乘用车。

② 按轮胎有无内胎，轮胎分为有内胎轮胎和无内胎轮胎（俗称真空胎）2 种。

③ 按胎体帘布层结构的不同，轮胎分为斜交轮胎和子午线轮胎。目前，子午线胎在汽车上广泛应用。

> **提示**
>
> 目前乘用车上应用的轮胎主要是低压（超低压）、无内胎的子午线轮胎。

3. 常见轮胎品牌

世界上最著名的三大轮胎品牌是法国的米其林（MICHELIN）、日本的普利司通（BRIDGESTONE）和美国的固特异（GOODYEAR），现在都已在国内设立生产基地，它们的产品也在很多国产或合资车型上装配。

在国内生产的车型上，常见的原配轮胎品牌有日本的邓禄普（DUNLOP）、日本的优科豪马（YOKOHAMA）、美国的百路驰（BFGOODRICH）、韩国的韩泰（HANKOOK）、韩国的锦湖（KUMHO）、印尼的佳通（GITI）、中国台湾的玛吉斯（MAXXIS）、中国山东的三角（TRANGLE）等，另外一些进口车上较常见的原配轮胎还有德国的马牌（CONTINENTAL）、意大利的倍耐力（PIRELLI）、韩国的耐克森（NEXEN）等。

米其林轮胎是很多豪车的御用轮胎，排水性、舒适性、抓地性都非常出色，是改装和升级的首选，但米其林轮胎质地偏软，耐久性较差，而且价格比较高昂。

普利斯通轮胎是国产丰田、本田车型的出厂轮胎，舒适性不错，胎噪也很小，但轮胎的侧壁比较薄，容易造成侧面的破损，属于性价比较高的轮胎之一。

固特异轮胎是很多 10～20 万元车型的原厂配套轮胎，固特异轮胎的材质偏硬，轮胎耐磨，使用周期长，缺点就是胎噪比较大。

韩泰轮胎是目前保有量较高的品牌轮胎，一汽大众、上海大众、北京现代都选择搭配韩泰轮胎。韩泰轮胎优点是造价相对低廉，使用周期较长，性价比较高，但是轮胎的侧壁较薄，容易被硬物刮破。

（四）轮胎的结构

1. 有内胎轮胎

有内胎轮胎由外胎、内胎和垫带等组成，使用时安装在汽车车轮的轮辋上，如图 1-17 所示。

内胎是一个环形的橡胶管，上面装有气门嘴，以便充入或排出空气，为使内胎在充气状态下不产生褶皱，其尺寸应稍小于外胎的内壁尺寸。

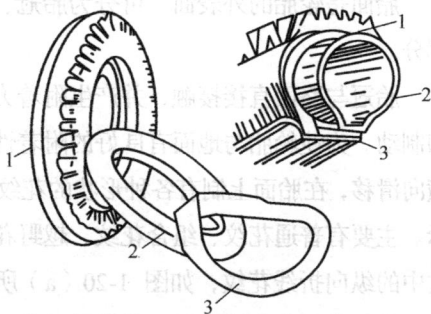

图1-17 有内胎轮胎
1—外胎；2—内胎；3—垫带

垫带是一个环形的橡胶带，它垫在内胎与轮辋之间，以保护内胎不被轮辋和胎圈磨伤。

2. 无内胎轮胎

无内胎轮胎俗称真空胎，在外观上与普通轮胎相似，但是没有内胎及垫带。它的气门嘴用橡胶垫圈和螺母直接固定在轮辋上，空气直接充入外胎中，其密封性由外胎和轮辋来保证，如图1-18所示。

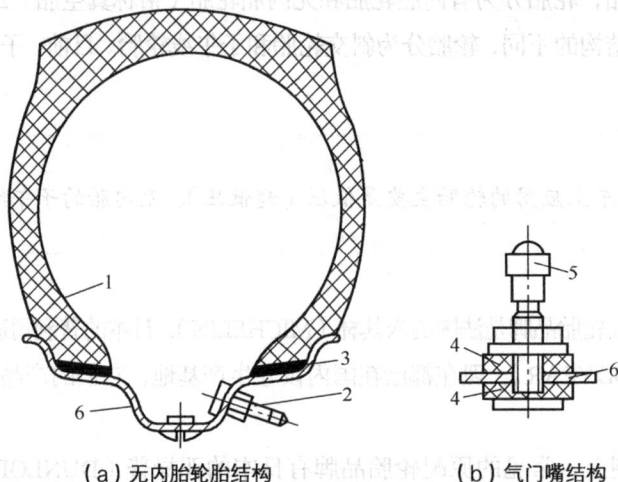

（a）无内胎轮胎结构　　　　　　（b）气门嘴结构

图1-18　无内胎轮胎

1—橡胶密封层；2—气门嘴；3—胎圈橡胶密封层；4—橡胶垫圈；5—气门螺母；6—轮辋

> **提示**
>
> 无内胎轮胎的内壁有一层橡胶密封层，有的在该层下面还有一层自粘层，能自行将刺穿的孔粘合。在胎圈外侧也有一层橡胶密封层，用以加强胎圈与轮辋之间的气密性。无内胎轮胎一旦被刺破，穿孔不会扩大，故漏气缓慢，胎压不会急剧下降，仍能继续行驶一定距离，可消除爆胎的危险。因无内胎，摩擦生热少、散热快，适用于高速行驶；此外，结构简单，质量较轻，维修也方便。但密封层和自粘层易漏气，途中修理也较困难。无内胎轮胎必须配用深槽轮辋，目前在乘用车上应用较多。

3. 外胎的结构

外胎由胎面、帘布层、缓冲层和胎圈组成，如图1-19所示。

（1）胎面

胎面是轮胎的外表面，可分为胎冠、胎肩和胎侧三部分。

胎冠与路面直接接触，并产生附着力，使车辆行驶和制动。为使轮胎与地面有良好的附着性能，防止纵、横向滑移，在胎面上制有各种形状的花纹，如图1-20所示。主要有普通花纹、组合花纹、越野花纹等。普通花纹中的纵向折线花纹，如图1-20（a）所示，最适合在较好的硬路面上高速行驶，广泛用于乘用车、客车、货车等各种车辆；横向花纹，如图1-20（b）所示，仅用于货车。如图1-20（c）所示，组合花纹由纵向折线花

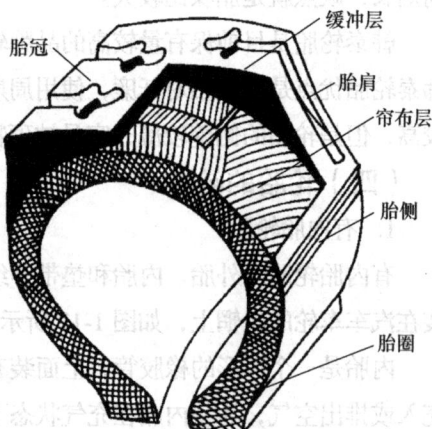

图1-19　外胎的结构

胎冠　缓冲层　胎肩　帘布层　胎侧　胎圈

纹和横向花纹组合而成，在好路面和不良路面上都可提供稳定的驾驶性能，广泛用于客车和货车。如图 1-20（d）所示，越野花纹的凹部深而粗，在软路面上与地面附着性好，越野能力强，适用于矿山、建筑工地及其他一些在松软路面上使用的越野汽车轮胎。

（a）纵向折线花纹　　　（b）横向花纹　　　（c）组合花纹　　　（d）越野花纹

图1-20　胎面花纹

胎肩是较厚的胎冠和较薄的胎侧间的过渡部分，一般也制有各种花纹，以提高该部位的散热性能。

胎侧又称胎壁，它由数层橡胶构成，覆盖轮胎两侧，保护内胎免受外部损坏。胎侧在行驶过程中，不断地在载荷作用下挠曲变形。胎侧上标有厂家名称、轮胎尺寸及其他资料。

（2）帘布层

帘布层是外胎的骨架，主要用于承受载荷，保持外胎的形状和尺寸，并使其具有足够的强度。帘布层通常由成双数的多层帘布用橡胶贴合而成，相邻层的帘线交叉排列。帘布层数越多，轮胎的强度越大，但弹性下降。帘线可以是棉线、人造丝、尼龙和钢丝。

按照帘布层帘线排列方式的不同，外胎可以分为斜交轮胎和子午线轮胎，如图 1-21 所示。

斜交轮胎帘布层的帘线按一定角度交叉排列，帘线与轮胎横断面的交角通常为50°，如图 1-22 （a）所示。子午线轮胎帘布层帘线排列的方向与轮胎横断面一致，即垂直于轮胎胎面中心线，类似于地球仪上的子午线。子午线轮胎胎侧比斜交轮胎软，在径向上容易变形，可以增加轮胎的接地面积，即使在充足气后，两侧壁上也有一个特殊的凸起部，如图 1-22（b）所示。

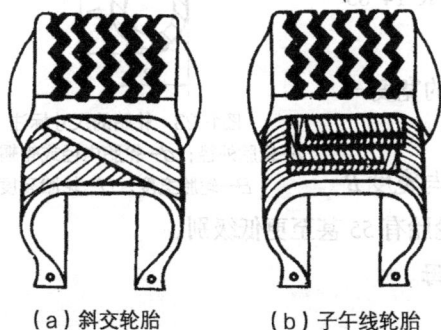

（a）斜交轮胎　　　（b）子午线轮胎

图1-21　轮胎的结构形式

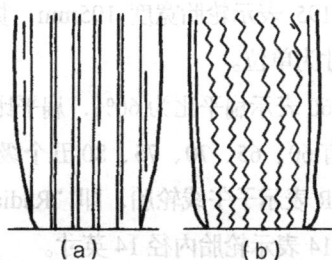

（a）　　　（b）

图1-22　子午线轮胎与斜交轮胎胎侧比较

子午线胎与斜交轮胎相比较具有行驶里程长、滚动阻力小、节约燃料、承载能力大、减震性能好、附着性能好、不易爆胎等优势，目前在汽车上应用广泛。

（3）缓冲层

缓冲层夹在胎面和帘布层之间，由两层或数层较稀疏的帘布和橡胶制成，弹性较大。其作用是加强胎面与帘布层之间的结合，防止汽车紧急制动时胎面与帘布层脱离，并缓和汽车行驶时所受到的路面冲击。

（4）胎圈

胎圈由钢丝圈、帘布层包边和胎圈包布组成，有很大的刚度和强度，可以使外胎牢固地安装在轮辋上。

新技术

轮胎气压调节系统

为提高汽车的性能，有些汽车上配置了轮胎气压调节系统或者轮胎气压监测系统，对轮胎气压进行监测报警、充放气调节，主要包括下面三个方面功能。

① 汽车在松软地面上行驶时，可降低轮胎气压，增大轮胎的接地面积，减小其单位面积载荷，从而提高汽车的通过性。

② 当轮胎穿孔而漏气时，系统可为轮胎充气而使汽车继续行驶，不需马上更换轮胎。

③ 监测报警轮胎气压，使轮胎保持所需要的气压，有效提高行驶安全性和燃油经济性。

（五）轮胎规格的表示方法

轮胎的尺寸标注如图 1-23 所示。

1. 斜交轮胎的规格

我国和大多数国家一样，斜交轮胎的规格用 B-d 表示，载货汽车斜交轮胎的尺寸 B 和乘用车斜交轮胎的尺寸 d 均使用英寸（1 英寸≈25.4mm）为单位，例如，9.00-20 表示轮胎宽度为 9.00 英寸、轮胎内径为 20 英寸的斜交轮胎。

2. 子午线轮胎的规格

以上海桑塔纳 2000GSi 乘用车轮胎的规格 195/60 R 14 85 H 为例进行说明。

① 195 表示轮胎宽度 195mm，货车子午线轮胎的宽度一般用英寸为单位。

图1-23　轮胎的尺寸标注
D—轮胎外径；d—轮胎内径或轮辋直径；
B—轮胎宽度；H—轮胎高度

② 60 表示扁平比为 60%，扁平比为轮胎高度 H 与宽度 B 之比，有 60、65、70、75、80 五个级别，有些进口轮胎有 55 甚至更低级别。

③ R 表示子午线轮胎，即 "Radial" 的第 1 个字母。

④ 14 表示轮胎内径 14 英寸。

⑤ 85 表示荷重等级，即单条轮胎允许的最大载荷质量。荷重等级为 85 的轮胎的最大载荷质量为 515kg，各等级对应的载荷质量可查阅相关国家标准。

⑥ H 表示速度等级，表明轮胎能行驶的最高车速。另外，在轮胎规格前加 "P" 表示乘用车轮

胎；在胎侧标有"REINFORCED"表示经强化处理，"RADIAL"表示子午线胎，"TUBELESS"（或TL）表示无内胎（真空胎），"M＋S"（Mud and Snow）表示适于泥地和雪地，"→"表示轮胎旋向，不可装反。

3. 轮胎胎侧标记含义

依据规定，轮胎两侧上必须标有规格、厂商、标准轮辋、生产编号及机构代号等，乘用车轮胎还必须标有速度级别代号及胎面磨损标志位置等，如图1-24所示。

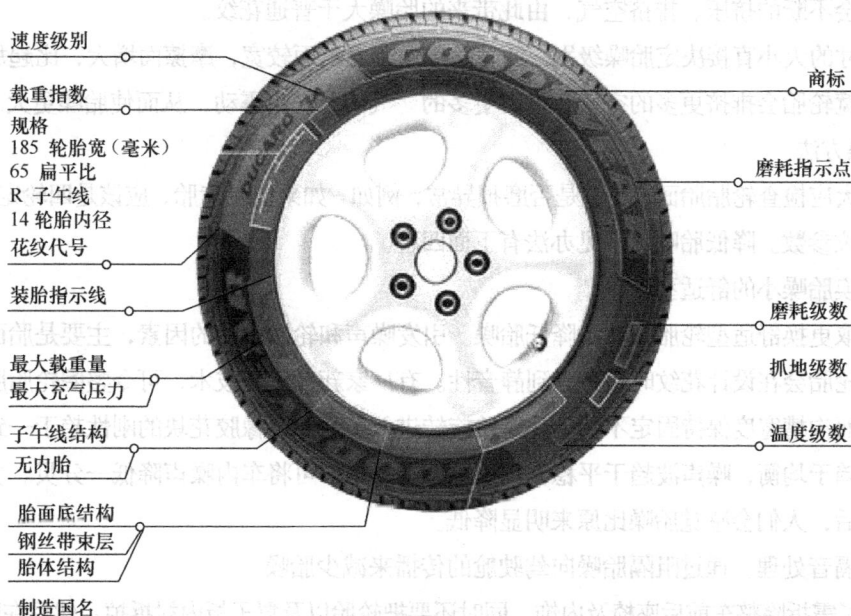

图1-24　轮胎的胎侧标记含义

（六）轮胎噪声

1. 轮胎噪声

轮胎噪声简称胎噪，是车辆在高速行驶时，轮胎与路面磨擦所产生的噪声。胎噪的大小直接影响汽车的驾乘舒适性。

发动机前置的汽车，坐在后排的乘客会更容易察觉到轮胎的滚动噪声，因为车身后部受发动机噪声和风噪影响相对较小，此时，胎噪就会凸显出来，所以当我们判断胎噪情况时，大多选择坐在后排进行甄别。

2. 胎噪组成

胎噪一般由三部分组成：①轮胎花纹间隙的空气流动和轮胎四周空气扰动构成的空气噪声；②胎体和花纹部分震动引起的轮胎震动噪声，特别是一些轮胎的材质偏硬，尤其容易让车主感受到路噪；③路面不平造成的路面噪声，特别是行驶在坑坑洼洼的路面时，胎面与地面的磨擦、冲击产生噪声，并与挡泥板、翼子板等部件的震动形成共鸣放大传入车内。

3. 影响胎噪的因素

路面的粗糙程度、路面结构和路面材料是影响胎噪大小的因素。此外，轮胎和轮辋的花纹和宽度也都是影响胎噪的因素。同时，如果车身的密封抗噪能力不好，胎噪也会变大。

路面结构和材料对于胎噪来说有着显著的影响，例如，当车辆通过潮湿路面的噪声分贝级别要明显高于车辆通过干燥路面的级别。

轮胎本身的花纹设计，对于胎噪来说也起着主导性的作用，例如，一款轮胎的花纹凹槽成90度，而同样一款车装配的花纹斜度成明显采用锐角的设计，我们也能很轻易的比较出90度凹槽花纹的轮胎在胎噪方面要严重些。许多高性能的轮胎一般都采用较大的"人"字排水花纹，这类轮胎的花纹凹槽也会不断的挤压、排挤空气，由此带来的胎噪大于普通花纹。

轮胎尺寸的大小直接决定胎噪级别，而宽轮胎由于支承面较宽，摩擦面增大，比起那些尺寸较窄的轮胎，宽轮胎会排挤更多的空气和推动更多的"气团"产生震动，从而使胎噪更大。

4. 降噪方法

胎噪过大应检查轮胎胎面，看看是否磨损异常，例如，如果出现啃胎，应该是四轮定位有问题，需要调整定位参数。降低胎噪的常见办法有下面四种。

（1）更换胎噪小的舒适型轮胎

可以采取更换舒适型轮胎的方法降低胎噪。引发噪声和轮胎有关的因素，主要是胎面花纹，所以，舒适型轮胎会在设计花纹时，考虑到静音性。有厂家新推出的技术，可令整圈轮胎胎面中央静音筋的横截面沟槽宽度保持固定不变，使轮胎旋转进入接地面时橡胶花块的刚性趋于一致，花纹块的震动幅度趋于均衡，噪声波趋于平稳，从而改善了噪声，可将车内噪声降低一分贝。更换了这种舒适型轮胎后，人们会感觉胎噪比原来明显降低。

（2）做隔音处理，通过阻隔胎噪向驾驶舱的传播来减少胎噪

一般除了需拆除整车前后座椅及内饰，同时还要把轮胎以及翼子板内衬拆掉，然后在四个车门、门边部位、轮弧上方部位、四个翼子板以及底盘处贴上隔音材料。有的通过做底盘装甲进行隔音处理。

（3）更换小尺寸的轮胎

可以通过减小轮胎大小，选择窄轮胎等方式降低胎噪，但这些方式同样也会降低行驶的安全性能，一般不建议采用。

（4）采取充氮气降低胎噪

空气中所含的氧气、水份、油等物质，在温度升高时极易同车轮上的金属件或橡胶件发生氧化反应，导致金属件开裂、生锈、橡胶件老化等。因氮气是惰性气体，避免了同空气中这些物质不良化学反应的发生。在汽车行驶过程中，可使轮胎的温度不易上升，热膨胀较少，整体轮胎组合比较安定。据统计，轮胎充氮后的使用寿命要比轮胎用压缩空气充填的使用寿命高出26%。

因声音在氮气中传播速度较慢，故可降低车辆在行驶中的噪声。充氮轮胎的磨擦系数较少，因与地面的磨擦力减少，所以可提高效率，还能降低燃料费（省油约10%）。

（七）轮胎对汽车行驶的影响

1. 轮胎对汽车通过性的影响

汽车的通过性指在一定载质量下，汽车能以足够高的平均车速通过各种坏路及无路地带和克服各种障碍的能力。汽车的通过性与车辆状况、路面情况及汽车和路面间的附着力密切相关。

汽车行驶时地面对驱动车轮产生的推力、制动时地面对汽车产生的地面制动力、转向时汽车得以按预定轨迹达到转向要求的地面侧向反作用力都是靠附着力提供。附着力表示轮胎与路面附着情况。附着力的大小是车重与路面附着系数的乘积，这是对整部汽车而言的，如果对一个车轮，那么该车轮的附着力应为该车轮所受地面垂直反作用力乘路面附着系数。在汽车行驶中，各项性能主要体现在附着力上，若没有附着力，则意味着车辆已经失控。严冬的冰雪路上公共汽车站及其附近要铺洒砂子或煤渣以提高路面附着系数，确保行车安全。

轮胎对附着力的影响表现在轮胎与附着系数的关系上。轮胎的花纹、结构尺寸、橡胶成分和质量及帘线的材料等对附着系数都有影响。细而浅花纹的轮胎在硬路面上有较好的附着性能，宽而深花纹的轮胎，在松软路面可以增大嵌入轮胎花纹内土壤的剪切断面，提高附着系数，但滑行噪声增大。增大轮胎与地面的接触面能提高附着能力，轮胎气压对附着系数影响也很大，降低气压可增大接触面积提高附着系数。轮胎的磨损程度也会影响附着力，花纹深度减小会使附着力显著降低。

> **提示**　附着力与滚动阻力是一对相矛盾的力，附着力好，滚动阻力则变大。附着力差，滚动阻力则小，滚动阻力小，则油耗低。在选择轮胎时，首先要保证安全性，没有安全性，再省油也是没有用的。高性能的轮胎的附着力好，制动性等操控性能表现好，但滚动阻力大，油耗相对要高一点。

2. 轮胎对滚动阻力的影响

随着车轮每一次转动，当轮胎与路面接触时，轮胎由于承重的原因会产生变形。随着轮胎结构的变形，其组成部件会变热，并且一部分由发动机传输来的能量损耗了，这就是滚动阻力现象。由于车辆运行所需的能量是由燃油燃烧提供的，因此降低轮胎的滚动阻力就会节省燃油消耗，从而减少二氧化碳和其他温室气体的排放。

轮胎通过对滚动阻力系数的影响来改变滚动阻力。轮胎的结构、材料和气压对滚动阻力系数有很大影响。在保证轮胎具有足够的强度和使用寿命的条件下，采用较少的帘布层、较薄的胎体以及较好的材料都可以减少轮胎内摩擦损失，减少滚动阻力系数。子午线轮胎的滚动阻力系数较低。采用大直径轮胎，其与路面接触面积增加，减少路面变形，可降低滚动阻力系数。

轮胎的充气压力对滚动阻力系数影响很大。在硬路面上，为提高形式平顺性及附着性能多采用低压轮胎，提高滚动阻力系数。在软路面上，降低轮胎气压可增大接触面积，降低地面的单位压力，减少土壤变形，使滚动阻力系数减少，减少由于土壤变形而引起的滚动阻力。但过多的降低轮胎气压，使轮胎变形过大，因轮胎变形而引起的滚动阻力急速增长也可导致滚动阻力系数增加，所以在软路面上应根据条件选择最佳的轮胎气压值。

> **提示**　高速行驶时，由于轮胎质量惯性影响，滚动阻力系数迅速增大。当车速到达一定临界车速时，由于轮胎恢复变形的速度没有车速圆周速度快，使轮胎周缘成明显的波浪形，这成为轮胎的驻波现象，将使滚动阻力系数显著增加，且轮胎温度很快增加到100℃以上，容易出现爆胎。

三、任务实施

（一）更换车轮

1. 车轮总成的拆卸

① 停稳车辆，拉起驻车制动，用三角木掩住各车轮。

② 取下车轮上的装饰罩，弄清汽车左右侧车轮与轮毂连接螺栓的螺旋方向，使用车轮螺母拆装机或用套筒扳手初步拧松各连接螺母，如图1-25所示，注意交叉2～3次完成。

③ 用千斤顶顶在指定的位置，使被拆车轮稍离地面。也可将车辆停在举升机上，升起车辆，使车轮稍离地面。

④ 拧下车轮与轮毂连接的全部螺母，取下垫圈，并摆放整齐。

⑤ 边向外拉边左右晃动车轮，从车轴上取下车轮总成。

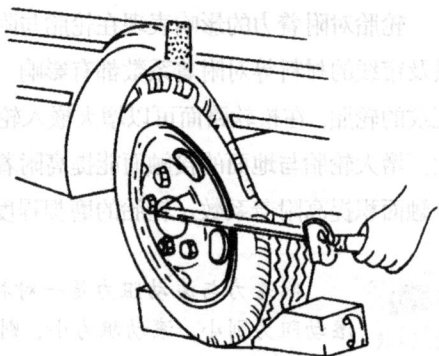

图1-25　拆卸车轮

2. 车轮总成的安装

① 顶起车桥，套上清洁好的车轮，将螺母初步拧在螺柱上。

② 放下车轮并在车轮前后用三角木掩住，用扭力扳手或车轮螺母拆装机，按对角线顺序分 2～3次拧紧车轮螺母，最后一次要按规定力矩拧紧，如图1-26所示。

③ 安装后轮双胎时，要先拧紧内侧车轮的内螺母，再装外侧轮胎。在安装过程中，应用千斤顶分两次顶起车桥，分别安装内、外两个车轮。双轮胎高低搭配要合适，一般较低的胎装于内侧，较高的胎装于外侧。应注意内侧轮胎和外侧轮胎的气门嘴应互成180°位置。

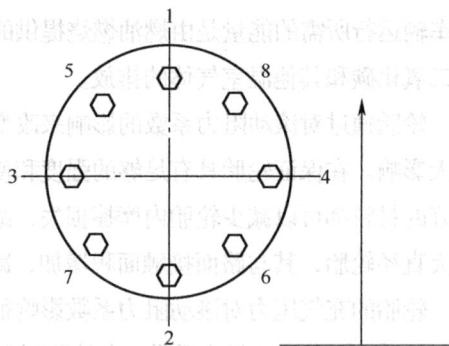

图1-26　车轮螺母紧固顺序

> **提示**
>
> 拆卸和安装螺母时一定要对角交叉依据顺序分2～3次完成。
>
> 采用气动扳手操作时要注意先保证扳手与螺母连接可靠，同时预先将气动扳手力矩调整到固定值。

（二）车轮的检修

车轮应能灵活地在轮毂轴承上旋转而无卡滞，轴向松动量不能过大或过小，也称为轮毂轴承预紧度过紧或过松。过大，是由于车轮轮毂轴承间隙过大或转向节衬套磨损产生的；轴向松动量过小，将使车轮旋转卡滞发热。

轮毂轴承预紧度过松，会造成车轮摆振及行驶不稳，严重时还能使车轮甩出。

轮毂轴承预紧度过紧，会造成汽车行驶跑偏。全部轮毂轴承过紧时，会使汽车滑行距离明显下降。轮毂轴承过紧会使汽车行驶一段后，轮毂处温度明显上升，有时甚至使润滑脂溶化而容易甩入制动鼓内，使制动性能下降。

1. 轮毂轴承预紧度的调整

轮毂轴承过松或过紧必须立即修理，即调整轮毂轴承的预紧度，方法如下。

① 用千斤顶支起车轮，拧下轮毂盖螺钉，拆下轮毂衬垫。

② 拆下锁止销钉，旋下锁紧螺母，拆下锁止垫片。

③ 旋转调整螺母改变轮毂轴承间隙。旋进轴承间隙变小，旋出轴承间隙变大。一般是将调整螺母旋紧到底，再反方向旋松调整螺母约 1～2 个锁紧垫片的孔位，使调整螺母上的止动销与销环上的邻近孔相重合，再装上锁紧垫圈与锁紧螺母。也可以简单退回 1/3 圈。

④ 调整合适的轮毂轴承预紧度应使车轮能够自由转动，且轴向推动无明显间隙。轮毂轴承孔与轴承的配合过盈一般不得小于 0.009mm。

2. 轮毂变形的检修

轮毂变形会引起车轮的不平衡，影响汽车的行驶稳定性和制动效能。轮毂变形通过测量凸缘的圆跳动，圆跳动公差为 0.15mm。

3. 前轮最大转向角的检查和调整

将前轮转向角调到最大的目的是为了获得最小转弯半径，以保证汽车的通过性。最大转向角依据车型不同而不同，一般在 30°～40°。

转向角最简易的检查方法是将方向盘向左或向右打到底，前轮胎不与翼子板、钢板直拉杆等机件碰擦，并有 8～10mm 的距离为合适。各种车辆规定不同的转向角，就是从既能保证转向的灵活性，又能保证轮胎不与其他机件碰擦而定的。

转向角的调整方法是旋出（旋入）转向节上的转向角限位螺栓，或转动转向节壳上的一个调整螺栓进行调整，调整完毕后必须旋紧锁紧螺母。

4. 上海桑塔纳 2000GSi 后轮毂轴承预紧度的调整

① 用千斤顶支起车轮，拆下后轮毂盖，如图 1-27 所示。

② 取下开口销及开槽垫圈。

③ 旋转螺母，同时转动轮毂，用一字旋具在手指的压力下刚好能够拨动止推垫圈即可，如图 1-28 所示。

④ 装回开槽垫圈，换上新的开口销，装上轮毂盖。

⑤ 放下车轮。

（三）轮胎的拆装与检查

1. 轮胎的拆装

① 拆装轮胎要在清洁、干燥、无油污的地面上进行。

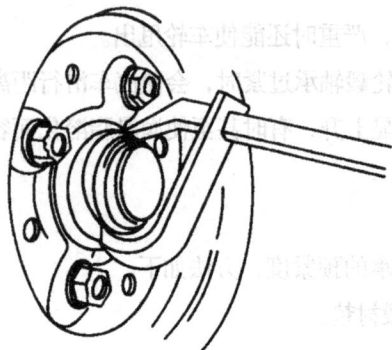

图1-27　拆下后轮毂盖　　　　　　　　图1-28　调整后轮毂轴承预紧度

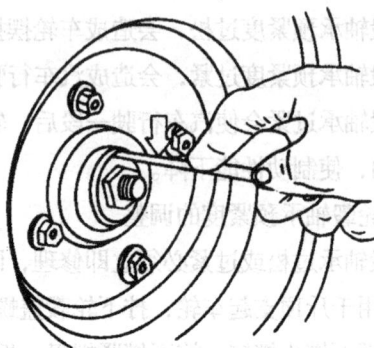

②拆装轮胎要用专用工具，不允许用大锤敲击或其他尖锐的用具拆胎。

③外胎、内胎、垫带、轮辋必须符合规格要求，才能组装。要特别注意子午线轮胎胎圈部分的完好。

④内胎装入外胎前，须紧固气门嘴，以防漏气，并在外胎内部和垫带上涂上滑石粉。

⑤气门嘴的位置应装在轮辋气门嘴孔中。胎侧有平衡标记（彩色胶片）的，标记应在与气门嘴相对的位置上，以便于平衡。轮辋上有平衡块的，应用动平衡机进行平衡调整。

⑥安装带花纹的轮胎时，应检查花纹的磨损程度，同时应注意滚动方向的标记。拆装子午线胎应做记号，使安装后的子午线胎滚动方向保持不变。

　　　　　目前乘用车几乎都是采用无内胎的子午线轮胎，最常见的拆装轮胎的专用设备是轮胎拆装机。

2. 轮胎的检查

（1）胎面花纹深度的检查

《机动车运行安全技术条件》（GB 7258—2012）规定，乘用车轮胎胎冠上花纹磨损至花纹深度小于1.6mm（磨损标志），载货汽车转向轮胎冠上的花纹深度小于3.2mm，其余轮胎胎冠花纹深度小于1.6mm时，应停止使用。如图1-29所示，轮胎花纹深度可用深度尺进行测量。

（2）轮胎异常磨损的检查

轮胎的常见故障是轮胎的异常磨损，检查轮胎的异常磨损，可以发现故障的早期征兆和原因，以便及时排除影响轮胎寿命的不良因素，防止早期磨损和损坏。具体内容见下面的轮胎常见故障诊断。

图1-29　测量轮胎花纹深度

　　　　　胎龄超过3年、胎纹已低于规定刻度、轮胎正面鼓包、正面有超过6mm直径的伤痕以及修补过3次及以上的轮胎，都该当及时更换。

（3）轮胎气压的检查

轮胎气压可用气压表进行检查。轮胎气压应保证在该车型规定的标准值，过高和过低都需要进行充放气调整。同时我们还应检查气门嘴处是否漏气。

（四）轮胎的常见故障诊断与排除

1. 轮胎胎肩或胎面中间磨损检修

（1）现象

如图 1-30 所示，轮胎的胎肩和胎面出现了磨损。

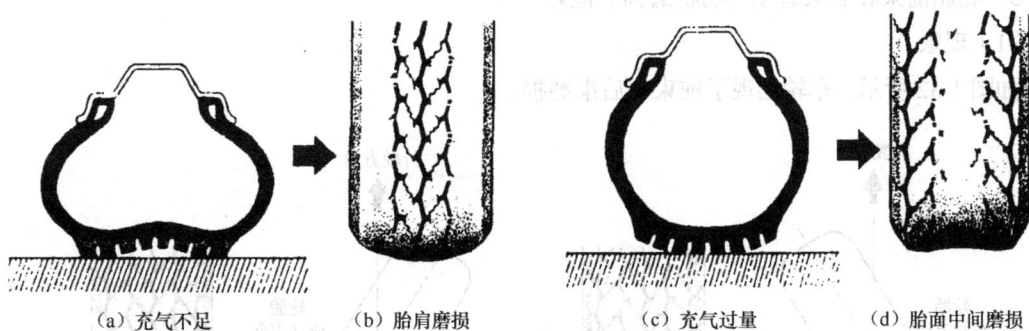

（a）充气不足　　（b）胎肩磨损　　（c）充气过量　　（d）胎面中间磨损

图1-30　胎肩或胎面中间磨损

（2）故障原因

集中在胎肩上或胎面中间的磨损，主要是由于未能正确保持充气压力所致。如果轮胎充气压力过低，轮胎的中间便会凹入，将载荷转移到胎肩上，使胎肩磨损快于胎面中间。另一方面，如果充气压力过高，轮胎中间便会凸出，承受了较大的载荷，使轮胎中间磨损快于胎肩。

（3）故障排除步骤

① 检查是否超载。

② 检查充气压力。如果充气过量或充气不足，应调整充气压力。

③ 调换轮胎位置。

2. 轮胎内侧或外侧磨损检修

（1）现象

图 1-31 所示为轮胎的内侧或外侧磨损。

（2）原因

① 在过高的车速下转弯会造成转弯磨损。转弯时轮胎滑动，便产生了斜形磨损。

这是较常见的轮胎磨损原因之一。驾驶员所能采取的唯一补救措施，就是在转弯时减低车速。

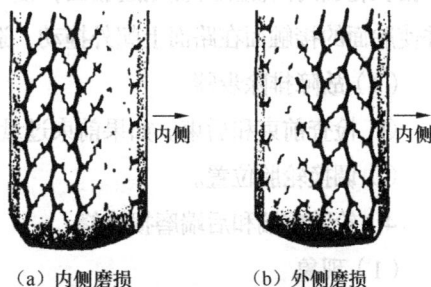

（a）内侧磨损　　（b）外侧磨损

图1-31　内侧或外侧磨损

② 悬架部件变形或间隙过大，会影响前轮定位，造成不正常的轮胎磨损。

③ 如果轮胎面某一侧的磨损，快于另一侧的磨损，其主要原因可能是外倾角不正确。由于轮胎与路面接触面积大小因载荷而异，对具有正外倾角的轮胎而言，其外侧直径要小于其内侧直径。因

此胎面必须在路面上滑动，以便其转动距离与胎面的内侧相等。这种滑动便造成了外侧胎面的过量磨损。反之，具有负外倾角的轮胎，其内侧胎面磨损较快。

（3）故障排除步骤

① 询问驾驶员是否高速转弯，如果是则要避免。

② 检查悬架部件。如果松动则将其紧固；如果变形和磨损，应修理或更换。

③ 检查外倾角。如果不正常，应校正。

④ 调换轮胎位置。

3. 轮胎前束和后束磨损（羽状磨损）检修

（1）现象

如图 1-32 所示，车轮出现了前束和后束磨损。

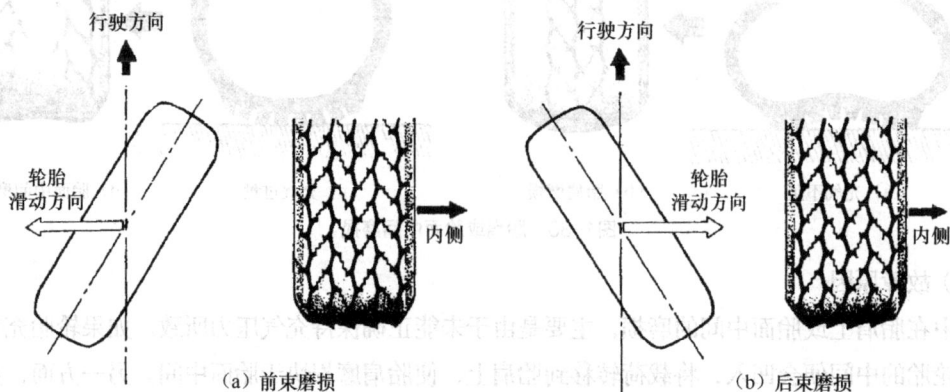

（a）前束磨损　　　　　　　　　　（b）后束磨损

图1-32　前束和后束磨损

（2）故障原因

胎面的羽状磨损，主要是由于前束调节不当造成的，过量的前束，会迫使轮胎向外滑动，并使胎面的接触面在路面上朝内拖动，造成前束磨损。如图 1-32（a）所示，胎面呈明显的羽毛形。用手指从轮胎的内侧至外侧划过胎面，便可加以辨别。另一方面，过量的后束，会将轮胎向内拉动，并使胎面的接触面在路面上朝外拖动，造成如图 1-32（b）所示的后束磨损。

（3）故障排除步骤

① 检查前束和后束。如果前束过量或后束过量，应该加以调整。

② 调换轮胎位置。

4. 轮胎前端和后端磨损检修

（1）现象

图 1-33 所示为前端和后端磨损。

（2）故障原因

① 前端和后端磨损是一种局部磨损，常常出现在具有横向花纹和区间花纹的轮胎上，胎面上的区间发生斜向磨损（与鞋跟的磨损方式相同），最终变成锯齿状。

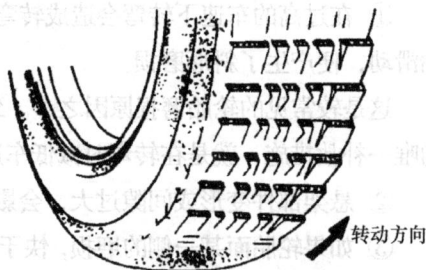

图1-33　前端和后端磨损

② 具有纵向折线花纹的胎面，磨损时会产生波状花纹。

③ 非驱动轮的轮胎只受制动力的影响，而不受驱动力的影响，因此往往会有前后端形式的磨损。例如，反复使用和放开制动器，便会使轮胎每次发生短距离滑动而磨损，前后端磨损的形式便与这种磨损相似。

④ 另一方面，如果是驱动轮的轮胎，则驱动力所造成的磨损，会在制动力所造成的磨损的相反的方向上出现，所以驱动轮轮胎极少出现前后端磨损。客车和大货车由于制动时产生了大得多的摩擦力，故具有横向花纹的轮胎，便会出现与非驱动轮相似的前后端磨损。

（3）故障排除步骤

① 检查充气压力。如果充气不足，就将其充至规定值。

② 检查车轮轴承。如果磨损或松动，应更换或调整。

③ 检查外倾角和前束。如果不正确，应加以调整。

④ 检查轴颈或悬架部件。如果损坏，应修理或更换。

⑤ 调换轮胎位置。

（五）车轮与轮胎的维护

车轮和轮胎的维护应结合车辆的维护强制执行。因为车轮和轮胎的维护以轮胎的维护侧重，所以我们将详述轮胎的维护。车辆分日常维护、一级维护和二级维护。轮胎维护的分级和周期与车辆维护相同。

1. 一级维护轮胎作业项目

① 紧固轮胎螺母，检查气门嘴是否漏气、气门帽是否齐全，如发现损坏或缺少应立即修理或补齐。

② 挖出轮胎夹石和花纹中的石子、杂物，如果有较深伤洞应用生胶填塞。特别是子午线胎，刺伤后若不及时修补，水气进入胎体锈蚀钢丝帘线，造成早期损坏。

③ 检查轮胎磨损情况，如果有不正常磨损或起鼓、变形等现象，应查找原因，予以排除。

④ 如需检查外胎内部，应拆卸解体，如果有损伤应及时修补。

⑤ 检查轮胎搭配和轮辋、挡圈、锁圈是否正常。

⑥ 检查轮胎（包括备胎）气压，并按标准补足。

注意　备胎气压应高于使用中轮胎的气压。

提示　厂家一般推荐至少每月或每次长途旅行前检查一次胎压，包括备胎。

⑦ 检查轮胎有无与其他机件刮碰现象，备胎架是否完好、紧固，如果不符合要求，应予排除。

⑧ 必要时（如单边偏磨严重）应进行一次轮胎换位，以保持胎面花纹磨耗均匀。

完成上述作业后应填写维护记录。

2. 二级维护轮胎作业项目

除执行一级维护的各项作业外，还应进行下列项目。

① 拆卸轮胎，按轮胎标准测量胎面花纹磨耗、周长及断面宽的变化，作为换位和搭配的依据。

② 轮胎解体检查。

- 胎冠、胎肩、胎侧及胎内有无内伤、脱层、起鼓和变形等现象。
- 内胎、垫带有无咬伤、折皱现象，气门嘴、气门芯是否完好。
- 轮辋、挡圈和锁圈有无变形、锈蚀，并视情涂漆。
- 轮辋螺栓承孔有无过度磨损或损裂现象。

③ 排除解体检查所发现的故障后，进行装合和充气。

④ 高速车应进行轮胎的动平衡试验。

⑤ 按规定进行轮胎换位。

⑥ 发现轮胎有不正常的磨损或损坏，应查明原因，予以排除。

完成上述作业后应填写维护记录。

3. 轮胎充气

① 轮胎充气应按照该型汽车使用说明书上规定的标准气压执行，并在冷态时用气压表测量，若在热态时测量，应略高于标准气压，取适当的修正值。气压表应定期校准，以保证读数准确。停止行驶后，须等轮胎散热后再充气，因车辆行驶时胎温会上升，对气压有影响。

② 轮胎装好后，先充入少量空气，待内胎充气伸展后再继续充至要求气压。

③ 充气前应检查气门芯与气门嘴是否配合平整，并擦净灰尘。充气后应检查是否漏气，并将气门帽装紧。

④ 充入的空气不得含有水分和油雾，以防内胎橡胶变质损坏。

⑤ 充气时应注意安全防护，充气开始时用手锤轻击锁圈，使其平稳嵌入轮辋圈槽内，以防锁圈跳出。

⑥ 子午线胎充气时，由于结构的原因，其下沉量、接地面积均较大，往往误认为充气不足，而过多地充气；或反之，因其下沉量和接地面积本来就较大，在气压不足时也误认为已充足。应用标准气压表加以测定。子午线轮胎的使用气压应高于一般轮胎 $0.5 \sim 1.5 kg / cm^2$。

⑦ 正确的胎压可以在汽车的说明书、驾驶座边门框、油箱盖等地方找到，上面都标明了你的汽车的标准气压。乘用车轮胎本身的气压一般要求为 2.0～3.5 个大气压。

4. 轮胎换位

① 按时换位可使轮胎磨损均匀，约可延长 20% 的使用寿命，应结合车辆二级维护定期换位。在路面拱度较大的地区或夏季，轮胎磨损差别较大，可适当增加换位次数。

提示

厂家一般推荐 8 000～10 000km 将轮胎换位一次。

② 轮胎换位方法常用的有交叉换位法、循环换位法和单边换位法，如图 1-34 和图 1-35 所示。

装用普通斜交轮胎的六轮二桥汽车，常用图 1-34 所示的交叉换位法，具体做法是：左右两交叉，主胎（后内）换前胎，前胎换备胎（后外）、备胎换主胎。这样，通过三次换位每只轮胎就可轮到一次担负内挡（主力）胎。

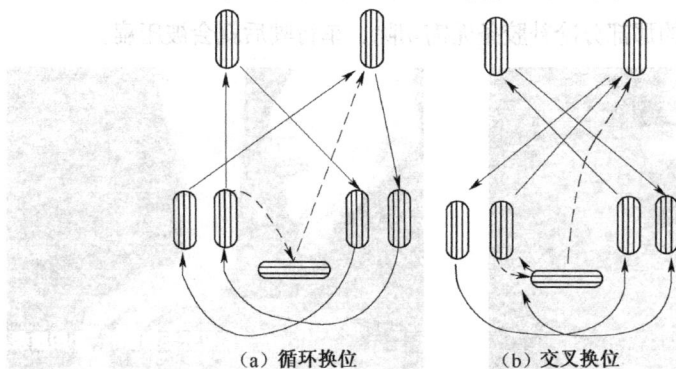

(a) 循环换位　　　　　(b) 交叉换位

图1-34　六轮二桥汽车轮胎换位法

四轮二桥汽车，斜交胎也可采用交叉换位法，如图 1-35（a）所示。子午线胎宜用单边换位法如图 1-35（b）所示。

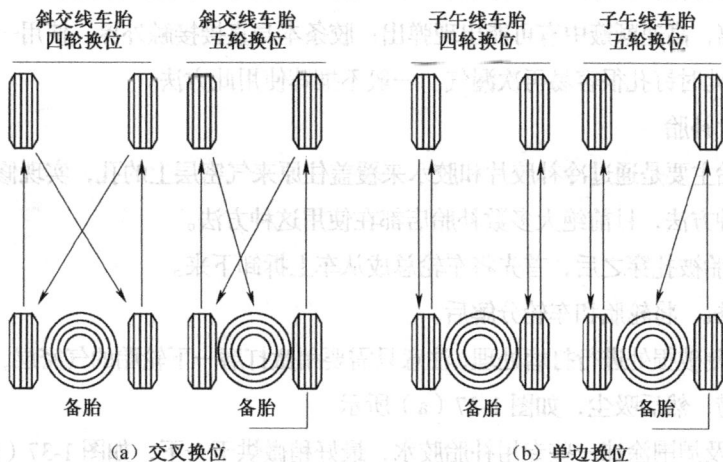

斜交线车胎　斜交线车胎　　　子午线车胎　子午线车胎
四轮换位　　五轮换位　　　　四轮换位　　五轮换位

备胎　　　　备胎　　　　　　备胎　　　　备胎

(a) 交叉换位　　　　　　　　　　　(b) 单边换位

图1-35　四轮二桥汽车轮胎换位法

> **提示**　子午线轮胎的旋转方向应始终不变。若反向旋转，会因钢丝帘线反向变形产生震动，汽车平顺性变差。所以一些乘用车使用手册推荐单边换位法。

③ 轮胎换位后，应按所换的胎位要求，重新调整气压。

④ 轮胎换位后要作好记录，下次换位仍要按上次选定的换位方法换位。

5. 轮胎修补

当轮胎被异物刺穿出现漏气，如果孔洞不大时，我们需要对轮胎进行修补。常见的轮胎修补方法有五种。

（1）补胎胶条补胎

补胎胶条俗称"牛筋"。这是一种比较原始简单的补胎方法，原理是将一种涂满胶水的"橡胶条"穿过"锥子"尖端的一个孔，如图 1-36（a）所示。然后我们将锥子把胶条扎进轮胎上的孔里，再把锥子抽出来，如图 1-36（b）所示。胶条也被带到孔内，并把孔塞住。此时胶条有一部分是露在胎面之外的，露在胎面之外的那部分冷补胶条无需切除，车行驶后就会被压扁。

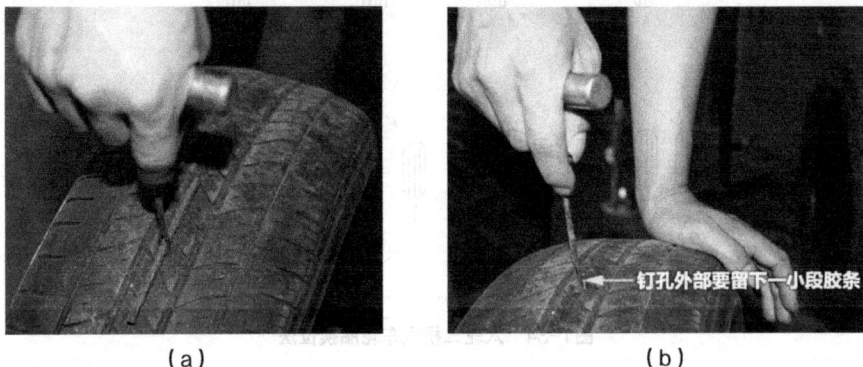

（a）　　　　　　　　　　（b）

图1-36　补胎胶条补胎

这种方法优点是方便快捷，操作简单成本极低，不用拆卸轮胎，也不用进行动平衡处理。缺点是只能修补较小的钉孔；需要用锥子将原本不大的洞口"撑大"方便胶条填充；当夏季温度较高时，胶条容易融化分离，高速颠簸中有可能出现弹出；胶条本身直接接触外界，使用一定时间后便会老化变形"起泡"，此时钉孔很容易再次漏气。一般不推荐使用此方法。

（2）冷补胶片补胎

冷补胶片补胎主要是通过冷补胶片和胶水来覆盖住原来气密层上的孔，实现修补的目的。这是目前最常用的一种方法，目前绝大多数补胎店都在使用这种方法。

①　在确定轮胎被扎穿之后，首先将车轮总成从车上拆卸下来。

②　运用拆胎机，将轮胎和车轮分解后。

③　将轮胎内侧破损处进行打磨处理，注意只需要稍微打磨一下轮胎的气密层，将表层不易粘贴的保护层打磨粗糙，然后吸尘，如图 1-37（a）所示。

④　将破损处及周围涂抹一些专用补胎胶水，最好稍微烘干一下，如图 1-37（b-1）所示。

⑤　将补胎用的贴片粘在破损处，如图 1-37（b-2）所示。

⑥　用滚轮在胶片上来回碾压牢固，使胶片和气密层粘合更紧密，如图 1-37（b-3）所示。

⑦　完成后可以再涂上一层补胎胶，可稍微烘干一下，如图 1-37（b-4）所示。

⑧　装复车轮总成，充气并测试是否还有漏气。

⑨　进行轮胎动平衡检测与调整，将车轮总成装复到汽车上。

冷补胶片补胎方法是目前使用比较广泛的一种，多用于乘用车，根据破损大小选择不同大小的贴片，所需时间不长，并且效果不错，安全系数也很高。缺点在于需要分离轮胎和车轮，比较费时，并且补胎完成后需要进行动平衡检测与调整。同时完成胎内修补后，从轮胎表面来看，原来的破损还在，雨水泥沙等还会通过损伤处腐蚀轮胎，所以补胎完成仍然要勤观察。

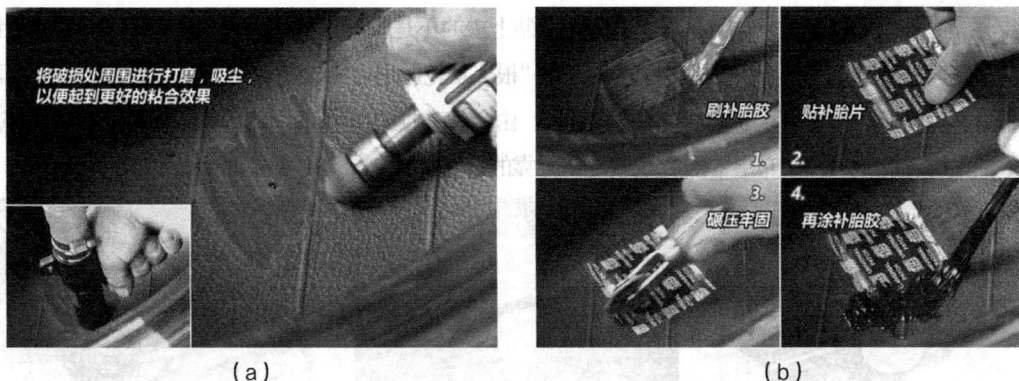

将破损处周围进行打磨，吸尘，以便起到更好的粘合效果

刷补胎胶 1. 贴补胎片 2.

3. 碾压牢固 4. 再涂补胎胶

（a）　　　　　　　　（b）

图1-37　冷补胶片补胎

（3）热补胶片补胎（火补）

热补胶片补胎（俗称火补）是目前使用广泛的一种补胎措施，简单讲就是将破损处及其周边轮胎橡胶热熔使其熔化，将漏洞熔化愈合。热补与冷补补胎步骤大致相同，同样要将轮胎从车轮上卸下。在打磨时需要把钉孔附近的气密层橡胶磨掉，要可以清晰地看到钢丝层。然后将专用的生胶片贴附于创口，再用烘烤机对创口进行烘烤，直至生胶片与轮胎完全贴合，一般加热压紧3分钟左右，如图1-38所示。

热补的好处是非常耐用，基本不用担心创口处会重复漏气。缺点是施工时的时间长、技术要求较高，因为一旦烘烤时的火候控制不好，很可能会将轮胎烤焦，严重的还会产生变形，那样一来，对轮胎的损伤就更大了，最好能由专门的技师运用专用的设备操作。这种方法多用于卡车等大型车辆，乘用车由于胎壁很薄，技术要求高，不太适合用这种方法。

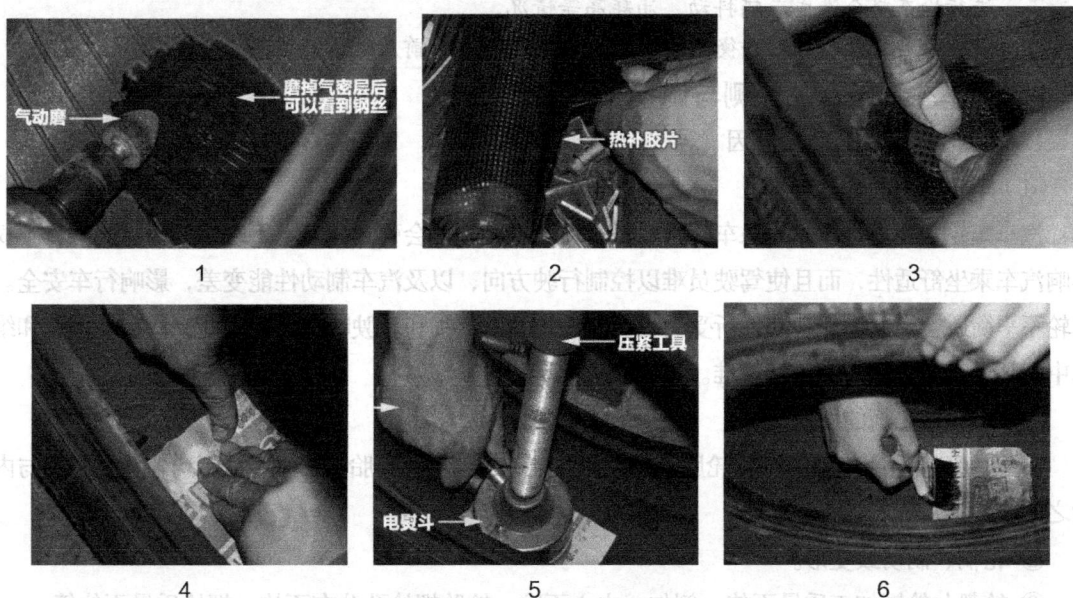

气动磨　磨掉气密层后可以看到钢丝

热补胶片

1　　　　　　2　　　　　　3

压紧工具

电熨斗

4　　　　　　5　　　　　　6

图1-38　热补胶片补胎

（4）蘑菇钉补胎

蘑菇钉补胎是当前世界上最先进的一种补真空胎的方法。飞机轮胎也采用此种补法。蘑菇钉补胎的原

理、步骤和冷补胶片补胎是一样的，只不过它最后贴上去的不是胶片，而是一个看起来像蘑菇的橡胶钉，所以叫蘑菇钉补胎，如图 1-39 所示。将蘑菇钉的"根"从轮胎里面穿出受损的部位，然后把漏在外面的多余部分剪掉，里面的"头"用强力胶粘上就好了。由于将破损的部位彻底堵上了，因此避免了水从破损处浸入而破坏轮胎钢丝和帘布层，因此是最安全可靠的补胎方法。缺点是施工时间长，价格比较高。

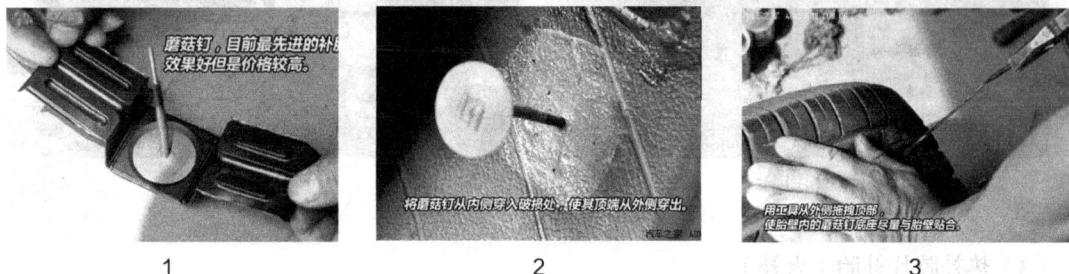

图1-39 蘑菇钉补胎

（5）轮胎补漏剂补胎

轮胎补漏剂是用来自动填补汽车轮胎的破损部位的化学制剂。由于不需要拆卸轮胎就能进行补胎，因此适合那些在路上遇到扎胎，又不愿意使用千斤顶拆装轮胎的车主。但这种补胎方式只能对微小的胎面漏洞进行修补，所以是旅行途中的一种应急方法，真正"治本"还得事后去轮胎行补胎才行。

> 当轮胎壁出现了大于 6 cm 的创口，或者胎冠被钢筋等物体扎穿成大洞，建议直接更换新轮胎。另外同一条轮胎修补次数超过 3 次也建议直接更换新胎。

> 补胎完应对轮胎进行动平衡的检查，因为修补轮胎会破坏轮胎的动平衡，如果不进行检查将会造成车辆抖动、油耗高等情况。
> 只要经过轮胎动平衡测试，修补过的轮胎放在前后轮都可以。

（六）车轮动平衡的检测与调整

1. 车轮不平衡的危害及原因

（1）车轮不平衡的危害

汽车车轮是旋转构件。如果车轮不平衡，在高速行驶时会引起车轮上下跳动和横向摇摆，不仅影响汽车乘坐舒适性，而且使驾驶员难以控制行驶方向，以及汽车制动性能变差，影响行车安全。车轮不平衡还会大大增加各部件所受的力，加大轮胎的磨损和行驶噪声等。因此，汽车在使用和维修中必须进行车轮平衡试验和校准。

（2）车轮不平衡的原因

① 质量分布不均匀，例如，轮胎产品质量欠佳，翻新胎、补胎、胎面磨损不均匀及在外胎与内胎之间垫带等。

② 轮辋、制动鼓变形。

③ 轮毂与轮辋加工质量不佳，例如，中心不准、轮胎螺栓孔分布不均、螺栓质量不佳等。

2. 车轮动平衡检测

由于车轮动不平衡对汽车危害很大，因此，必须对车轮的不平衡进行检测，并进行调整平衡工作。车轮的不平衡包括静不平衡和动不平衡，由于动平衡的车轮一定处于静平衡状态，因此，只要检测了动平衡，就没有必要检测静平衡。

车轮的动平衡检测有离车式和就车式两种方法。常见的为离车式车轮的动平衡检测。

（1）离车式车轮动平衡机的基本组成

利用离车式车轮动平衡机对车轮进行动平衡检测时，需将车轮从车上拆下。图1-40所示为常见的车轮动平衡机。该动平衡机主要由驱动装置、转轴与支撑装置、显示与控制装置、制动装置及防护罩组成。

（2）离车式车轮动平衡机的检测准备

① 对被测车轮进行清洗，去掉泥土、砂石，拆掉旧平衡块。

② 检查轮胎气压，并充气至规定气压值。

③ 根据轮辋中心孔的大小选择锥体，将车轮安装于平衡机上。

④ 打开电源开关，检查指示装置是否指示正确。

⑤ 输入轮辋直径、宽度，测出轮辋边缘到机箱之间的距离并输入。

⑥ 放下防护罩，按下启动键，开始测量。

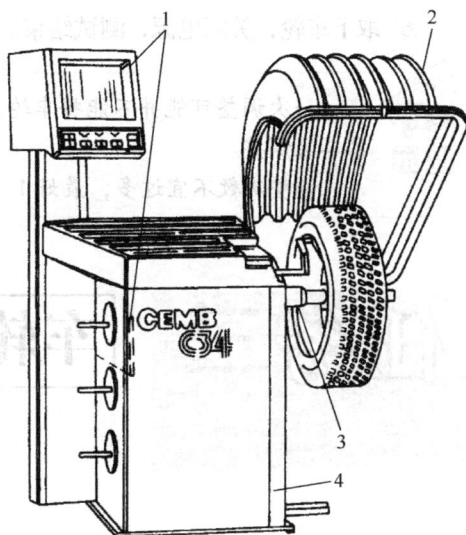

图1-40　离车式车轮动平衡机
1—显示与控制面板；2—车轮防护罩；
3—转轴；4—机箱

（3）离车式车轮动平衡机的动平衡检测

① 按下动平衡机控制面板上的启动键，车轮旋转，动平衡机开始检测车轮动平衡。

② 运行几秒钟后，动平衡机制动车轮，车轮停止旋转，动平衡机检测出车轮动平衡数据并在显示屏上显示出来。

③ 读取并记录面板上的两个车轮动平衡数据，分别代表车轮左、右两侧的不平衡量。

④ 判断是否需要调整不平衡量。若显示数据为0或小于5，代表不平衡量小于5g，符合标准；若显示大于5的数字，代表不平衡量的值为此数字，单位为g，需要调整不平衡量。

> 对于有车轮防护罩的动平衡机应盖上车轮防护罩后进行测量。
> 对于没有车轮防护罩的动平衡机，由于测量过程中车轮会发生旋转，注意身体不要碰触到车轮，同时也要防止车轮将石子、泥土或水甩到身上。

3. 车轮动平衡的调整

① 当车轮自动停转后，从指示装置读出车轮内、外动不平衡量和位置。

② 定位车轮左侧不平衡位置。用手慢慢转动车轮，直到动平衡机显示面板上左侧指示灯全亮时停止转动，此位置即为车轮左侧不平衡位置。有些车轮动平衡机采用音响、显示点阵等其他方式指示车轮不平衡位置。

③ 根据动平衡机显示的动不平衡量，在轮辋左侧的上部（时钟十二点位置）的边缘加装平衡块。

平衡块要装卡牢固。

　　④ 采用同样方法寻找车轮右侧不平衡位置并装夹平衡块。

　　⑤ 重新启动动平衡机，进行动平衡检测试验，直至动不平衡量<5g，机器显示"OK"时为止。

　　⑥ 取下车轮，关闭电源，测试结束。

提示　　一次调整可能并不能将车轮左、右两侧不平衡量都调整到符合标准，此时可进行第二次调整。

　　调整次数不宜过多，最好1~2次调整好，否则车轮上将安装过多平衡块。

任务三　车轮定位调整

┃一、任务导入┃

　　当转向轮偶遇外力作用发生偏转时，一旦外力消失应能立即自动回到原来的直线行驶位置。为了保证汽车直线行驶的稳定性和操纵的轻便性，减少轮胎和其他机件的磨损，转向桥在保证汽车转向功能的同时，应使转向轮有自动回正的作用，以保证汽车直线行驶的稳定性。这种自动回正作用是由转向轮的定位参数来实现的，通常是指保持汽车的每个转向车轮、转向节、前轴三者与车架的相对位置，如图1-41所示。

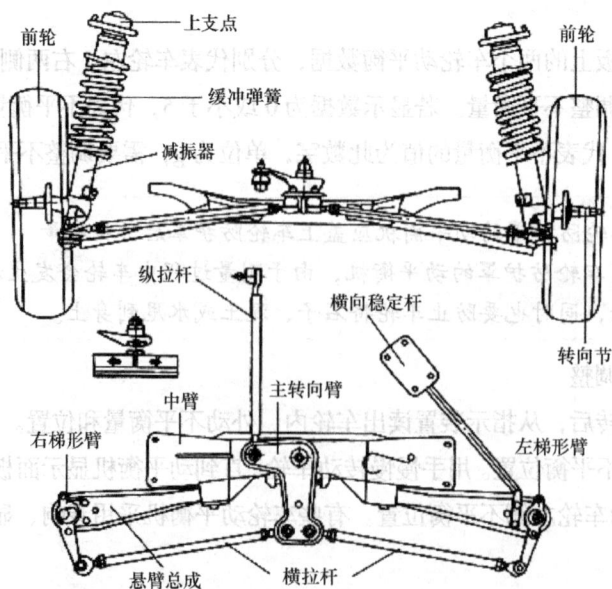

图1-41　车轮、悬挂、车架之间的相对位置

二、相关知识

（一）车轮定位

车轮定位，是指汽车的每个车轮、转向节和车桥与车架的安装应保持一定的相对位置。对于两端装有主销的转向桥，汽车转向时，转向车轮会围绕主销轴线偏转，如图 1-42（a）所示。但在大多数断开式转向桥中没有主销，采用上、下球头销代替主销，上、下球头销球头中心的连心线相当于主销轴线，如图 1-42（b）所示。

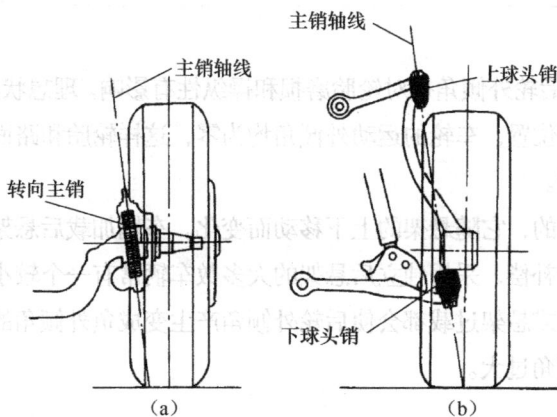

图1-42　主销的不同形式

> **提示**　车轮定位参数主要包括主销后倾、主销内倾、前轮外倾和前轮前束 4 个参数。通常车轮定位是指前轮定位，现在也有许多车辆除了前轮定位外，还需要后轮定位，即四轮定位。

（二）车轮外倾

1. 定义

① 车轮外倾：转向轮安装在转向节上时，其旋转平面上方向外倾斜，这种现象称为转向车轮外倾。

② 车轮外倾角：在通过车轮轴线的垂直面内，车轮轴线与水平线之间所夹的锐角 α，也等于垂线与车轮中心平面所构成的锐角，叫车轮外倾角，一般为 1° 左右，如图 1-43 所示。

③ 前轮外倾角：前轮旋转平面与纵向垂直平面之间的夹角 α 叫做前轮外倾角。前轮外倾角一般为 0.5°～2°。

2. 功用

车轮外倾角的功用是提高车轮工作的安全性和转向操作的轻便性。

3. 作用原理

如果空车时车轮正好垂直于路面，则满载时车轮将因承载变形而出现车轮内倾。这样将加速汽车轮胎偏磨。同时，地面对车轮的垂直反力产生一个沿转向节轴向向外的分力。此力使车轮外轴承及

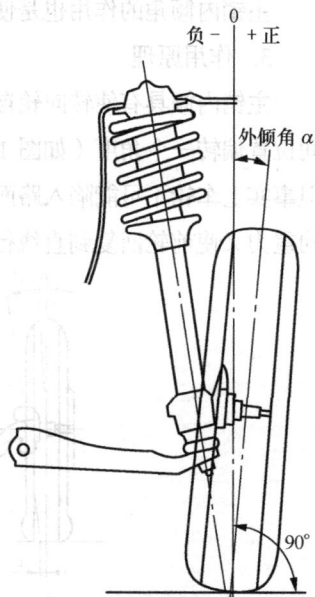

图1-43　前轮外倾及外倾角

其锁紧螺母等零件负荷增大，寿命缩短，严重时使车轮脱出。当安装车轮预留有外倾角时，就能防止车轮内倾。同时，地面反力的作用线更接近于转向节轴的根部，可以减小转向力，使转向操纵轻便灵活。另外车轮外倾还可以与拱形路面相适应。

> **提示**
>
> 随着高速公路的出现和车速的不断提高，车轮外倾角 α 减小，有的还为负值。因为高速转向时，离心力较大，车身的外倾加大，使轮胎产生更大的正外倾，轮胎外倾变形加剧（ $\alpha_外 < \alpha_内$ ）。外侧边滚边滑，内侧边滚边揉，俗称"啃胎"。采用前轮负外倾，使轮胎内外磨损均匀，提高了纯滚动转向性能和车身的横向稳定性。

4. 后轮外倾角

像前轮外倾角一样，后轮外倾角也对轮胎磨损和操纵性有影响。理想状态是在汽车加装负载后，车轮刚好回到与路面垂直位置，车轮的运动外倾角均为零，这样轮胎和路面接触良好，从而得到最佳的牵引性能和操纵性能。

后轮外倾角不是静态的，它随悬架的上下移动而变化。车辆加载后悬架下沉就会引起车轮外倾角改变。为了对载荷进行补偿，采用独立后悬架的大多数车辆常有一个较小的正后轮外倾角。悬架上控制臂弯曲、弹簧压缩或悬架过载都会使后轮外倾角产生变成负外倾角的趋势。转向节弯曲、下控制臂弯曲会使后轮外倾角过大。

（三）主销内倾

1. 定义

① 主销内倾：主销在前轴上安装时，其上端略向内倾斜，这种现象称为主销内倾。

② 主销内倾角：在横向平面内，主销轴线与垂线之间的夹角 β 叫主销内倾角（见图1-44）。

2. 作用

主销内倾角的作用也是使车轮自动回正，转向操纵轻便，保持汽车直线行驶的稳定性。

3. 作用原理

主销内倾具有使转向轮自动回正的作用，主销具有内倾角 β 后，当转向车轮在外力作用下由中间位置偏转一个角度（如图1-44所示的假设旋转180°）时，车轮的最低点将陷入路面以下 h 处，但事实上车轮不可能陷入路面以下，而是将前轮连同汽车前部向上抬起相应高度。这样，汽车本身的重力又使前轮回复到直线行驶位置，特别是低速和小转弯时，其作用尤为突出。

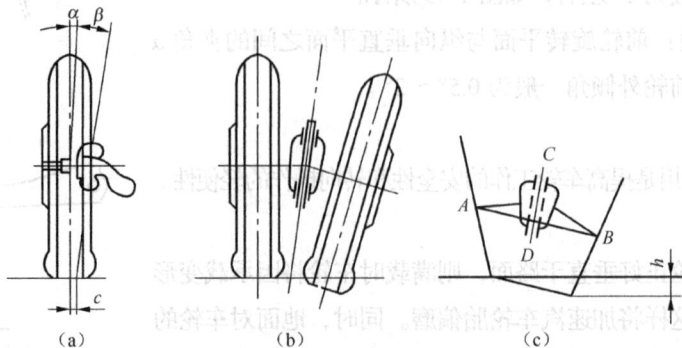

（a）　　　　　（b）　　　　　（c）

图1-44　主销内倾示意图

> 主销内倾还使得主销轴线与路面交点到车轮中心面与地面交点的距离 c 减小,如图 1-44(a)所示,从而使转向轻便。一般内倾角 β 为 $5°\sim8°$,距离 c 一般为 $40\sim60mm$。目前 β 有增大的趋势,这不仅是为了提高直线行驶的稳定性,也是为了高速车急起步、急加速、急制动、急转向工况行驶安全性的需要。减小力臂 c,有时此力臂为负值,这样,可有效地防止双管路对角排列的制动系统在一管路故障的情况下,制动跑偏的问题。由于力臂 c 为负值,就产生了一个抗偏力矩: $m = fb \cdot (-c)$。当然,过大的内倾会使转向沉重。但由于转向助力器的广泛使用, β 仍可适当增大。

4. 主销内倾角的获得方法

主销内倾角是由前轴在制造时其主销孔轴线的上端向内倾斜而获得的。前轴弯曲变形及主销与销孔磨损变形都能引起主销内倾角改变。

(四)主销后倾

1. 定义

① 主销后倾:主销装在前轴上,在纵向前后方向,其上端向后倾斜,这种现象叫主销后倾。

② 主销后倾角:在纵向垂直平面内,垂线与主销轴线之间的夹角 γ 叫主销后倾角,如图 1-45 所示。

2. 作用

如图 1-45 所示,主销后倾的作用主要是为了保持汽车直线行驶的稳定性,并使汽车转向后,前轮有自动回正的作用。

3. 作用原理

主销后倾角 γ 能形成回正的稳定力矩。如果车辆具有正主销后倾角,当汽车直线行驶时,若转向轮偶然受到外力作用而稍有偏转(如向右偏转,如图 1-45 中箭头所示),汽车的行驶方向将向右偏离。这时,由于汽车本身离心力的作用,侧向推力 F 就会在车轮与路面接触点 b 处对车轮

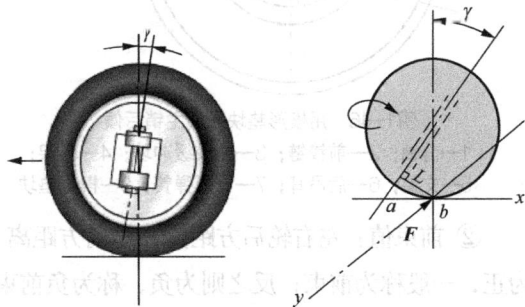

图1-45 主销后倾示意图

形成绕主销轴线作用的力矩 FL,其方向正好与车轮偏转方向相反。在此力矩作用下,车轮将回复到原来中间的位置,从而保证了汽车稳定的直线行驶。但此力矩不宜过大,否则在转向时为了克服此稳定力矩,驾驶员须在转向盘上施加较大的力(即所谓转向盘沉重)。

主销后倾角 γ 越大,车速越高,力矩 FL 越大,转向轮偏转后自动回正的能力也越强。一般 γ 角不超过 $3°$。主销后倾角一般是将前轴连同悬架安装在车架上,使前轴向后倾斜而形成的。当车架变形、转向节松旷、车桥扭转变形时,主销后倾角发生变化。

现代汽车为了提高行驶速度,普遍采用扁平低压胎,弹性增加,轮胎变形增大,使轮胎与地面接触点后移,引起稳定力矩增加,此角可以减小为零,甚至为负值(即主销前倾)。

4. 主销后倾和主销内倾自动回正作用的区别

主销后倾和主销内倾都能使汽车转向时自动回正,保持直线行驶的稳定。所不同的是,主销后倾的回正作用与车速有关,而主销内倾的回正作用与车速无关。这样,在不同的车速时,各自发挥其稳定作用。

5. 主销后倾角的获得方法

主销后倾角的获得一般是前轴、钢板弹簧和车架三者装配在一起时，由于钢板前高后低，使前轴向后倾斜而形成。有的在钢板座后部加装楔形垫片而形成后倾（见图1-46）。

由此可知，车架变形、钢板弹簧疲劳、转向节松旷、车桥扭转变形等原因，都将使主销后倾角发生变化。

（五）前轮前束

1. 定义

① 前轮前束：前轮安装时，同一轴上两端车轮的旋转平面不平行，前端略向内束，形成"内八字"，这种现象称为前轮前束。前轮前束效果如图1-47所示。

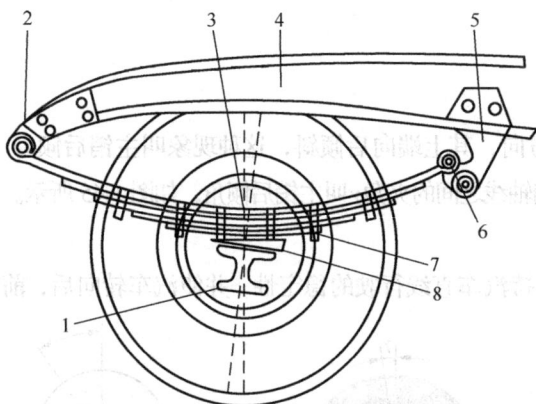

图1-46　用楔形垫块形成主销后倾
1—前轴；2—前铰链；3—橡胶缓冲块；4—车架；
5—支架；6—后吊耳；7—钢板弹簧；8—楔形垫块

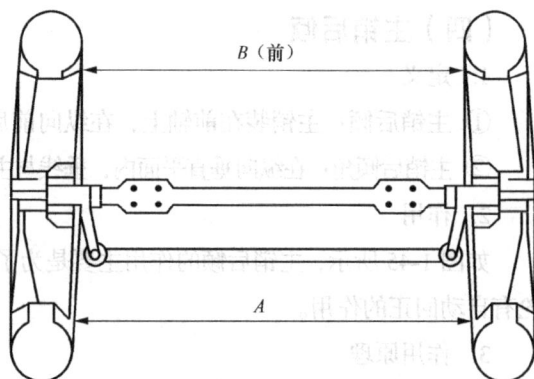

图1-47　前轮前束效果

② 前束值：左右轮后方距离 A 与前方距离 B 之差（$A-B$）称为前束值。当 $A-B>0$ 时，前束值为正，一般称为前束；反之则为负，称为负前束。

2. 作用及作用原理

前轮有了外倾角后，在滚动时类似于滚锥，两侧车轮有向外滚开的趋势，由于车桥和转向横拉杆的约束，两前轮在向前外侧滚动的同时向内侧横向滑动，其结果使轮胎磨损增加，俗称"吃胎"。前轮前束的作用就是使锥体中心前移，消除车轮外倾带来的这种不良后果。因此，前束与外倾相互关联，属性相同地成对出现。

3. 调整

前轮前束可通过改变横拉杆的长度来调整，使两轮的前后距离差值符合规定要求，一般此值小于12mm。

> **提示**
>
> 由于外倾角有的为负值，而前束是为了协调外倾的不良后果，因此，前束值也有减小或为负值的。
>
> 高速车很重视前后轮胎轨迹的重合性。只有轨迹重合，才利于提高车速，直线行驶稳定，使前后轮胎相对横向滑移量最小。为此，大多数高速汽车后轮都有外倾和前束。

（六）后轮前束

1. 定义

后轮前束的目的，是使前后车轮在路面上的运动轨迹重合，提高后轮轴承的安全性，保证汽车高速行驶的稳定性，并有利于减少轮胎和悬架各零件的磨损。如果后轮前束不当，后轮轮胎也会被擦伤或者异常磨损，另外也会引起转向不稳定及降低制动效能。后轮前束也不是一个静态量，悬架摇动和反弹时它就要起变化，滚动阻力和发动机转矩对它也有影响。

2. 作用原理

对于前轮驱动的汽车，后轮为从动轮，驱动力通过车架纵梁作用在后轴上，将使后轴产生一定的弯曲，使后轮有前张的趋势，如图 1-48 所示，为消除这种影响，前轮驱动汽车应采取前轮前束，后从动轮则采取负前束；后轮驱动的车辆则相反，前轮宜负前束。独立悬架的后驱动轮应尽可能为前束。

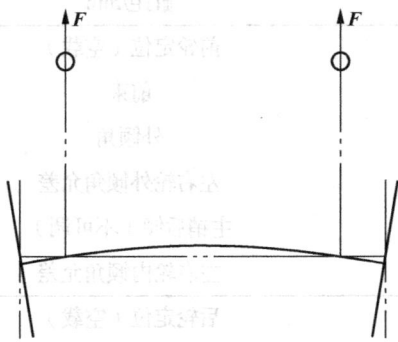

图1-48 前驱汽车后轴受力变形图

3. 调节方法

如果后轮前束不符合技术要求，就要影响轮胎磨损和转向稳定性，后轮前束角的调节也是通过横拉杆进行，如果一侧后轮前端向内偏斜量与另一侧后轮前端向外偏斜量相等，那么前束值将在规定的范围内，但由于后轮与纵轴线不平行，汽车还会跑偏。当汽车在路面上行驶时，最理想的状态是所有车轮的运动前束量均为零。

4. 驱动力作用线

如果两后轮相互平行且整车平行，那么驱动力作用线将垂直于后轴并与汽车轴线重合。但如果一个或两个后轮前端偏里或偏外，或者一个车轮相对于另一个略为后缩，驱动于作用线就要偏离中心线，从而产生了一个驱动力偏离角并使汽车朝与偏离角相反方向偏行。

驱动力作用线偏右时，汽车向左跑偏。驱动力偏离角的出现使得车辆在冰、雪或湿滑路面上的方向稳定性变差。在汽车制动或急剧加速时，它有时会使汽车跑偏。用于转向控制的前轮要克服后轮的这种作用，从而使磨损加剧。

> **提示**
>
> 通过重新设置后轮前束，可使驱动力作用线回中。在大多数前轮驱动的汽车上，可以采用厂家提供的后轮前束调整方法，也可在车轮转向节和后轴间放置后轮前束/车轮外倾角垫片，或使用偏心轴套组调整后轮前束。后轮驱动的汽车具有整体式后桥，后轮前束的调整不容易实现。所以一般根据后轴驱动力作用线而不是纵轴线来调整前轮定位。

（七）桑塔纳 2000 型乘用车的车轮定位

1. 前桥的主要结构与定位参数

桑塔纳 2000 系列乘用车采用前轮驱动、独立悬架的结构形式，前悬架为麦弗逊式独立悬架，前桥的主要结构与定位参数如表 1-1 所示。

表 1-1　　　　　　桑塔纳 2000 型乘用车前桥主要结构与定位参数

项　目	结 构 参 数
前桥最大负荷/kg	<810
前轮距/mm	1 414
前减震器	
工作行程/mm	1 880
压缩长度/mm	370±3
拉伸长度/mm	558±3
缸距/mm	31
前轮定位（空载）	
前束	8′±8′（0～16mm）
外倾角	−15′±15′
左右轮外倾角允差	10′
主销后倾（不可调）	1°30′±30′
左右轮内倾角允差	30′
后轮定位（空载）	
前束	25′±15′
外倾角	1°40′±20′
左右轮外倾允差	30′
定位最大允差	25′

2. 后桥的主要结构与定位参数

桑塔纳 2000 型乘用车后桥的主要结构与定位参数如表 1-2 所示。

表 1-2　　　　　　　后桥的主要结构与定位参数

项　目	技 术 参 数
后桥最大轴荷/kg	<810
后轮距/mm	1 422
后桥横梁：形状	V 形冲压件
宽/mm	80
高/mm	72.5
长/mm	1 125
壁厚/mm	6
后减震器：工作行程/mm	212
压缩长度/mm	470±3
拉伸长度/mm	682±3
缸径/mm	30

续表

项　　目	技术参数
支撑座：销孔直径/mm	10.2±0.1
长度/mm	500−0.03
后轮定位：外倾角	−1°40′±20′
左右轮外倾角允差	30′
前束	25′±15′
前束角左右允差	20′

（八）四轮定位仪

1. 定义

四轮定位仪是用于检测汽车车轮定位参数，并与原厂设计参数进行对比，指导使用者对车轮定位参数进行相应调整，使其符合原设计要求，以达到理想的汽车行驶性能，即操纵轻便、行驶稳定可靠、减少轮胎偏磨损的精密测量仪器。

2. 功用

对汽车进行四轮定位检测与调整能增加行驶安全；保持直行时转向盘正直，维持直线行车；转向后转向盘自动归正；增加驾驶控制感；减少燃烧消耗；减低悬挂部件耗损。

3. 类型

四轮定位仪有前束尺和光学水准定位仪、拉线定位仪、CCD 定位仪、激光定位仪、和 3D 影像定位仪等几种。其中 3D、CCD 和激光产品是目前市场上的三大主流产品。

激光四轮定位仪是利用激光作为测量系统的光源，利用激光测量系统采集所有的值，从而来确定定位参数以及调节所需的值。由于激光四轮定位仪测量精度低、检测速度慢、存在人为误差，并且激光很容易受外界干扰，同时激光对人眼视力有一定伤害，因此激光四轮定位仪基本上被淘汰了。

CCD 是一种半导体数字元器件（又称光电耦合器件），CCD 具有测量精度高（0.05°以内）、无温度系数、使用寿命长等特点。使用 CCD 有良好的环境适应能力。CCD 四轮定位仪性价比高，测量效果较好，是目前市场上普遍应用的产品。缺点是 3～6 个月需要进行一次标定；测量结果受温度、光线、信号传输等影响而有误差；需要对每个轮胎进行举升补偿；维修成本较高。

3D 四轮定位仪是 3D 数码影像四轮定位仪的简称，是目前市场上最先进的四轮定位仪，测量方式先进、测量时间短、测量精度高、操作简便、维护成本低。是将四个目标反光板安装在汽车的四个轮辋之上，滚动车轮，由摄像机对目标反光板上的几何图形进行连续拍摄，通过计算机对几何图形的变化进行分析运算，得出车轮及底盘等的相应定位参数，再由显示屏进行显示，主要采用物理透视学的基本原理与计算机信息处理技术。

4. 组成

四轮定位仪涉及了机械、光学、电子、计算机软件、数学模型等多项领域的知识，从构成来看，四轮定位仪主要由上位机和下位机组成，如图 1-49 所示。上位机包括箱体、电脑主机、显示器、打印机、软件和通信系统。下位机由测量传感器、夹具和转角盘组成。

① 箱体。位于四轮定位仪前方，里面有计算机、打印机、显示器、键盘、鼠标以及夹具传感器或夹具反像板等。

② 电脑主机。它是运行主程序的载体，可以是电脑市场的组装机或品牌机。

③ 软件。即所用的操作系统和四轮定位仪应用程序，与电脑主机共同决定了可视性、操作性、功能稳定性、测量速度等因素。操作系统可以是 Windows 98、Windows 2000、Windows XP。

④ 通信系统。分为有线与无线、蓝牙等方式。使用哪种方式决定了使用的方便快捷性。

⑤ 测量传感器。它是测量车辆四轮的尺子，决定了整机的测量精度。也从侧面反映了四轮定位仪的技

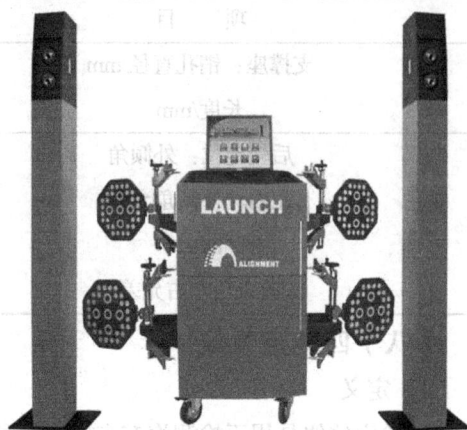

图1-49　四轮定位仪

术属性。传感器由壳体、单片机主板、传感元件（液体、光学或纯光学及 CCD 等）、通信系统、电池等部分组成。所用元器件多，非常精密，费用高。

5. 定位的基本内容与参数范围

定位的基本内容与参数范围如表 1-3 所示，具体的参数需要针对具体车型确定，一般可查阅维修手册获得，选用四轮定位仪时一定要仔细核对是否包含所需要车型的参数，同时还应能提供定期的免费升级服务，及时更新和增加新车型定位参数。

表 1-3　　　　　　　　　　定位的基本内容参数范围及作用

定 位 项 目	参 数 范 围	作 用
车轮外倾	车轮外倾角在 1° 左右	掌控轮胎车身重量压力点
主销内倾	主销内倾角一般不大于 8°	驾驶方向稳定性和车身重量着力点位置
主销后倾	一般不超过 3°	方向盘的稳定和自动回位
前轮前束	前轮前束值在 0～12mm	减小轮胎磨损及滚动阻力

三、任务实施

（一）前轮定位与参数调整

前轮定位是保证汽车行驶稳定性的关键因素，因此前轮定位参数检查和调整是汽车总装后的一项重要作业，汽车二级维护时必须检查和调整。常见车型前轮定位参数如表 1-4 所示。

表 1-4　　　　　　　　　　常见汽车车轮定位的基本参数

车　　型	主销后倾角	主销内倾角	车轮外倾角	前束值/mm
CA1091	1° 30′	8°	1°	2～4
EQ1090	2° 30′	6°	1°	1～5

续表

车　型	主销后倾角	主销内倾角	车轮外倾角	前束值/mm
奥迪 100	1.16°	14.2°	0° 30′ ± 30′	0.5～1
桑塔纳	1.16°	14.2°	0° 30′ ± 30′	−3～−1
南京依维柯	0° 30′～1°	0°	1°	1.5～2.5
北京切诺基	7.5°	0°	0°	0
天津夏利	2° 55′	12°	0°	1

1. 整体式车桥前束值的调整

整体式车桥中主销内倾、主销外倾、前轮外倾这 3 个定位参数由车桥的结构保证，其大小一般不可调，但其前束值可通过改变横拉杆的长度予以调整。

（1）调整前束之前应做好的工作

① 检查调整好前轮、转向系各配合间隙。

② 两侧前轮轮胎气压、气压差以及平衡性能应符合原厂规定，车辆左、右同名点的离地高度应相同。

③ 主销后倾、主销内倾和前轮外倾值应符合原厂规定，否则，应进行修理。修复后方能准确地调整前轮前束。

④ 调整前束前，应按技术文件之规定，紧固相关部位，确保连接可靠。

（2）前轮前束的调整方法

① 确定两前轮上的同名点，并测量两前轮上位置相同完全对称的两个点之间的距离。同名点选择必须符合原厂规定，多数制造厂规定同名点在轮胎的中线上；也有少数厂家规定的同名点处在两轮胎内侧胎体或外侧胎体上；还有的规定同名点在轮辋内侧边缘上。

② 将汽车置于水平地面上并支起前桥。

③ 调整前束尺。首先调整前束尺两条链条的长度，这一长度应等于前轮轴线的离地高度。

④ 用前束尺测量前束。先伸缩前束尺两个测量管，使两个水平指针指到两个同名点上。在通过两前轮公共轴线的水平面内，分别测量出两同名点在轮轴前方的距离 A 和在轮轴后方的距离 B，$B−A$ 值即为前束值。

⑤ 调整前束。若前束值不符合原厂规定时，松开横拉杆接头，旋转横拉杆，待前束值正确后，按原厂规定的紧固力矩紧固横拉杆接头的紧固螺栓。

双横拉杆的转向桥，调整前束时，左右横拉杆应转动同样的角度，也就是左右横拉杆各自的伸长量或收缩量必须相等，否则会影响左右最大转角的正确性。

一般情况下使用普通斜交轮胎时，前束值为（5±2）mm，使用子午线轮胎时，前束值为（4±2）mm，而欧洲型汽车使用子午线轮胎的前束值多为（0±2）mm。

2. 断开式车桥前轮定位参数的调整

断开式转向桥的主销内倾以及主销后倾一般由结构来保证，一般不需要也不能进行调整，但前轮外倾是可以调整的。有些是前轮外倾与主销内倾同时调整，主销后倾单独调整。前束的调整仍然靠调整横拉杆的长度来实现。

麦弗逊式悬架转向桥的前轮外倾、主销内倾以及主销后倾一般由结构来保证，不需要也不能进行调整。但桑塔纳乘用车的前轮外倾是可以调整的，调整时，先松开下悬架臂与前轮的连接螺栓的固定螺母，将专用前轮外倾调整杆插入调整孔中，横向移动球头销，使前轮下方作轴向移动，调整前轮外倾角达到规定值，且两侧前轮外倾角差不得大于15′。插入专用调整杆时，右侧的调整杆从前方插入，左侧的调整杆从后方插入。调整完之后，再检查调整前束，前束的调整仍然靠调整横拉杆的长度来实现，前束值为-3～-1mm。待前束值调整合格后紧固并锁止球销螺母。维护时，发现轮胎单侧磨损严重，则应尽早检查调整前束。

（二）桑塔纳2000前轮定位的调整

车轮定位不仅影响车轮的磨损程度，同时还对操纵稳定性和行车安全产生进一步的影响。因此，除了平时经常检查车轮定位外，在车桥拆装后和轮胎发生异常磨损、车辆的操纵稳定性变坏时，必须检查和调整车轮定位。

1. 检查准备

桑塔纳2000乘用车只有前轮定位可以调整，因此检查前轮定位前，车辆应先满足以下条件，否则检查结果无效。

① 汽车停放水平场地或专用检测台上，车轮在直线行驶位置且无负载。

② 轮胎气压符合规定。

③ 车轮平衡，悬架活动自如。

④ 转向系调整正确。

⑤ 前悬架弹簧无过大的间隙和损坏。

桑塔纳2000乘用车前轮定位最好使用四轮定位仪检查。如果没有四轮定位仪，可用专用工具3021量角器检查前轮外倾角，可用机械轮距测试器检查前束。检查和调整应在汽车行驶1 000～2 000km后，螺旋弹簧的长度基本定型的情况下进行最为适宜。

2. 检查和调整顺序

由于主销后倾和前轮外倾角的改变会引起前束的改变，而前束的变化不会影响主销后倾角和前轮外倾角，所以前轮定位的检查和调整顺序是：首先检查和调整主销后倾角和左右轮的差值，然后检查和调整前轮外倾角和左右轮的差值，最后检查和调整前束。

3. 前轮外倾角的调整

前轮外倾角是指车轮子面与垂直平面（纵向）之间的夹角，当前轮外倾角不正确时，轮胎会出现单边磨损（吃胎）。另外，外倾角过大，高速时车身晃动加剧，转向发"飘"，不易掌握；外倾角过小，转向太沉，回位不良，左右轮外倾角差值过大，会使汽车侧滑跑偏，轮胎磨损不匀。

调整前轮外倾角时车轮应着地，通过球头销在下摇臂长孔中的位移来调整，其步骤　如下。

① 松开下摇臂球头销的固定螺母。

② 把专用工具外倾调整杆 40-200 插入图 1-50 中箭头所示的孔中。调整左侧时，从后面插入调整杆；调整右侧时，应从前面插入调整杆。

③ 横向移动球头销，直至达到外倾角值。

④ 紧固螺母并再次检查外倾角值，如果数值不对需要重新进行调整。

⑤ 必要时调整前束。

4. 前轮前束的调整

前束不当，会出现高速摆振和明显的单侧磨损。

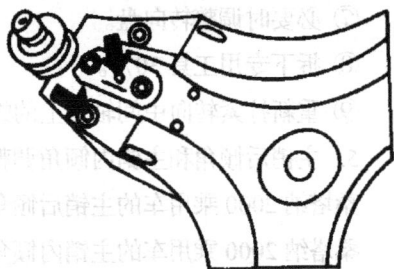

图1-50　插入外倾调整杆

检查前束，需将车轮停放在水平的硬实地面上，顶起前轮，使车轮能平稳回转，在轮胎周向花纹对称中心画线，然后拆下千斤顶，使车轮恢复稳定状态，并使车轮处于直行位置。

使用前束尺测量时，前束尺的指针高度与轮胎中心高度相同，如图 1-51 所示。在车轮的前侧，使前束尺的左右指针与轮胎中心的画线对准，测出宽度。然后将前束尺移到车轮后侧，以同样方法测出宽度。两次测量结果之差，即为车轮前束。

调整前束除使用四轮定位仪外，还需要专用工具 3075。调整前束是通过改变两侧转向横拉杆的长度来实现的，其步骤如下。

① 将转向器置于中间位置。

② 拧出转向中间轴盖上的螺栓。

③ 将带有挂钩"B"的专用工具安置在左转向横拉杆的紧固螺母上，如图 1-52 所示。

④ 用提供的螺钉将作衬垫的间隔件固定到标有"C"记号的转向器孔中。

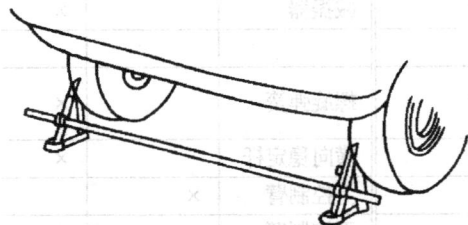

图1-51　检查前束

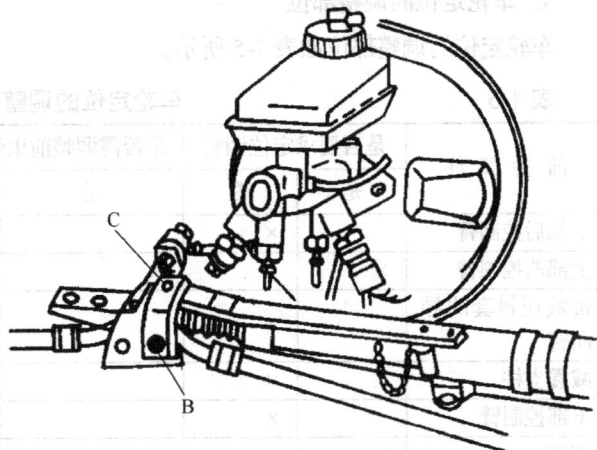

图1-52　调整前束

提示

不得使用一般螺钉，因为一般螺钉太短，会碰坏转向盘的螺纹。

⑤ 总前束值分为两半，用管钳扭转左、右转向横拉杆，分别调整其长短到合适位置。

　⑥ 固定转向横拉杆。

　⑦ 必要时调整转向盘。

　⑧ 拆下专用工具 3075。

　⑨ 重新拧紧转向中间轴盖上的螺栓，拧紧力矩为 20N·m。

　5. 主销后倾角和主销内倾角调整

桑塔纳 2000 乘用车的主销后倾角是不能调整的。

桑塔纳 2000 乘用车的主销内倾角也不可调整，它是靠前轮外倾角的正确性来保证的。

（三）奥迪 A6 车轮的定位与调整方法

　1. 车轮定位基本要求

　① 汽车的行驶里程达到 1 000～2 000km 才可进行车轮定位。因为这时螺旋弹簧才进入正常状态。

　② 汽车的震动等异常情况也可能是由于车轮不平衡或径向跳动过大引起的，因此必须要保证车轮平衡及悬架正常。

　③ 只可使用 VW/Audi 专用定位仪。

　④ 奥迪 A6 车轮定位包括前桥和后桥参数定位。调整时，应尽量使各值达到规定值。

　2. 必须进行车轮定位调整的情况

　① 行驶性能不良。

　② 因事故而造成损坏。

　③ 拆卸过车桥部件。

　④ 单侧轮胎磨损。

　3. 车轮定位的调整部位

车轮定位的调整部位如表 1-5 所示。

表 1-5　　　　　　　　　　车轮定位的调整部位

前 桥 部 件	是否要求定位调整		是否需调整前束恒定值"S"		后桥部件	是否要求定位调整	
	是	否	是	否		是	否
上部后控制臂		×		×	减振器		×
上部前控制臂	×		×				
带液压衬套的导向臂		×		×	螺旋弹簧		×
减震支柱		×		×	横向稳定杆		×
下部控制臂		×		×	上控制臂	×	
支座	×		×		下控制臂	×	
车轮轴承壳体	×		×		车轮轴承壳体	×	
转向横拉杆	×		×		转向横拉杆	×	
转向机	×		×		副车架	×	
副车架	×		×		扭力梁总成（前轮驱动）	×	
横向稳定杆		×		×	横向稳定杆		×

4. 前轮驱动车车轮定位规定值

前轮驱动车车轮定位规定值如表 1-6 所示，这些值和规定适用于所有发动机。

表 1-6　　　　　　　　　前轮驱动车车轮定位规定值

前　　桥	底盘（1BA, 1BH,1BP,1BC）	赛车底盘 （1BE）	恶劣路面用底 盘（1BB）	恶劣路面用 底盘（1BT）	自水平调节 底盘（1BG）
外倾角	$-50'\pm25'$	$-1°50'\pm25'$	$-35'\pm25'$	$-45'\pm25'$	$-50'\pm25'$
两侧最大允许偏差	$30'$	$30'$	$30'$	$30'$	$30'$
每个车轮前束（整备质量时调整值）	$+10'\pm2'$	$+10'\pm2'$	$+10'\pm2'$	$+10'\pm2'$	$+10'\pm2'$
每个车轮前束（整备质量时检查值）	$+10'\pm5'$	$+10'\pm5'$	$+10'\pm5'$	$+10'\pm5'$	$+10'\pm5'$
每个车轮前束恒定值（调整值）	$+7'\pm2'$	$+7'\pm2'$	$+7'\pm2'$	$+7'\pm2'$	$+7'\pm2'$
每个车轮前束恒定值（检查值）	$+7'\pm7'$	$+7'\pm7'$	$+7'\pm7'$	$+7'\pm7'$	$+7'\pm7'$
车轮转动 20° 时前束偏差值	$-1°30'\pm30'$	$-1°30'\pm30'$	$-1°30'\pm30'$	$-1°30'\pm30'$	$-1°30'\pm30'$
后　　桥	底盘（1BA, 1BH,1BP,1BC）	赛车底盘 （1BE）	恶劣路面用底 盘（1BB）	恶劣路面用 底盘（1BT）	自水平调节 底盘（1BG）
外倾角	$-1°30'\pm20'$	$-1°30'\pm20'$	$-1°30'\pm20'$	$-1°30'\pm20'$	$-1°30'\pm20'$
两侧最大允许偏差	$30'$	$30'$	$30'$	$30'$	$30'$
总前束	$+20'^{+15'}_{-10'}$	$+28'^{+15'}_{-10'}$	$+14'^{+15'}_{-10'}$	$+17'^{+15'}_{-10'}$	$+26'^{+15'}_{-10'}$
在前进方向上与纵向中心铅垂面的最大允许偏差	$\pm15'$	$\pm15'$	$\pm15'$	$\pm15'$	$\pm15'$

5. 车轮定位检测前准备

① 已检查过独立悬架，车轮轴承，转向机构和转向杆系，间隙正常且无损坏。

② 同一车轮上的轮胎花纹深度差不超过 2mm。

③ 轮胎充气压力不超过规定值。

④ 车在空载状态，油箱已加满油。备胎与随车工具已装到相应位置。风挡大灯清洗液罐已加满水。

⑤ 对于底盘可自水平调节的车（1BC），在测量前应先打开点火开关，等到车辆高度调节过程中止。

⑥ 检测过程中应注意滑动台座和转盘不可处于止点位置。

⑦ 车轮定位参数标签一般在备胎坑内及保养手册上可以找到。

6. 车轮定位的检测

① 检测时，滑动台座和转盘不可处于止点位置。

② 为了准确定位，应多次将车压下并松开，使之自己回到稳定状态。

③ 按规定安装并校准测量值传感元件；参照定位仪生产厂的说明。

④ 进行轮辋径向跳动的补偿。

> **提示**　轮辋的端面跳动可能已超过前束公差，因此必须进行轮辋径向跳动补偿，才能达到正确的前束调整值。

⑤ 安装制动踏板压下装置，如图1-53所示。

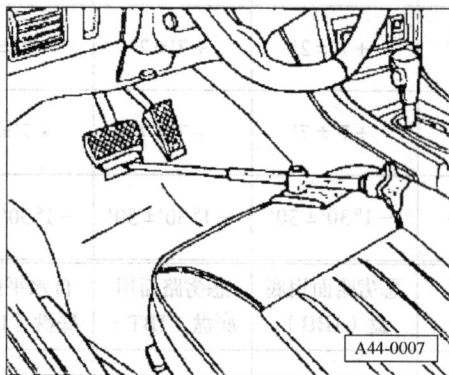

图1-53　制动踏板压下装置

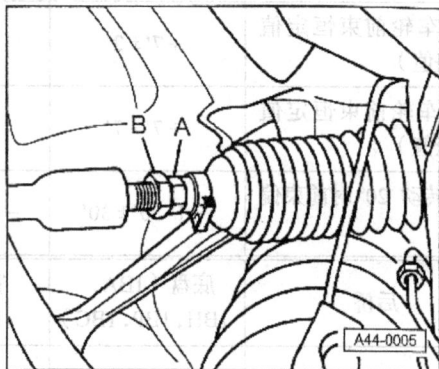

图1-54　调整前轮前束

7. 车轮定位的调整

（1）调整前轮前束

① 松开锁紧螺母B，用六角螺母A分别调整左、右轮前束，如图1-54所示。

② 转动横拉杆时，应保证防尘套不扭曲，扭曲的防尘套容易损坏。

③ 以40Nm拧紧锁紧螺母B，再次检查前束值，拧紧螺母B后，调整值可稍有偏差。

④ 如测得的前束值在公差范围内时，调整就完成了。

（2）补偿前轮外倾角

> **提示**　外倾角不可调整，在规定公差范围内，移动副车架可补偿外倾角。

① 拆下隔音板，拧下六角螺栓3和4，如图1-55所示。

② 装上V.A.G1 941，六角螺栓1的拧紧力矩为10 Nm，如图1-56所示。

③ 松开六角螺栓1、2、5、6、7和8，如图1-55所示。

④ 拧动螺栓2，直到外倾角达到规定值。松开螺栓2，检查外倾角，如需要，再次调整，如

图 1-56 所示。

⑤ 拧上新的六角螺栓 7 和 8。拧紧至 110 Nm，再拧 90°。拆下 V.A.G 1941。拧上新六角螺栓 5 和 6。拧紧至 110 Nm，再拧 90°，如图 1-55 所示。

以 60 Nm 拧紧六角螺栓 1，2，3 和 4。补偿外倾角后，必须检查车桥定位情况。

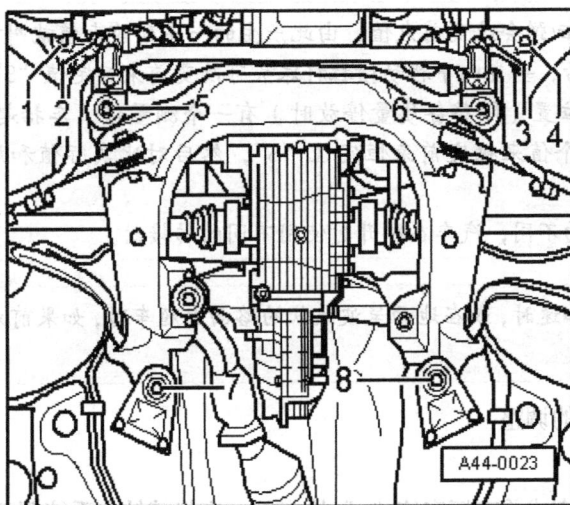

图 1-55　前轮外倾角补偿

⑥ 松开螺栓 A。将螺栓 B 拧出约 4mm。尽量向下压转向横拉杆接头。拧入调整螺栓 B，直至达到规定值。以 45Nm 拧紧六角螺母 A，并检查该值。必须使用新的六角螺母，以 7Nm 拧紧螺栓 B。放下车，使之回到初始位置 B1。拧下螺纹心轴，如图 1-57 所示。

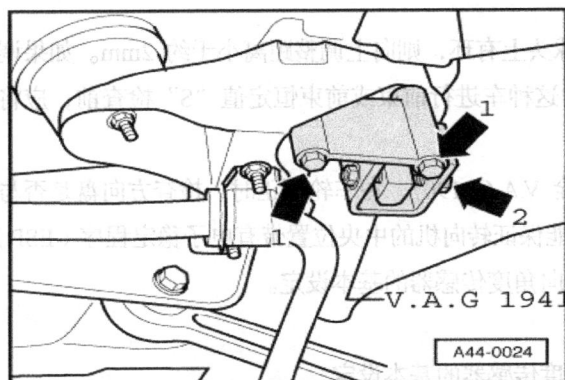

图 1-56　前轮外倾角调整

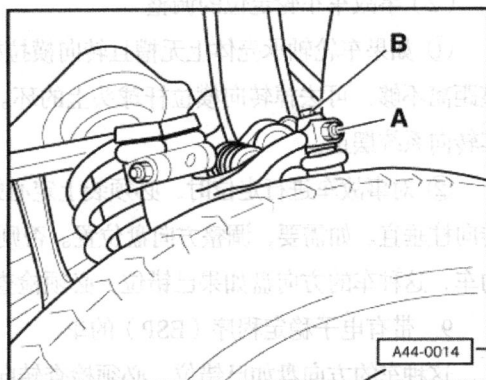

图 1-57　转向横拉杆调整

⑦ 检查后轮外倾角（前轮驱动车）。前轮驱动车的后轮外倾角只能检查，不能调整。如果外倾角超差，检查车桥是否损坏，如需要，更换。

⑧ 补偿后轮前束（前轮驱动车）。后轮总前束是不可调的，但通过后桥的长孔可补偿单面前束。可以通过松开支座上的长孔移动车桥来补偿单面前束值。

> **提示**
>
> 如果总前束超差，或单面前束也无法补偿，应检查车桥是否损坏，如需要，更换。检查车身与后桥连接点，如需要，进行修理。

（3）调整前桥前束曲线

> **说明**
>
> 车轮颠簸/回弹会改变前束值，由此产生的一系列前束值就叫前束曲线。
>
> 举起车辆后，垂直向下移动横拉杆球头可改变前束恒定值"S"。
>
> 车在初始位置（即整备质量停放时）有一个测量值，车抬起后又有一个测量值，定位仪由这两个值来确定前束恒定值"S"，然后对比实际值和规定值，并显示在屏幕上。
>
> 根据底盘的不同，汽车在举升时使用不同的转接器。

> **说明**
>
> 在制动和加速时，或在地面呈波纹状的路面上超车时，如果前束恒定值调整得不对，车会跑偏。

8．事故车车轮定位的调整

（1）调整前的准备

① 对这种车进行前束或前束恒定值"S"检查前，应将其转向系统摆正。

② 按定位仪的说明来摆正转向系统。

③ 对事故车进行定位时，必须装上定心螺栓 V.A.G1907。

④ 在车轮摆正时，检查方向盘是否与转向柱垂直。

⑤ 如需要，调整方向盘位置。否则不能保证转向机的中央位置。

（2）事故车车轮定位的调整

① 如果车轮轴承壳体上无槽且转向横拉杆球头上有环，则向上调整距离小于约 2mm。如果调整距离不够，可去掉转向横拉杆球头上的环。对这种车进行前束或前束恒定值"S"检查前，应将其转向系统摆正。

② 对事故车进行定位时，必须装上定心螺栓 V.A.G 1907。在车轮摆正时，检查方向盘是否与转向柱垂直。如需要，调整方向盘位置。否则不能保证转向机的中央位置带有电子稳定程序（ESP）的车，这种车的方向盘如果已错位，必须检查转向角度传感器的基本设定。

9．带有电子稳定程序（ESP）的车

这种车的方向盘如已错位，必须检查转向角度传感器的基本设定。

车轮定位操作必须遵守下述工作顺序：

① 检查前轮外倾角，如需要，调整。

② 检查后轮外倾角，如需要，调整。

③ 检查后轮前束，如需要，调整。

④ 如需要，检查前轮前束恒定值"S"的曲线。

⑤ 检查初始状态（即整备质量状态）下的前轮前束，如需要，调整。

任务四 悬架系统检修

一、任务导入

汽车车架或车身如果直接安装于车桥上，它们之间就是刚性连接，汽车则会由于道路不平而上下颠簸震动，从而使车上的乘员感到不舒服或者使货物损坏。因此，汽车上必须安装具有缓冲、减震和导向作用的悬架装置。汽车悬架是车架（或车身）与车桥之间各种传力连接装置的总称。

二、相关知识

（一）悬架的组成及功用

1. 悬架的组成

现代汽车的悬架虽有不同的结构形式，但一般都由弹性元件、减震器、导向机构等组成，乘用车一般还有横向稳定杆。悬架的组成如图1-58所示。

弹性元件使车架（或车身）与车桥（或车轮）之间作弹性连接，可以缓和由于路面不平带来的冲击，并承受和传递垂直载荷。减震器可以衰减由于路面冲击产生的震动，使震动的振幅迅速减小。

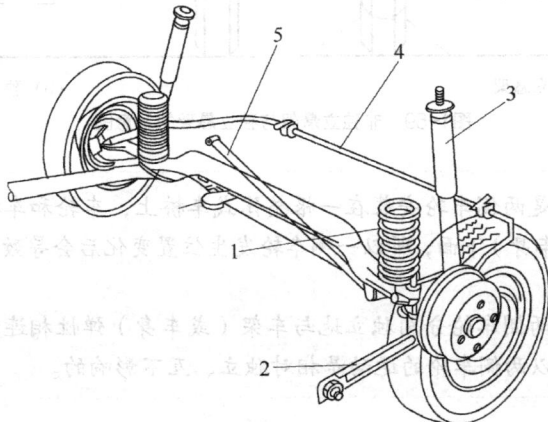

图1-58 悬架的组成

1—弹性元件（螺旋弹簧）；2—纵向推力杆；3—减震器；4—横向稳定杆；5—横向推力杆

导向机构包括纵向推力杆和横向推力杆，用于传递纵向载荷和横向载荷，并保证车轮相对于车架（或车身）的运动关系。

横向稳定杆可以防止车身在转向等情况下发生过大的横向倾斜。

2. 悬架的功用

从悬架的组成，可以总结出悬架的功用包括传力、缓冲、减震、导向等几个方面。

① 连接车架（或车身）和车轮，把路面作用到车轮的各种力传给车架（或车身），传递垂直、纵向、侧向反力及其力矩。

② 缓和行驶中车辆受到的冲击力，衰减震动，使乘坐舒适，具有良好的平顺性。

③ 迅速衰减由于弹性系统引起的震动。

④ 起导向作用，使车轮按一定轨迹相对于车身运动，使汽车具有良好的操纵稳定性。

> **提示**　第二、三项功用与弹性元件的刚度和减震器的阻尼力有关。只有悬架系统的软、硬合适才能使车辆乘坐舒适、操纵稳定。

3. 悬架的分类

悬架的类型因分类方式不同而不同。

① 按照控制形式不同，悬架可分为被动式悬架和主动式悬架两大类。目前多数汽车上采用被动式悬架。被动式悬架的含义是汽车姿态（状态）只能被动地取决于路面行驶状况和汽车的弹性元件、导向装置以及减震器这些机械零件。主动悬架则可以根据路面和行驶状况自动调整悬架刚度和阻尼，从而使车辆能主动地控制垂直震动及其车身或车架的姿态。

② 根据导向装置的不同，悬架又可分为独立悬架和非独立悬架，如图1-59所示。

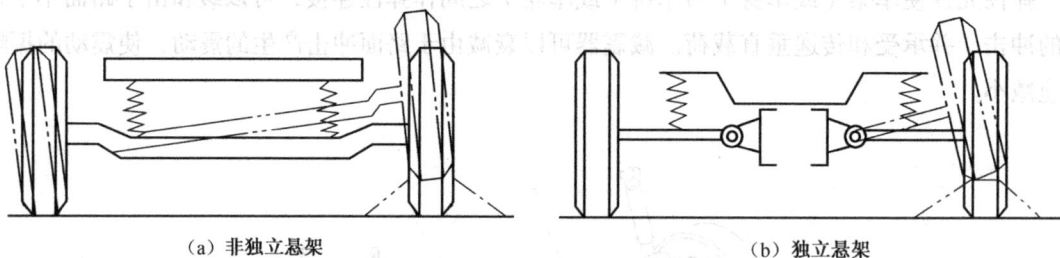

（a）非独立悬架　　　　　　　　　　　　　　　　（b）独立悬架

图1-59　非独立悬架与独立悬架的示意图

> **提示**　非独立悬架是两侧车轮安装在一根整体式车桥上，车轮和车桥一起通过弹性悬架悬挂在车架（或车身）下面，所以一侧车轮发生位置变化后会导致另一侧车轮的位置也发生变化。
>
> 独立悬架是两侧车轮分别独立地与车架（或车身）弹性相连，与其配用的车桥为断开式车桥，所以两侧车轮的运动是相对独立、互不影响的。

（二）弹性元件

汽车上常用的弹性元件包括钢板弹簧、螺旋弹簧、扭杆弹簧、气体弹簧等。

1. 钢板弹簧

钢板弹簧广泛应用于汽车的非独立悬架中，其构造如图1-60所示。

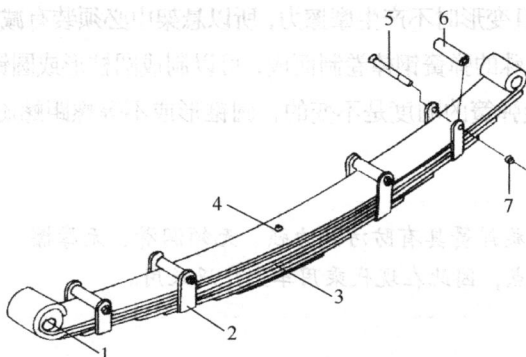

（a）对称式钢板弹簧

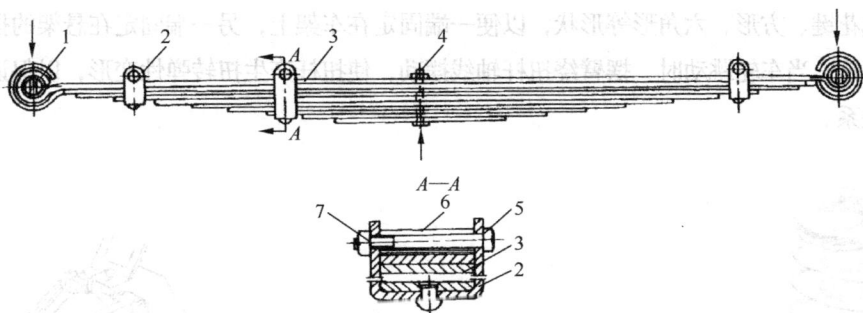

（b）非对称式钢板弹簧

图1-60 钢板弹簧

1—卷耳；2—弹簧夹；3—钢板弹簧；4—中心螺栓；5—螺栓；6—套管；7—螺母

钢板弹簧由若干片长度不等的合金弹簧钢片叠加而成，构成一根近似等强度的弹性梁。最长的一片称为主片，其两端卷成卷耳，内装衬套，以便用弹簧销与固定在车架上的支架或吊耳作铰链连接。

中心螺栓用来连接各弹簧片，并保证各片装配时的相对位置。中心螺栓距两端卷耳中心的距离可以是相等的，称为对称式钢板弹簧，如图1-60（a）所示；也可以是不相等的，称为非对称式钢板弹簧，如图1-60（b）所示。

为了增加主片卷耳的强度，常将第2片末端也弯成半卷耳，包在主片卷耳的外面，但留有较大的间隙，使得弹簧在变形时，各片间有相对滑动、伸缩的空间。

> 为了防止汽车在行驶过程中各弹簧片分开，在钢板弹簧上装有若干弹簧夹，以免主片独自承载，此外，还可防止各片横向错动。弹簧夹通过铆钉与最下面弹簧片相连，弹簧夹两边通过螺栓相连，螺栓上有套管，装配时要求螺母朝向轮胎，以免螺栓脱落时刮伤轮胎，甚至飞逸伤人。
>
> 钢板弹簧在载荷作用下变形时，各片之间会相对滑动而产生摩擦，这可以衰减车架的震动。但摩擦会加速弹簧片的磨损，所以在装配钢板弹簧时，各片之间要涂抹石墨润滑脂或装有塑料垫片以减少摩擦。

2. 螺旋弹簧

螺旋弹簧广泛应用于独立悬架，有些乘用车的后轮非独立悬架也采用螺旋弹簧作为弹性元件。由于螺旋弹簧只能承受垂直载荷，且变形时不产生摩擦力，所以悬架中必须装有减震器和导向机构。

螺旋弹簧如图1-61所示，由特殊的弹簧钢棒卷制而成，可以制成圆柱形或圆锥形，可以是等螺距或不等螺距。圆柱形等螺距螺旋弹簧的刚度是不变的，圆锥形或不等螺距螺旋弹簧的刚度是可变的。

> **提示**　与钢板弹簧相比，螺旋弹簧具有防污能力强、无须润滑、无摩擦、占用纵向空间小及弹簧本身质量小的特点，因此在现代乘用车上广泛采用。

3. 扭杆弹簧

扭杆弹簧是由弹簧钢制成的杆件，如图1-62所示。扭杆的断面通常为圆形，少数为矩形或管形，其两端制成花键、方形、六角形等形状，以便一端固定在车架上，另一端固定在悬架的摆臂上。摆臂与车轮相连，当车轮跳动时，摆臂绕扭杆轴线摆动，使扭杆产生扭转弹性变形，以保证车轮与车架的弹性联系。

图1-61　螺旋弹簧　　　　　　　　　图1-62　扭杆弹簧

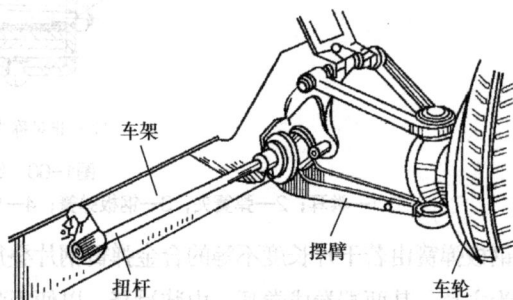

> **提示**　由于扭杆弹簧在制造时使之具有一定的预应力，且左、右扭杆弹簧预应力方向是不同的，所以左、右扭杆弹簧不能互换或装错。为此，左、右扭杆上标有不同的标记。
>
> 采用扭杆弹簧做弹性元件的悬架要设导向装置和减震器。扭杆弹簧与钢板弹簧相比，质量较轻，不需润滑，保养维修简便，刚度可变且车身高度调节方便，而且扭杆弹簧可以节省纵向空间。

4. 气体弹簧

气体弹簧分为空气弹簧（见图1-63）和油气弹簧（见图1-64）两种。空气弹簧又有囊式（见图1-63（a））和膜式（见图1-63（b））两种。

空气弹簧的结构、原理都很简单，下面仅介绍油气弹簧的结构、原理，如图1-64所示。油气弹簧的球形室固定在工作缸上，室的内腔用橡胶油气隔膜隔开，充入高压氮气的一侧为气室，与工作缸相通并充满油液的一侧为油室。工作缸内装有活塞、阻尼阀及其阀座。

当载荷增加且车架与车桥相互靠近时，活塞上移，使工作缸内容积减小，油压升高，油液顶开阻尼阀进入球形室，推动隔膜向气室方向移动，使气室容积减少，氮气压力升高，油气弹簧的刚度增大。当载荷减小时，在高压氮气的作用下隔膜向油室方向移动，室内油液经阻尼阀流回工作缸，推动活塞下移，这时气室容积增大，氮气压力下降，弹簧刚度减小。当氮气压力通过油液传递作用在活塞上的力与载荷平衡时，活塞便停止移动。随着载荷的变化，气室内氮气也随之变化，活塞相应地处于工作缸中的不同位置。可见，油气弹簧具有变刚度的特性。

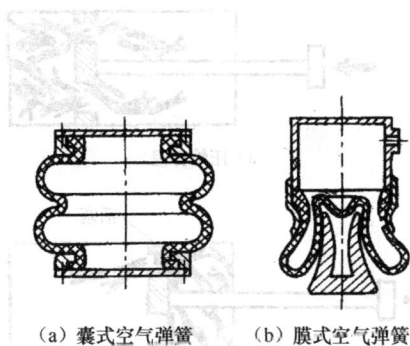

（a）囊式空气弹簧　　（b）膜式空气弹簧

图1-63　空气弹簧

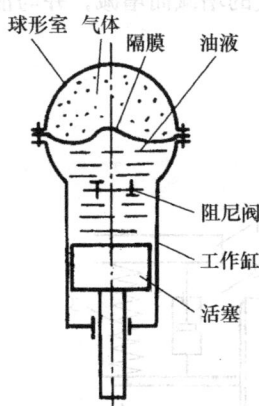

图1-64　油气弹簧

5. 橡胶弹簧

橡胶弹簧利用橡胶本身的弹性起弹性元件的作用。它可以承受压缩载荷和扭转载荷，由于橡胶的内摩擦较大，橡胶弹簧还具有一定的减震能力。橡胶弹簧的优点包括：可以制成任何形状，使用时无噪声；不需要润滑。但橡胶弹簧不适于支持重载荷。因此，橡胶弹簧主要用作辅助弹簧，或用作悬架部件的衬套、垫片、垫块、挡块及其他支撑件，如图1-65所示。

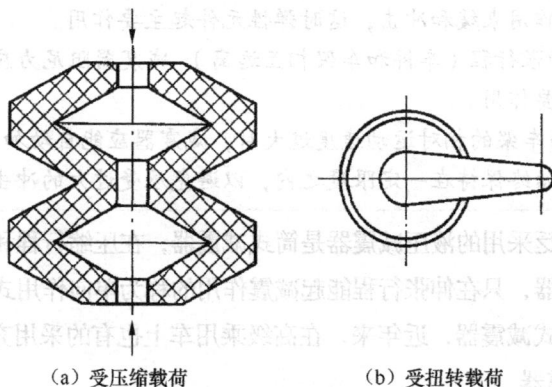

（a）受压缩载荷　　　　　　　（b）受扭转载荷

图1-65　橡胶弹簧

（三）减震器

为加速汽车车架和车身震动的衰减，改善汽车行驶的平顺性，悬架系统中装有减震器。减震器与弹性元件并联安装，如图1-66所示。

1. 液压减震器工作原理

汽车悬架系统中通常采用液压减震器，其工作原理如图1-67所示，当车架或车身与车桥间受震动出现相对运动时，减震器内的活塞上下移动，使油液反复地从一个腔经过不同的孔隙流入另一个腔内，利用孔壁与油液间的摩擦和油液分子间的内摩擦消耗振动的能量，而对震动形成阻尼力，使震动的能量转换成热能散发到大气中，从而衰减震动。减震器阻尼力随车架与车桥之间的相对运动速度的增减而增减，并与油液黏度、孔道的多少、孔道的大小等因素有关。

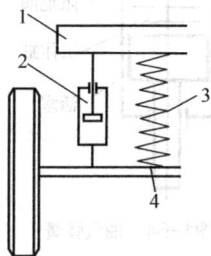

图1-66　减震器与弹性元件的相应位置
1—车架；2—减震器；3—弹性元件；4—车桥

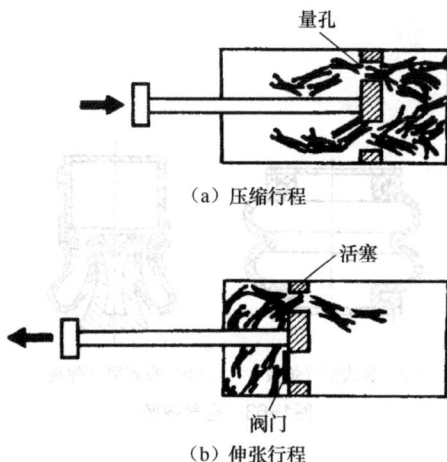

图1-67　液压减震器的基本原理

> 减震器若阻尼力过大，震动衰减将变得过快，使悬架的弹性元件缓冲作用变差，乘坐也不舒适，因此弹性元件的刚度与减震器的阻尼力要合理搭配，才能保证乘坐舒适性和操纵稳定性的要求。为此必须满足以下要求：
>
> ① 在悬架压缩行程（车桥和车架相互靠近），减震器阻尼力应较小，以充分发挥弹性元件的弹性作用来缓和冲击，这时弹性元件起主要作用。
>
> ② 在悬架伸张行程（车桥和车架相互远离），减震器阻尼力应较大，以迅速减震，此时减震器起主要作用。
>
> ③ 当车桥与车架的相对运动速度过大时，减震器应能自动加大油液流通通道截面面积，使阻力始终保持在一定限度之内，以避免承受过大的冲击载荷。

在汽车悬架系统中广泛采用的液压减震器是筒式减震器，在压缩行程和伸张行程都能起减震作用的称为双向作用式减震器，只在伸张行程能起减震作用的称为单向作用式减震器。目前汽车上应用最广泛的是双向作用筒式减震器，近年来，在高级乘用车上也有的采用充气式减震器。

2. 双向作用筒式减震器

双向作用筒式减震器的基本组成如图1-68所示，它有3个同心钢筒，外面的钢筒是防尘罩，其上部的吊耳与车架相连。中间是储油缸筒，内装有一定量的油液，其下端的吊耳与车桥相连。里面是工作缸筒，其内装满油液。它还有 4 个阀，即压缩阀、伸张阀、流通阀和补偿阀。流通阀和补偿阀是一般的单向阀，其弹簧刚度很软，当阀上的油压作用力与弹簧弹力同向时，阀处于关闭状态，完全不通油液；而当油压作用力与弹簧弹力反向时，只要很小的油压，阀便能开启。压缩阀和伸张阀是卸载阀，其弹簧刚度较硬，预紧力较大，只有当油压增高到一定程度时，阀才能开启；而当油压减低到一定程度时，阀即自行关闭。

双向作用筒式减震器的工作原理可用压缩和伸张两个行程加以说明。

（1）压缩行程

当车桥移近车架（或车身）时，减震器受压缩，活塞下移，使其下方腔室容积减小，油压升高。具有一定压力的油液顶开流通阀进入活塞上方腔室。由于活塞杆占去上腔室的部分容积，使上腔室增加的容积小于下腔室减小的容积，因此还有一部分油液不能进入上腔室而只能压开压缩阀，流回储油缸筒。油液流经上述阀孔时，受到一定的节流阻力，为克服这种阻力而消耗了震动能量，使震动衰减。

（2）伸张行程

当车桥相对远离车架（或车身）时，减震器受拉伸，活塞上移，活塞上方腔室油压升高，推开伸张阀流回活塞下方腔室。由于活塞杆的存在，上腔室减小的容积小于下腔室增加的容积，储油缸中的油液在真空度的作用下流经补偿阀进入下腔室来补偿。

由于伸张阀的弹簧刚度和预紧力大于压缩阀，且伸张行程的通道截面比压缩行程的通道截面小，所以伸张行程产生的阻尼力大于压缩行程产生的阻尼力，从而达到迅速减震的要求。

3. 充气式减震器

充气式减震器如图 1-69 所示，这种减震器在缸筒的下部装有一个浮动活塞，高压的氮气充在浮动活塞与缸筒一端形成的密闭气室里。浮动活塞的上面是减震器油液，O 形密封圈把油和气完全分开，因此活塞也叫封气活塞。在工作活塞上装有压缩阀和伸张阀，它们的通道截面积随工作活塞运动速度的变化而变化，从而产生不同的阻尼力。这两个阀都是由一组厚度相同、直径不等、由大到小而排列的弹簧钢片组成的。

当车轮上下跳动时，工作活塞在油液中作往复运动，使工作活塞的上、下腔之间产生油压差，压力油便推开压缩阀或伸张阀而来回流动。由于阀孔对压力油产生较大的阻尼力，使震动衰减。

> 与双向作用筒式减震器相比，充气式减震器有如下优点：
> ① 由于采用浮动活塞而减少了一套阀的系统，使结构简化，质量减轻。
> ② 由于减震器里充有高压氮气，能减少车轮受突然冲击时的震动，并可消除噪声。
> ③ 由于充气式减震器的工作缸和活塞直径都大于相同条件的双向作用筒式减震器，因而其阻尼力更大，工作可靠性更强。
> ④ 充气式减震器内部的高压气体和油液被浮动活塞隔开，消除了油的乳化现象。
> 充气式减震器的不足之处是油封要求高，充气工艺复杂，不易维修。

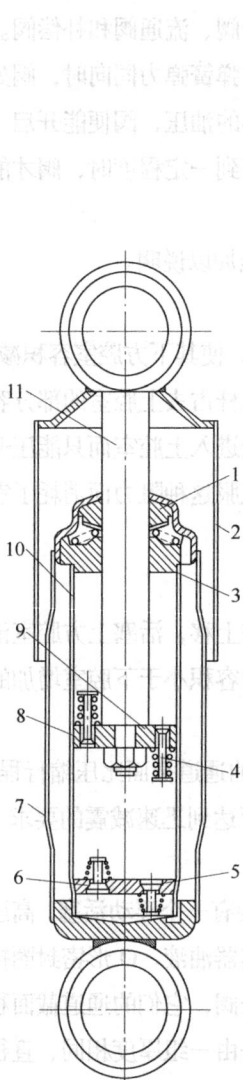

图1-68　双向作用筒式减震器的基本组成
1—油封；2—防尘罩；3—导向座；4—流通阀；5—补偿阀；
6—压缩阀；7—储油缸筒；8—伸张阀；9—活塞；
10—工作缸筒；11—活塞杆

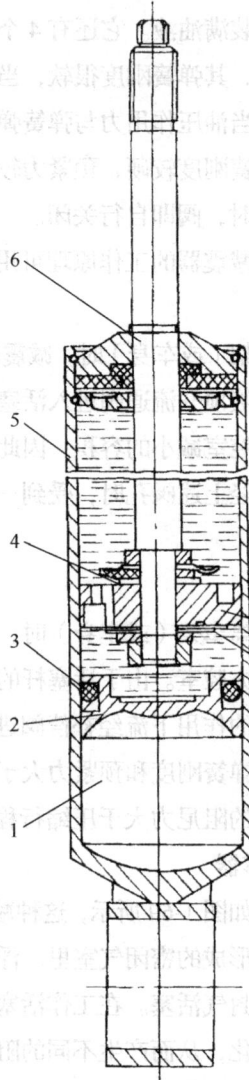

图1-69　充气式减震器的基本组成
1—密封气室；2—浮动活塞；3—O形密封圈；
4—压缩阀；5—工作缸；6—活塞杆；
7—伸张阀；8—工作活塞

（四）横向稳定杆

现代乘用车悬架很软，即固有频率很低。汽车高速行驶转弯时，车身会产生较大的侧向倾斜和侧向角震动。为了提高悬架的侧倾角刚度，减小侧倾，常在悬架中加设横向稳定杆，如图1-70所示。

由弹簧钢制成的横向稳定杆呈U形，安装在汽车紧靠悬架的前端或后端（有的乘用车前后都装有横向稳定杆）。稳定杆的中部自由支撑在两个固定于车架上的橡胶套筒内，而套筒固定在车架上，稳定杆两侧纵向部分的末端通过支杆与悬架下摆臂上的弹簧支座相连。

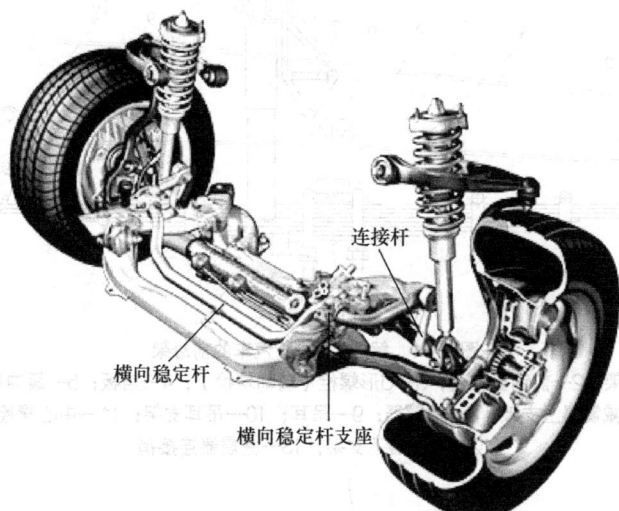

连接杆

横向稳定杆

横向稳定杆支座

图1-70 横向稳定杆

当车身受到震动而两侧悬架变形相同时，横向稳定杆在套管内自由转动，此时横向稳定杆不起作用。当两侧悬架变形不等，车身相对路面发生倾斜时，弹性的稳定杆产生扭转内力矩就阻碍了悬架弹簧的变形，从而减小了车身的侧倾和侧向角震动。即车架的一侧移近弹簧下支座，稳定杆的同侧末端就相对车架向上抬起。而另一侧车架远离弹簧座，相应一侧横向稳定杆的末端应相对车架下移。同时，横向稳定杆中部对于车架没有相对运动，而稳定杆两边的纵向部分向不同方向偏转，于是稳定杆被扭转。具有弹性的稳定杆抵抗扭转的内力矩就阻碍了悬架弹簧的变形，因而减小了车身的横向倾斜和横向角震动。横向稳定杆还可起平衡两侧车轮载荷的作用。

（五）非独立悬架

非独立悬架广泛应用于货车的前、后悬架和乘用车的后悬架。按照采用弹性元件的不同，非独立悬架可以分为钢板弹簧式、螺旋弹簧式和空气弹簧式非独立悬架。

1. 钢板弹簧式非独立悬架

这种悬架的钢板弹簧一般纵向布置，所以也称为纵置板簧式非独立悬架。

图1-71所示为解放CA1092汽车的前悬架。钢板弹簧中部通过U形螺栓（骑马螺栓）固定在前桥上。钢板弹簧的前端卷耳用弹簧销与前支架相连，形成固定式铰链支点，起传力和导向作用；而后端卷耳则用吊耳销与可在车架上摆动的吊耳相连，形成摆动式铰链支点，从而保证了弹簧变形时两卷耳中心线间的距离有改变的可能。

减震器的上、下两个吊环通过橡胶衬套和连接销分别与车架上的上支架和车桥上的下支架相连接。盖板上装有橡胶缓冲块，以限制弹簧的最大变形，并防止弹簧直接碰撞车架。

图1-72所示为某中型货车后悬架，由主、副钢板弹簧叠合而成，其刚度是可变的，以适应装载质量的不同。

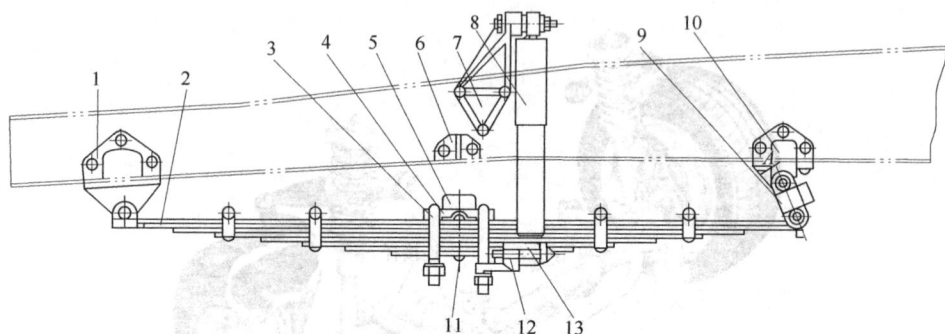

图1-71　解放CA1092汽车的前悬架

1—钢板弹簧前支架；2—前钢板弹簧；3—U形螺栓（骑马螺栓）；4—盖板；5—缓冲块；6—限位块；
7—减震器上支架；8—减震器；9—吊耳；10—吊耳支架；11—中心螺栓；
12—减震器下支架；13—减震器连接销

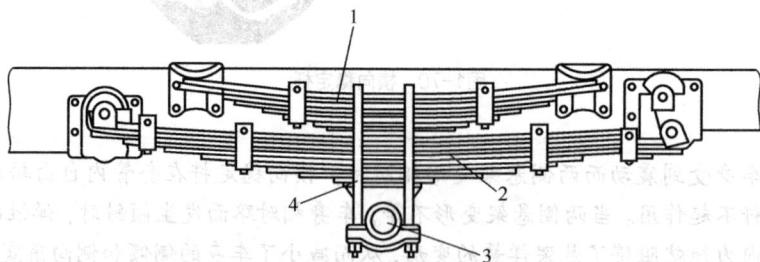

图1-72　变刚度钢板弹簧悬架

1—副钢板弹簧；2—主钢板弹簧；3—车桥；4—U形螺栓

提示　当汽车空载或实际装载质量不大时，副钢板弹簧不承受载荷而由主钢板弹簧单独工作。在重载或满载情况下，车架相对车桥下移，使车架上副簧滑板式支座与副簧接触，主、副簧共同参加工作，一起承受载荷而使悬架刚度增大，以保证车身振动频率不致因载荷增大而变化过大。

南京依维柯轻型货车的后悬架采用渐变刚度的钢板弹簧，如图1-73所示。主簧由5片较薄钢板弹簧片组成，副簧由5片较厚的弹簧片组成，它们用中心螺栓固定在一起，主簧在上，副簧在下。

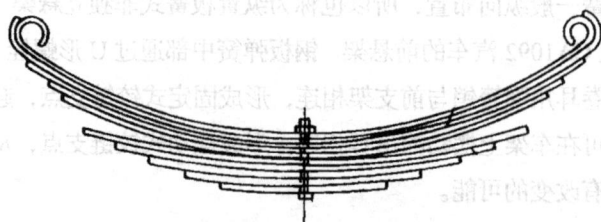

图1-73　渐变刚度钢板弹簧悬架

在小载荷时，仅主簧起作用，而当载荷增加到一定值时，副簧开始与主簧接触，悬架刚度随之相应提高，弹簧特性变为非线性。当副簧全部接触后，弹簧特性又变为线性的。这种渐变刚度钢板弹簧的特点是副簧逐渐地起作用，因此悬架刚度的变化比较平稳，从而改善了汽车行驶平顺性。

2. 螺旋弹簧式非独立悬架

螺旋弹簧式非独立悬架一般用于乘用车的后悬架。图 1-74 所示为上海桑塔纳 2000 的后悬架,由双向筒式减震器、螺旋弹簧、后桥桥架组成。纵向悬架臂作为纵向推力杆,而 V 形断面的后桥横梁允许扭转变形,可以兼起横向稳定杆的作用。

两根纵向推力杆的中部与后桥焊接为一体,前端通过安装在悬架臂前的金属橡胶支撑座与车身铰链连接,后端与轮毂相连接。纵向推力杆用以传递纵向力及其力矩。整个后桥、纵向推力杆及车轮可以绕支撑座的铰支点连线相对于车身做上、下纵向摆动。螺旋弹簧的上端装在弹簧上座中,下端则支撑在减震器外壳上的弹簧下座上,它只承受垂直力。减震器的上端与弹簧上座一起装在车身底部的悬架支座中,下端则与纵向推力杆相连接。

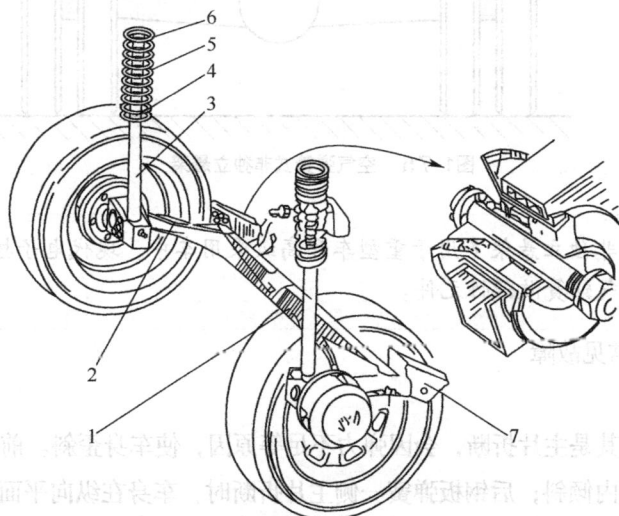

图1-74 螺旋弹簧非独立悬架（桑塔纳2000后悬架）
1—后桥；2—纵向推力杆；3—减震器；4—弹簧下座；5—螺旋弹簧；6—弹簧上座；7—支撑座

提示 当两侧车轮上的螺旋弹簧因路面不平而产生不同的变形时,后桥会发生相应的扭转变形,可以起到横向稳定杆的作用。

3. 空气弹簧式非独立悬架

为了提高行驶的平顺性,适应载荷和路面的变化,要求悬架刚度随之变化。当空车时车身被抬高,满载时车身则被压得很低。对于乘用车要求在好路上降低车身高度,提高行驶速度；在坏路上提高车身高度,可以增大通过能力。因此,不同行驶状况对汽车提出的要求也不同,而空气弹簧非独立悬架可以通过改变气体压力来满足载荷对悬架刚度的要求。

如图 1-75 所示,囊式空气弹簧的上下端分别固定在车架和车桥上,经压气机产生的压缩空气经油水分离器和压力调节器进入储气筒。压力调节器可使储气筒中的压缩空气保持一定压力。储气罐和空气弹簧中的空气压力由车身控制阀控制。空气弹簧只承受垂直载荷,因而必须加设导向装置,车轮受到的纵向力和横向力及其力矩由悬架中的纵向推力杆和横向推力杆来传递。

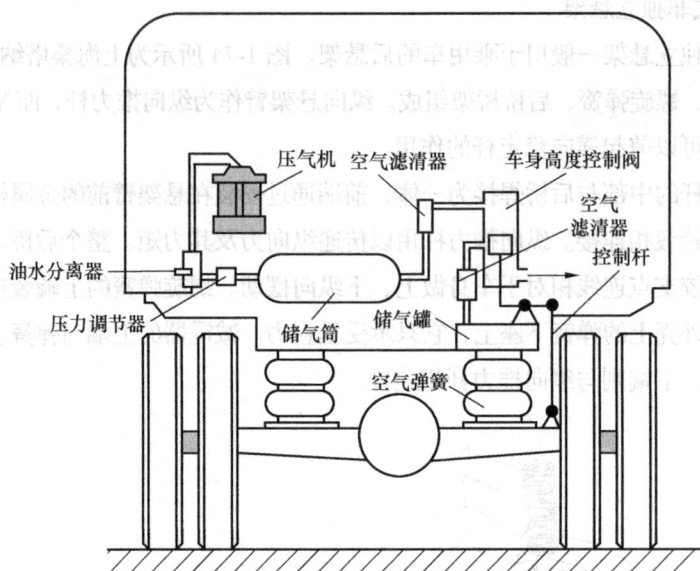

图1-75 空气弹簧式非独立悬架

提示 空气弹簧非独立悬架多用于重型车和高级乘用车中。现代电子控制主动或半主动悬架多采用空气弹簧做弹性元件。

4. 非独立悬架的常见故障

（1）钢板弹簧折断

钢板弹簧折断，尤其是主片折断，会因弹力不足等原因，使车身歪斜。前钢板弹簧一侧主片折断时，车身在横向平面内倾斜；后钢板弹簧一侧主片折断时，车身在纵向平面内倾斜。

（2）钢板弹簧弹力过小或刚度不一致

当某一侧的钢板弹簧由于疲劳导致弹力下降，或者更换的钢板弹簧与原弹簧刚度不一致时，会使车身倾斜。

（3）钢板弹簧销、衬套和吊耳磨损过量

此时，会出现以下故障现象。

① 车身倾斜（不严重）。

② 行驶跑偏。

③ 汽车行驶摆振。

④ 异响。

（4）U 形螺栓松动或折断

此时，会由于车辆移位倾斜，导致汽车跑偏。

（六）独立悬架

1. 独立悬架的优点

现代汽车，特别是乘用车上广泛采用独立悬架。由于独立悬架能使两侧车轮各自独立地与车架或车身弹性连接，具有以下优点。

① 由于左右车轮的运动相对独立、互不影响，可以减少行驶时车架或车身的震动，同时可以减弱转向轮的偏摆。

② 独立悬架的非簧载质量小，可以减小来自路面的冲击和震动，提高了行驶的平顺性。簧载质量是指汽车上由弹性元件支撑的质量；而非簧载质量是指弹性元件下吊挂的质量。对于非独立悬架，整个车桥和车轮都属于非簧载质量，而对于独立悬架，只有部分车桥是非簧载质量，而主减速器、差速器、壳体等都装在车架或车身上，成了簧载质量，所以独立悬架的非簧载质量要比非独立悬架的小。

③ 独立悬架是与断开式车桥配用，可以降低汽车的重心，提高汽车行驶的平顺性。

2. 独立悬架的类型

独立悬架的结构类型很多，一般可按车轮的运动方式分为 3 类，如图 1-76 所示。

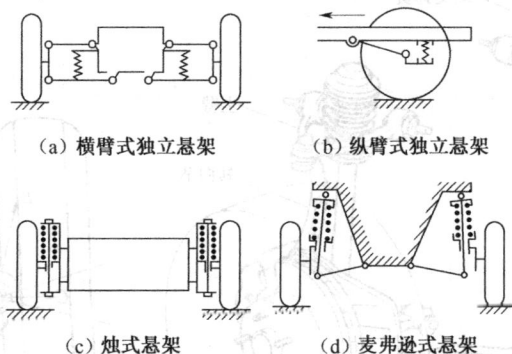

（a）横臂式独立悬架　　　（b）纵臂式独立悬架

（c）烛式悬架　　　（d）麦弗逊式悬架

图1-76　独立悬架的类型示意图

① 横臂式独立悬架。车轮在汽车横向平面内摆动的悬架，如图 1-76（a）所示。

② 纵臂式独立悬架。车轮在汽车纵向平面内摆动的悬架，如图 1-76（b）所示。

③ 车轮沿主销移动的独立悬架。包括烛式悬架和麦弗逊式悬架，分别如图 1-76（c）、（d）所示。

3. 横臂式独立悬架

横臂式独立悬架分为单横臂式（见图 1-59（b））和双横臂式两种。目前单横臂式独立悬架应用较少，下面仅介绍双横臂式独立悬架。

双横臂式独立悬架如图 1-77 所示，其两个横摆臂有等长的（见图 1-77（a））和不等长的（见图 1-77（b））。摆臂等长的独立悬架当车轮上下跳动时，虽然车轮平面不倾斜、主销轴线的方向也不发生变化，但轮距会发生较大的变化，这将引起车轮的侧滑和轮胎的磨损。而对于摆臂不等长的独立悬架，当车轮上下跳动时，虽然车轮平面、主销轴线、轮距都发生变化，但都可以控制在允许范围内，所以这种形式的双横臂式独立悬架应用较多，红旗 CA7560、雷克萨斯 LS400 等乘用车的前桥都采用这种不等长双横臂式独立悬架。

图 1-78 所示为丰田雷克萨斯 LS400 的前悬架，其车轮外倾角和主销后倾角是可以调整的。如图 1-79 所示，上摆臂内端通过上摆臂轴用螺栓与车架相连，上摆臂轴与车架之间夹有前、后调整垫片。同时增加或减少调整垫片的厚度可以调整车轮外倾角；前、后垫片厚度一处增加、另一处减少，可以调整主销后倾角。

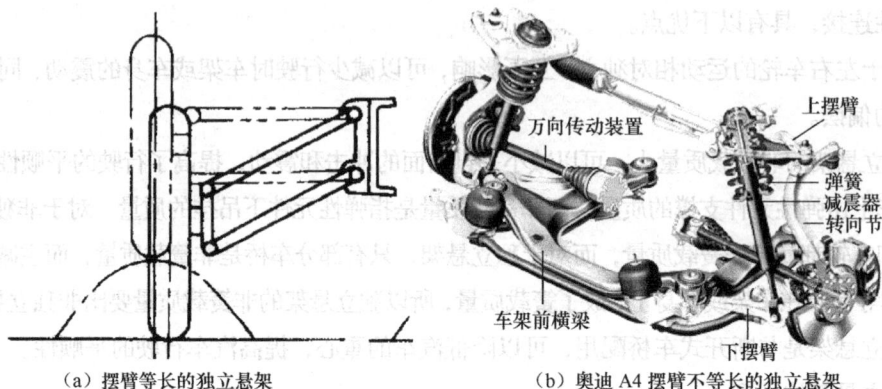

（a）摆臂等长的独立悬架 （b）奥迪 A4 摆臂不等长的独立悬架

图1-77 双横臂式独立悬架示意图

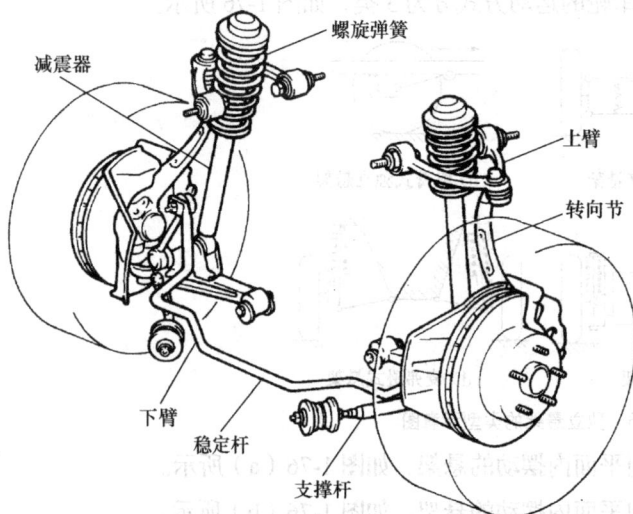

图1-78 雷克萨斯LS400的前悬架

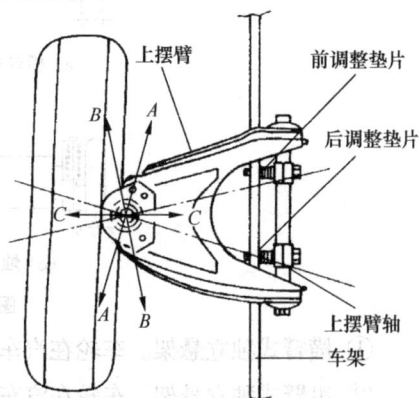

图1-79 车轮外倾角和主销后倾角的调整

4. 纵臂式独立悬架

纵臂式独立悬架也分为单纵臂式和双纵臂式两种。

（1）单纵臂式独立悬架

单纵臂式独立悬架如果用于前轮，车轮上下跳动时会使主销后倾角变化很大，如图 1-80 所示。所以单纵臂式独立悬架都用于后轮，如图 1-81 所示。纵摆臂是一片宽而薄的钢板，一端与半轴套管铰接，另一端带有套筒，套筒通过花键与扭杆弹簧的外端相连，扭杆的内端固定在车架上。

（2）双纵臂式独立悬架

图 1-82 所示为用于前轮的双纵臂式独立悬架。转向节和两个纵摆臂作铰链连接，在车架的两根管式横梁的内部装有由若干层矩形截面的薄弹簧钢片叠成的扭杆弹簧。两根扭杆弹簧的内端用螺栓固定在横梁中部，而外端则插入纵臂轴的矩形孔中。纵臂轴用衬套支撑在管式横梁内，轴和纵臂刚性地连接。

这种悬架当车轮上下跳动时，车轮外倾角、轮距和主销后倾角都不发生变化，所以适用于前轮。

5. 车轮沿主销移动的独立悬架

车轮沿主销移动的独立悬架可以分为两种形式：一种是车轮沿固定不动的主销移动的烛式独立

悬架，另一种是车轮沿摆动的主销轴线移动的麦弗逊式独立悬架。

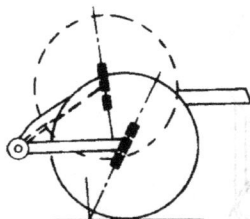

图1-80 单纵臂式独立悬架示意图

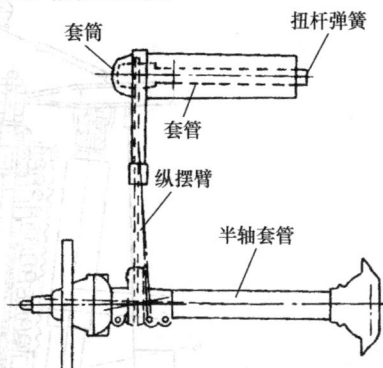

图1-81 用于后轮的单纵臂式独立悬架

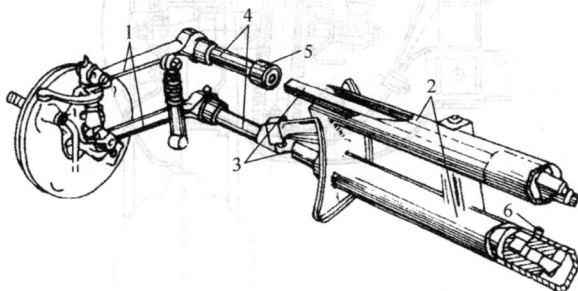

图1-82 用于前轮的双纵臂式独立悬架
1—纵臂；2—横梁；3—扭杆弹簧；4—摆臂轴；5—衬套；6—螺钉

（1）烛式独立悬架

图1-83所示为烛式独立悬架，主销的上下两端刚性地固定在车架上。套在主销上的套管固定在转向节上。套管的中部固定装着螺旋弹簧的下支座。筒式减震器的下端与转向节相连，上端与车架相连。悬架的摩擦部分套着防尘罩。通气管与防尘罩内腔相通，以免罩中空气被密封而影响悬架的弹性。

> **注意**　汽车在不平路面上行驶时，车轮、转向节一起沿主销的轴线移动。螺旋弹簧只承受垂直载荷，而车轮上所受的纵向力、侧向力及其力矩则由转向节、套筒经主销传给车架，当悬架变形时，使得套筒与主销之间容易产生磨损，因此在实际应用中不多。

（2）麦弗逊式独立悬架

麦弗逊式独立悬架目前在乘用车中应用很广泛，其结构如图1-84所示。由减震器、螺旋弹簧、横摆臂、横向稳定杆等组成。减震器与套在它外面的螺旋弹簧合为一体，构成悬架的弹性支柱，支柱上端与车身挠性连接，支柱的下端与转向节刚性连接。横摆臂的外端通过球头销 B 与转向节的下部连接，内端与车身铰接。

麦弗逊式独立悬架没有传统的主销实体，转向轴线为上下铰接中心的连线 AB（一般与弹性支柱的轴线重合）。当车轮上下跳动时，B 点随横摆臂摆动，因而主销轴线 AB 随之摆动（弹性支柱也摆动）。这说明车轮沿着摆动的主销轴线而运动。

麦弗逊式独立悬架结构较简单，布置紧凑，用于前悬架时能增大两前轮内侧的空间，故多用于发动机前置，前轮驱动的乘用车上。

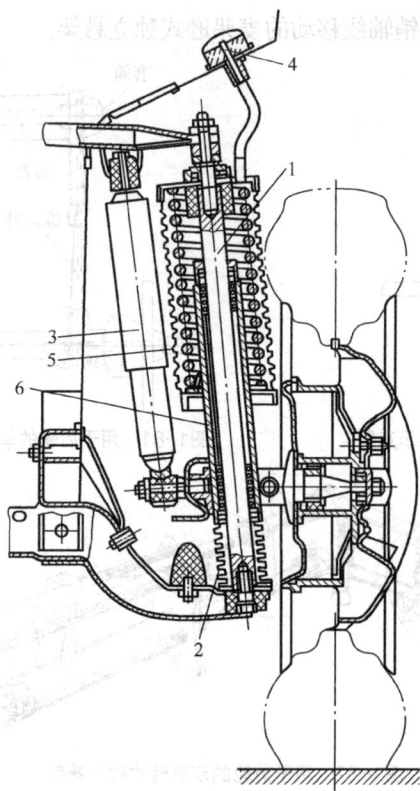

图1-83　烛式独立悬架
1—主销；2、4—防尘罩；3—套筒；5—减震器；6—通气管

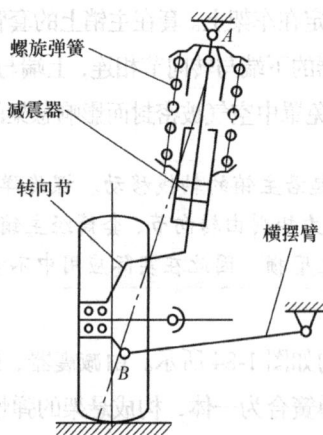

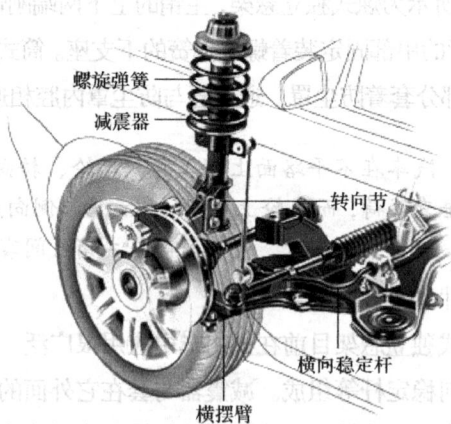

（a）结构示意图　　　　　　（b）麦弗逊式独立悬架

图1-84　麦弗逊式独立悬架的结构示意图

6. 独立悬架总成常见故障

独立悬架总成主要由螺旋弹簧、上下摆臂、横向稳定杆及减震器等组成，总成铰接点多，总成常见的故障现象和原因如下。

（1）现象

① 异响，尤其在不平路面上转弯时。

② 车身倾斜，汽车在转弯时车身过度倾斜等。

③ 前轮定位参数改变。

④ 轮胎异常磨损。

⑤ 车辆摆震及行驶不稳。

（2）原因

① 螺旋弹簧弹力不足。

② 稳定杆变形。

③ 上、下摆臂变形。

④ 各铰接点磨损、松旷。

当汽车产生上述现象时，应对悬架系统进行仔细检查，即可发现故障部位及原因。

7. 减震器的常见故障

减震器的常见故障为衬套磨损和泄漏。衬套磨损后，因松旷易产生响声。

注意　减震器轻微的油液泄漏是允许的，但泄漏过多会使减震器失去减震作用。

（七）桑塔纳 2000 的前悬架

1. 前悬架的组成

桑塔纳 2000 前悬架如图 1-85 所示，采用麦克弗逊式独立悬架，由双向作用筒式减震器、螺旋弹簧、悬架柱焊接件、缓冲垫、橡胶防尘罩等组成。其特点是筒式减震器作为悬架杆系的一部分兼起主销作用，滑柱在作为主销的圆筒内上下移动，减震器支柱座与车身相连。这种悬架结构简单、布置紧凑、操纵稳定性好，部件如图 1-86 所示。

2. 双向作用筒式减震器

双向作用筒式减震器上端用螺栓与车身连接，下端通过球铰链与悬架下摇臂相连，承受前桥的侧向力和弯矩以增加侧向刚度，使前轮不易发生偏摆，减震器外套有螺旋弹簧。

主销轴线为主、下铰链中心连线。当车轮上下跳动时，减震器下支点随前悬架摇臂摆动，故主销轴线角度是变化的，这说明车轮是沿着摆动的主销轴线而运动。

3. 横向稳定杆

横向稳定杆是一根贯穿车身下部的弹性扭杆，由弹簧钢制成，截面呈圆形，横向安装在副车架上。其两侧末端与悬架下摇臂相连，中部两边自由支撑在固定于副车架上的橡胶套筒内。当两侧悬架变形不等且车身相对于路面横向倾斜时，稳定杆两边纵向部分向不同方向偏转，产生扭转力矩，妨碍了悬架弹簧的变形，减少车身侧倾，提高了操纵稳定性和行驶平顺性。

4. 副车架和下摇臂

发动机总成通过支撑橡胶安装在副车架上，下摇臂通过橡胶轴承与副车架相连接，副车架通过 4 个橡胶垫与车身连接。

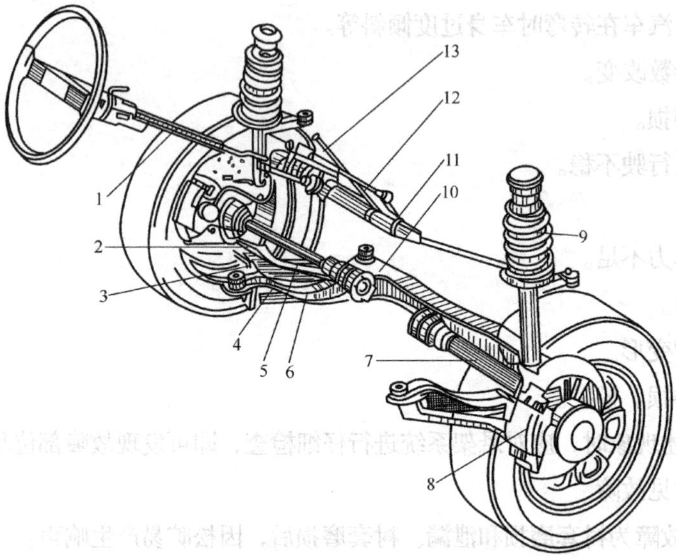

图1-85　桑塔纳2000前悬架

1—安全转向杆；2—车轮与下摆臂的连接螺栓；3—下摆臂；4—下摆臂橡胶轴承；5—横向稳定杆；6—副车架；7—传动轴；
8—前轮制动钳；9—减震器支柱；10—副车架前橡胶支撑；11—动力转向装置；12—转向减震器；13—转向横拉杆

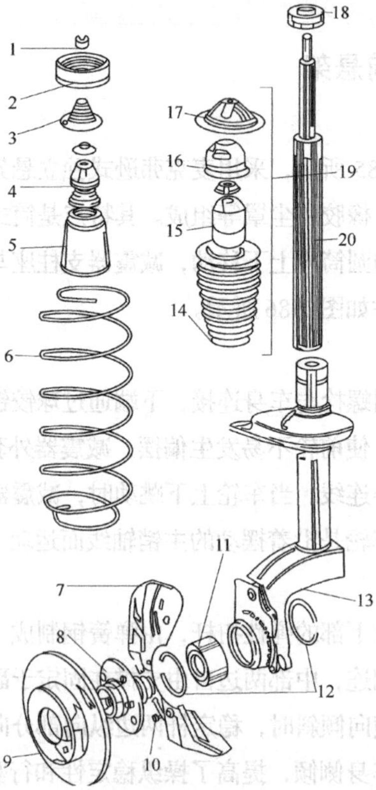

图1-86　前悬架

1—开槽螺母；2—悬架支撑轴轴承；3—弹簧护圈；4—限位缓冲器；5—护套；6—螺旋弹簧；7—挡泥板；8—轮毂；
9—制动盘；10—紧固螺栓（拧紧力矩 10Nm）；11—车轮轴承；12—卡簧；13—车轮轴承壳；14—辅助橡胶弹簧；
15—限位缓冲器；16—波纹管盖；17—弹簧护圈带通气孔；18—螺母盖（拧紧力矩150Nm）；
19—崎岖路面选装件（M103）；　20—减震器

副车架由 1.75mm 厚钢板冲压成形，上下两片点焊成封闭箱型断面结构。桑塔纳 2000 下摇臂是采用双片 Y 形点焊结构（板厚 2.0mm），其强度增大。

（八）电子控制悬架系统

传统的悬架系统一般具有固定的弹簧刚度和减振器阻尼，不能同时满足汽车行驶平顺性和操纵稳定性的要求。如果降低弹簧刚度，平顺性会变好，使乘坐舒适，但由于悬架偏软会使操纵稳定性变差；增加弹簧刚度会提高操纵稳定性，但较硬的弹簧又使车辆对路面的不平度很敏感，使平顺性降低。因此，理想的悬架系统应在不同的使用条件下具有不同的弹簧刚度和减震器阻尼力，这样既能满足平顺性的要求又能满足操纵稳定性的要求。电子控制悬架系统就是这种能根据汽车的行驶状况进行悬架系统的刚度和阻尼特性动态自适应调节，使悬架系统始终处于最佳减震状态的理想悬架系统。电子控制悬架系统根据有无动力源可分为半主动悬架和主动悬架两种。

半主动悬架是指悬架元件中的弹簧刚度和减震器阻尼力之一可以根据需要进行调节。因为改变减震器阻尼特性较改变弹簧刚度更容易，所以当前的半主动悬架仅对减震器的阻尼力进行调节，有些也对横向稳定杆的刚度进行调节。调节的方式有机械式和电子控制式，常见的为电子控制式。这种调节几乎不需要能量，所以系统是无动力源的。在汽车转向、起步、制动等工况下半主动悬架无法对刚度和阻尼有效控制，也无法对车身高度进行控制。

主动悬架能根据需要自动调节弹簧刚度和减震器的阻尼力，从而能够同时满足汽车行驶平顺性和操纵稳定性等各方面的要求。主动悬架的关键部位是可以调节的悬架阻尼系统，这种主动调节消耗能量，需要动力源。主动悬架控制系统通过传感器获得汽车行驶状况和路面状况等信息，通过适时地改变车身高度、调节悬架的刚度和阻尼，使悬架系统处于最佳减震状态，使汽车在各种状况下都会有良好的舒适性和操纵稳定性。采用主动悬架后，汽车对侧倾、俯仰、横摆跳动和车身的控制都能更加迅速、精确，汽车高速行驶和转弯的稳定性提高，车身侧倾减少。制动时车身前俯小，启动和急加速可减少后仰。即使在坏路面，车身的跳动也较少，轮胎对地面的附着力提高。主动悬架按照弹簧的类型，又可以分为空气弹簧主动悬架和油气弹簧主动悬架。

1. 组成

电子控制空气悬架系统主要由传感器、电子控制单元（ECU）和执行器 3 部分组成。传感器包括车身高度传感器、转向传感器、车速传感器、节气门位置传感器等，执行器包括高度控制阀、排气（液）阀、悬架控制执行器等。

2. 功能

空气弹簧主动悬架和油气弹簧主动悬架的共同点是都能实现车身高度调节，能通过改变减震器阻尼来抑制车身姿态变化。

主动悬架还具有控制车身运动的功能。当汽车制动或拐弯时的惯性引起弹簧变形时，主动悬架会产生一个与惯力相对抗的力，减少车身位置的变化。例如，德国奔驰 2000 款 Cl 型跑车，当车辆拐弯时悬架传感器会立即检测出车身的倾斜和横向加速度。电脑根据传感器的信息，与预先设定的临界值进行比较计算，立即确定在什么位置上将多大的负载加到悬架上，使车身的倾斜减到最小。

3. 电控主动液压悬架

电控主动液压悬架利用 ECU 计算出悬架受力大小和加速度，通过控制液压减震器的伸缩来保持车身平衡。在汽车重心附近安装有纵向、横向加速度和横摆陀螺仪传感器，用来采集车身震动、车轮跳动、车身高度和倾斜状态等信号，这些信号被输入到控制单元 ECU，ECU 根据输入信号和预先设定的程序发出控制指令，控制伺服电机并操纵前后四个执行油缸工作。最大特点在于可手动调节悬架高度，并能自动调整减震器的刚度和阻尼。

雪铁龙 C5 和 C6 上的电控主动液压悬架包括一个电子液压集成模块（包括 ECU 控制电脑、电磁液压分配阀、液压泵和一个电动机）、四个新型球状液压承重部件、前后减震器调压装置、储液缸、简化液压网和车内显示屏。这其中，电子液压集成模块是整个系统的核心部分，它的作用是采集车速、减震器振动频率等数据信息来决定液压球是增高还是降低车身。遍布全车的五种传感器分别向 ECU 传送车速、前轮制动压力、踏动油门踏板的速度、车身垂直方向的振幅及频率、转向盘角度及转向速度等数据。ECU 不断接收这些数据并与预先设定的临界值进行比较，选择相应的悬架状态。同时，ECU 独立控制每一只车轮上的执行元件，根据预设程序来控制液压减震器里的油缸是增压还是泄压，以保持合适的减震器阻尼和足够支撑力。从而能在任何时候、任何车轮上产生符合要求的悬架运动。

有的车还备有多种驾驶模式选择，驾车者只要扳动位于副仪表板上的"正常"或"运动"按钮，汽车就会自动设置在最佳的悬架状态，以求最好的舒适性能。

电控主动液压悬架在舒适性上稍逊于电控主动空气悬架，因为它还是建立在传统的悬架基础之上，只是对车身高度和减震器的阻尼进行调整。它的高频吸震能力比空气悬架也要差，此外，电控主动液压悬架对于复杂路况的反应也比较吃力，甚至还会导致油压过高影响寿命。

4. 电控主动空气悬架

电控主动空气悬架也是通过 ECU 计算悬架的受力及感应路面情况，适时调整空气减震器的刚度和阻尼系数，令车身的震动始终保持在一定范围内。一般说来，主动式空气悬架的控制内容包括车身高度、减震器衰减力和弹簧弹性系数等三项。最大特点是悬架的软硬程度和车身高度都可以自行调节控制，空气弹簧和减震器令舒适性更好。

电控主动空气悬架利用空气压缩机形成压缩空气，并将压缩空气送给弹簧和减震器的空气室中。在前轮和后轮的附近设有车高传感器，按车高传感器的输出信号，微机判断出车辆高度，再控制压缩机和排气阀，使弹簧压缩或伸长，从而控制车辆高度，如图 1-87 所示。在汽车仪表板上有空气悬架系统的开关，利用开关可以形成 6 种不同的工作方式。

电控主动空气悬架通过改变空气弹簧里的气体容量和压力来实现软硬调节，以此来改变车辆的高度。电控主动空气减震器可通过调节气体的压力大小实现阻尼多级化。减震器内设有电动机，电动机受微机的信号控制，利用电动机可以改变通气孔的大小，从而改变了衰减力的大小，因此该悬架兼有舒适性和运动性的特性。并且可实现直线行驶偏软，提高舒适性；转向和高速运动时加硬，增加侧向支撑提供更好的路感。此外还可通过 ECU 和空气压缩机实现车身的高度自动或手动调节。

电控主动空气悬架采用气压结构来控制车身平衡，并且空气弹簧和减震器能抵消大部份路面传递的短波和长波震动，对高频震动和车身平稳控制得很到位，但侧向支撑不足又是空气悬架最大的软肋，而且生产成本高、维护保养成本高。

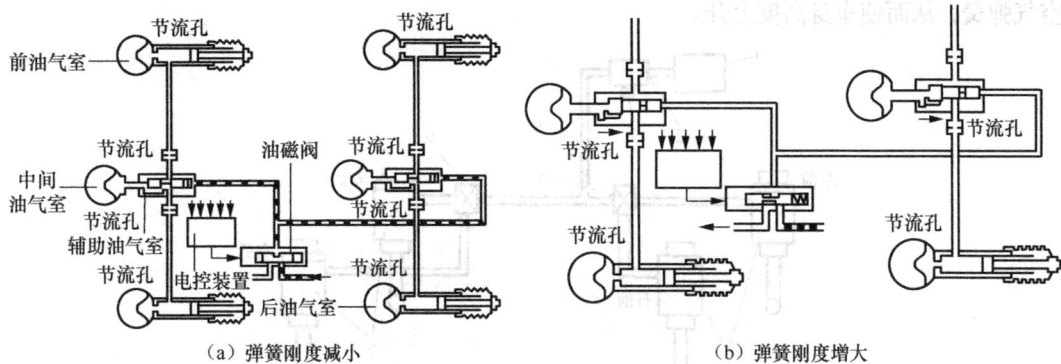

（a）弹簧刚度减小　　　　　　　　（b）弹簧刚度增大

图1—87　主动空气悬架的工作原理

5. 丰田雷克萨斯LS400的主动悬架

丰田雷克萨斯LS400的电控悬架系统是空气弹簧主动悬架，可以根据汽车行驶状况自动控制空气弹簧的刚度、减振器的阻尼力和车身高度，以控制加速时后坐、制动时点头、转向时侧倾等情况，提高乘坐舒适性和操纵稳定性。其主动悬架元件在车上的位置如图1-88所示。

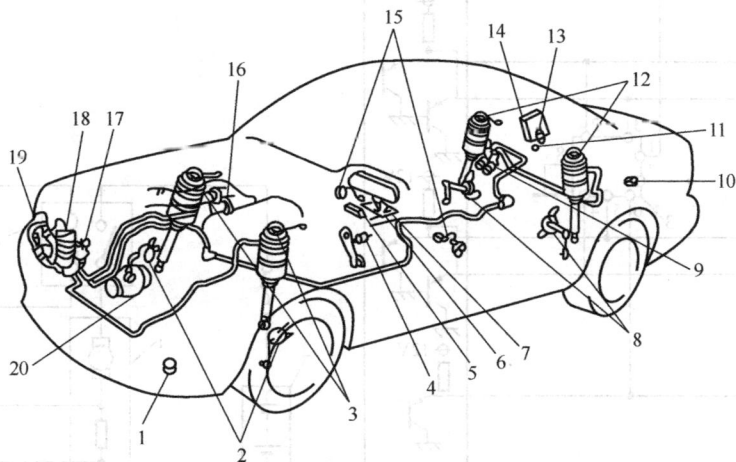

图1-88　雷克萨斯LS400的电控悬架系统元件在车上的位置

1—1号高度控制继电器；2—前车身高度传感器；3—前悬架控制执行器；4—制动灯开关；5—转向传感器；6—高度控制开关；7—LRC开关；8—后车身高度传感器；9—2号高度控制阀和溢流阀；10—高度控制ON/OFF开关；11—高度控制连接器；12—后悬架控制执行器；13—2号高度控制继电器；14—悬架ECU；15—门灯开关；16—主节气门位置传感器；17—1号高度控制阀；18—高度控制压缩机；19—干燥器和排气阀；20—IC调节器

（1）车身高度控制

车身高度控制系统由压缩机、干燥器、排气阀、2个高度控制继电器、2个高度控制阀、前后左右4个空气弹簧、4个车身高度传感器及悬架ECU等组成。图1-89所示为车身高度控制系统示意图，图1-90所示为1号、2号高度控制阀控制电路图，图1-91所示为空气压缩机控制电路图。

当点火开关接通时，ECU使2号高度控制继电器线圈通电，2号高度控制继电器触点闭合，使前、后、左、右4个高度传感器接通蓄电池电源。当车身高度需要上升时，从ECU的RCMP端子送出一个信号，使1号高度控制继电器接通，1号高度控制继电器触点闭合，压缩机控制电路接通产生压缩空气。ECU 使高度控制电磁阀线圈通电后，电磁线圈将高度控制阀打开，并将压缩空气引向空气弹簧，从而使车身高度上升。

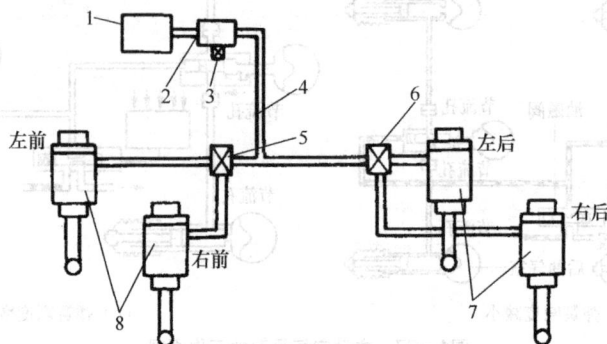

图1-89　车身高度控制系统示意图

1—压缩机；2—干燥器；3—排气阀；4—空气管；5—1号高度控制阀；
6—2号高度控制阀；7、8—空气弹簧

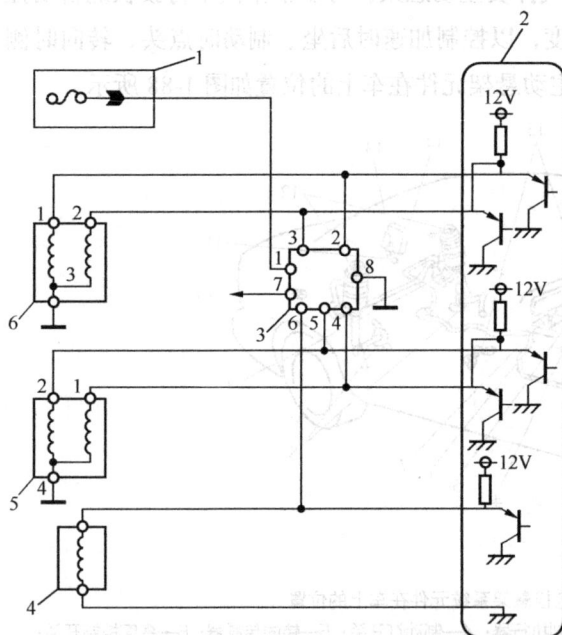

图1-90　高度控制阀控制电路图

1—AIR SUS熔丝；2—悬架ECU；3—1号高度控制继电器；
4—排气阀码；5—2号高度控制阀；6—1号高度控制阀

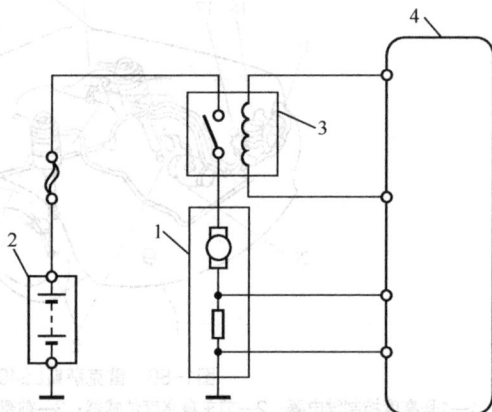

图1-91　空气压缩机控制电路图

1—压缩机电动机；2—蓄电池；3—1号高度控制
继电器；4—悬架ECU

当车身高度需要下降时，ECU 不仅使高度控制阀电磁线圈通电，而且还使排气阀电磁线圈通电，排气阀电磁线圈使排气阀打开，将空气弹簧中的压缩空气排到大气中。

1号高度控制阀用于前悬架控制，它有两个电磁阀分别控制左右两个空气弹簧。2号高度控制阀用于后悬架控制，它与1号高度控制阀一样，也采用两个电磁阀。为了防止空气管路中产生不正常的压力，2号高度控制阀中采用了一个溢流阀。

为了检测汽车高度和因道路不平而引起的悬架位移量，在每个悬架上都装有一只光电式车身高度传感器，用于连续监测车身与悬架下臂之间的距离。图1-92所示为车身高度传感器与ECU之间的连接电路。

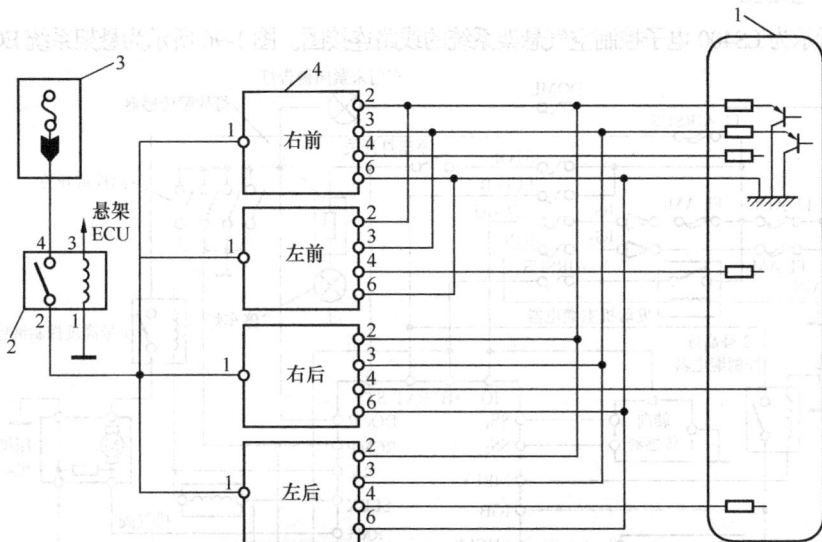

图1-92　车身高度传感器与ECU之间的连接电路

1—悬架ECU；2—2号高度控制继电器；3—ECU-B熔丝；4—高度控制传感器

（2）弹簧刚度和减震器阻尼力控制

电子控制空气悬架系统空气弹簧的结构如图 1-93 所示。悬架系统弹簧刚度和减震器阻尼力控制执行器安装在空气弹簧的上部，悬架控制执行器电路如图 1-94 所示，ECU 将信号送至悬架控制执行器以同时驱动减震器的阻尼调节杆和空气弹簧的气阀控制杆，从而改变减震器的阻尼力和悬架弹簧刚度。

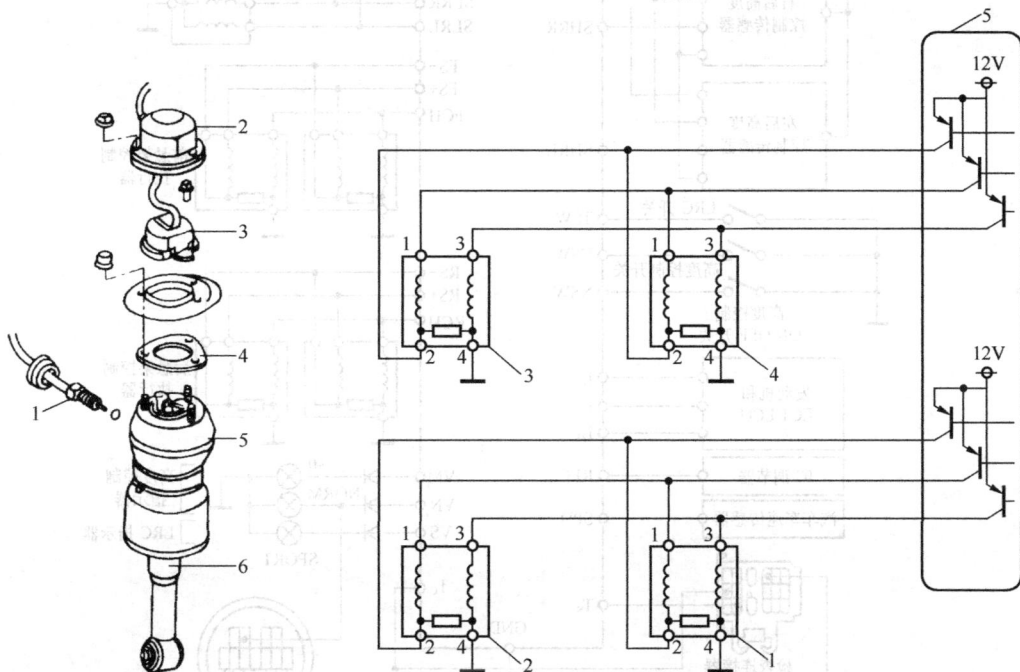

图1-93　空气弹簧的结构

1—空气管；2—执行器盖；3—执行器；
4—悬架支座；5—气室；6—减震器

图1-94　悬架控制执行器电路

1—右前悬架控制执行器；2—左前悬架控制执行器；3—左后悬架控制执行器；
4—右后悬架控制执行器；5—悬架ECU

（3）系统电路图

图1-95所示为LS400电子控制空气悬架系统的线路连接图。图1-96所示为悬架系统ECU连接器。

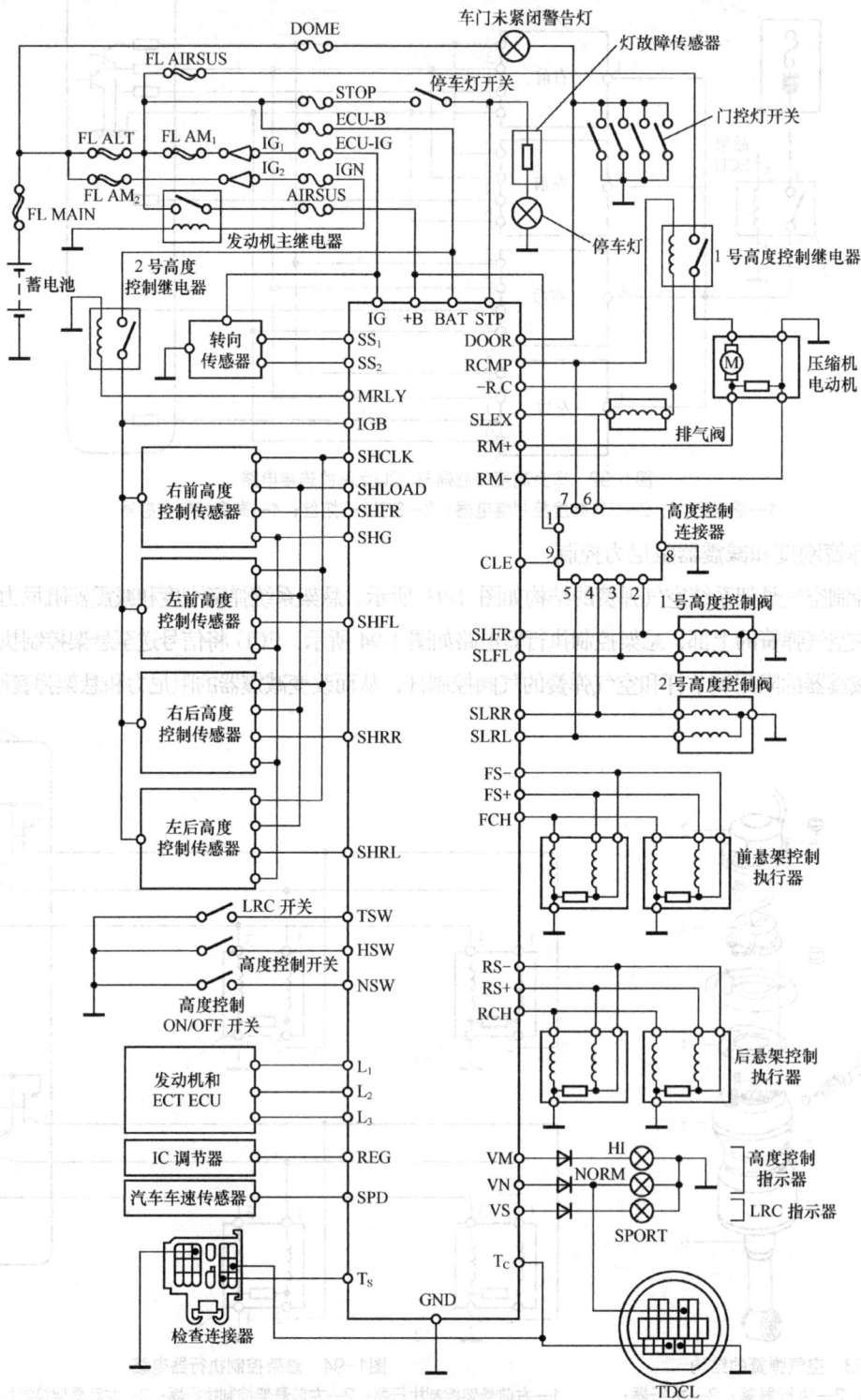

图1-95　LS400电子控制空气悬架系统的线路连接图

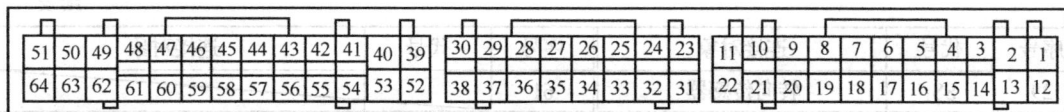

| 51 | 50 | 49 | 48 | 47 | 46 | 45 | 44 | 43 | 42 | 41 | 40 | 39 | | 30 | 29 | 28 | 27 | 26 | 25 | 24 | 23 | | 11 | 10 | 9 | 8 | 7 | 6 | 5 | 4 | 3 | 2 | 1 |
| 64 | 63 | 62 | 61 | 60 | 59 | 58 | 57 | 56 | 55 | 54 | 53 | 52 | | 38 | 37 | 36 | 35 | 34 | 33 | 32 | 31 | | 22 | 21 | 20 | 19 | 18 | 17 | 16 | 15 | 14 | 13 | 12 |

图1-96 悬架系统ECU连接器

表 1-7 所示为连接器各接线端子与 ECU 连接对象的对应关系。

表 1-7　　　　　　　　连接器各接线端子与 ECU 连接对象的对应关系

序号	代号	连接对象	序号	代号	连接对象
1	SLFR	1 号右高度控制阀	33		
2	SLRR	2 号右高度控制阀	34	CLE	高度控制连接器
3	RCMP	1 号高度控制继电器	35		
4	SHRL	左后高度控制传感器	36		
5	SHRR	右后高度控制传感器	37		
6	SHFL	左前高度控制传感器	38	RM−	压缩机电动机（马达）
7	SHFR	右前高度控制传感器	39	+B	悬架控制执行器电源
8	NSW	高度控制 ON/OFF 开关	40	IGB	高度控制电源
9			41	BATT	备用电源
10	TSW	LRC 开关	42		
11	STP	停车灯开关	43	SHLOAD	高度控制传感器
12	SLFL	1 号左高度控制阀	44	SHCLK	高度控制传感器
13	SLRL	2 号左高度控制阀	45	MRLY	2 号高度控制继电器
14			46	VH	高度控制 "High" 指示灯
15			47	VN	高度控制 "Normal" 指示灯
16			48		
17			49	FS+	前悬架控制执行器
18			50	FS−	前悬架控制执行器
19			51	FCH	前悬架控制执行器
20	DOOR	门控灯开关	52	IG	点火开关
21	HSW	高度控制开关	53	GND	ECU 搭铁
22	SLEX	排气阀	54	−RC	1 号高度控制继电器
23	L_1	发动机和 ECT ECU	55	SHG	高度控制传感器
24	L_3	发动机和 ECT ECU	56		
25	T_C	TDCL 和检查连接器	57		
26	T_g	检查连接器	58		
27	SPD	汽车车速传感器	59	VS	LRC 指标灯
28	SS_2	转向传感器	60		

续表

序号	代号	连接对象	序号	代号	连接对象
29	SS₁	转向传感器	61		
30	RM+	压缩机传感器	62	RS+	后悬架控制执行器
31	L₂	发动机和 ECT ECU	63	RS−	后悬架控制执行器
32	REG	IG 调节器	64	RCH	后悬架控制执行器

三、任务实施

（一）悬架系统的维护

1. 车辆升起前的检查

（1）车辆倾斜检查

目视观察车辆是否倾斜。如果车辆倾斜还需检查轮胎气压、左右车轮的尺寸及车辆承载是否均匀。

（2）减震器减震力检查

在车前、车后通过上下晃动车身确定减震器的减震力大小，并且检查车身停止晃动的时间长短。

2. 车辆升起后的检查

（1）减震器

检查减震器是否有凹痕、是否漏油；上下安装点是否有松动；活塞杆是否有弯曲。检查防尘套、缓冲块是否有老化、裂纹或损坏。

（2）弹性元件

检查钢板弹簧或螺旋弹簧、扭杆弹簧等是否有脱漆、腐蚀、刮伤、麻点或破裂等损坏。

（3）其他部位

检查悬架的其他部位，如摆臂、推力杆等是否损坏，稳定杆是否有移位、间隙或变形。

（4）检查连接情况

用手晃动悬架的主要元件，检查是否磨损或松动。最后用扭力扳手将螺母或螺栓按规定力矩紧固。

（二）麦弗逊式独立悬架的调整

前轮采用麦弗逊式独立悬架时，前轮定位各参数的变化较小，除前束可调整外，其他参数有的车型规定不可调整，有的车型则规定可以调整。常见的调整部位及调整方法如下。

① 改变转向节与横摆臂外端的位置。如图 1-97（a）所示，松开转向节球头销与横摆臂的连接螺栓，左右横向移动球头销及转向节，可以改变车轮外倾角。上海桑塔纳乘用车即采用这种结构形式。

② 改变弹性支柱上支座的位置。如图 1-97（a）所示，悬架的弹性支柱上支座用螺栓固定在车身上，松开螺栓，左右横向移动上支座，可以调整车轮外倾角。一汽奥迪 100 型乘用车即采用这种结构形式。

③ 改变转向节上端的位置。如图 1-97（b）所示，由减震器和螺旋弹簧组成的弹性支柱下端通过上、下两个螺栓与转向节上端固定，其中上螺栓经偏心凸轮将两者连接在一起。转动上螺栓可使偏心凸轮转动，从而带动转向节上端左右横向（A向）移动，进而改变车轮外倾角。丰田花冠乘用车即采用这种结构形式。

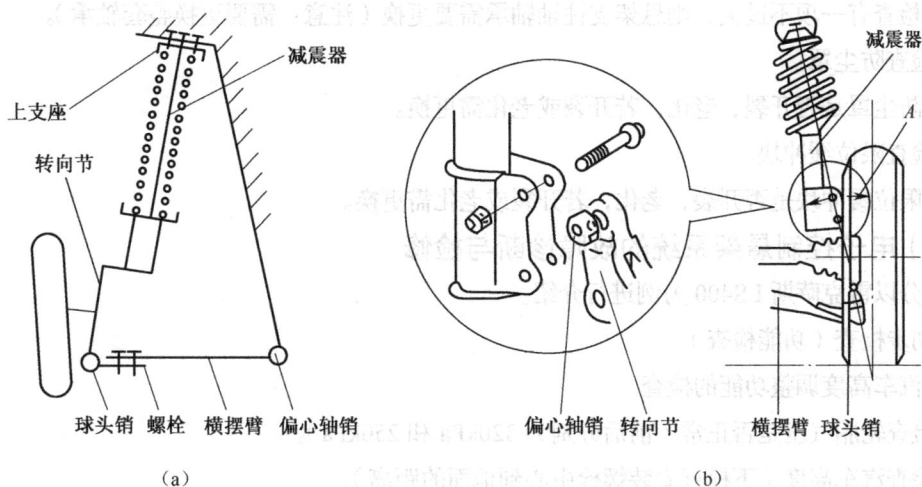

图1-97 麦弗逊式独立悬架前轮定位调整示意图

（三）桑塔纳 2000 悬架系统的检修

1. 减震器的检修

（1）检查减震器是否漏油。

在车辆行驶过程中，如果减震器发出异常的响声，则说明该减震器已损坏，必须更换。一般减震器是不进行修理的，如有很小的渗油现象不必调换，如漏油较多可通过拉伸和压缩减震器来检查渗油现象。漏出的减震器油不能再加入减震器内重新使用，漏油较多的减震器不能再使用。

（2）检查减震器活塞杆是否弯曲变形，可将钢板尺贴靠于减震器活塞杆上，观察是否有不均匀缝隙，若有则表明活塞杆弯曲变形。钢板尺应在活塞杆上相隔90°贴靠两次。

（3）一手握住减震器活塞杆，另一手握住活塞缸筒，用力拉、压减震器，若有明显阻力，且拉伸减震器的阻力远大于压缩减震器的阻力，表明减震器减震性能良好。若拉、压阻力很小，表明减震器失去减震能力；若无法拉、压，表明减震器卡滞。以上检查有一项不过关，则减震器需要更换。

2. 悬架弹簧的检修

（1）检查悬架弹簧表面状况，是否有裂纹、锈蚀等现象。

（2）测量左、右两侧悬架弹簧的自由长度，若其长度比标准长度缩短 5%以上，则表明其弹性已经严重下降，需更换。查阅维修资料，桑塔纳 2000 悬架弹簧标准长度为 410mm。

以上检查有一项不过关，则悬架弹簧需要更换。

> **注意** 即使只有一只弹簧不达标，也应同时更换两只弹簧，以保持车辆不倾斜及两侧悬架弹性相同。

3. 悬架支柱轴轴承的检修

（1）用手转动轴承，听是否有异常响声，感觉运动是否平稳；若有异响或转动不平稳，表明轴承损坏。

（2）检查轴承轴向是否有明显松动。

以上检查有一项不过关，则悬架支柱轴轴承需要更换（注意：需要更换整套轴承）。

4. 检查防尘罩

检查防尘罩是否开裂、老化，若开裂或老化需更换。

5. 检查限位缓冲块

检查限位缓冲块是否开裂、老化，若开裂或老化需更换。

（四）电子控制悬架系统的故障诊断与检修

本部分以雷克萨斯 LS400 为例进行介绍。

1. 初步检查（功能检查）

（1）汽车高度调整功能的检查

① 检查轮胎气压是否正常（前后分别为 320kPa 和 250kPa）。

② 检查汽车高度（下横臂安装螺栓中心到地面的距离）。

③ 如图 1-98 所示，将高度控制开关由 NORM 转换到 HIGH，车身高度应升高 10~30mm，所需时间为 20~40s。

（2）溢流阀的检查

① 点火开关置于"ON"位置，将高度控制连接器的 1、7 端子短接，如图 1-99 所示，使压缩机工作。

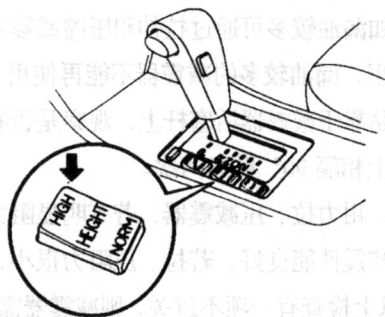

图1-98　高度控制开关

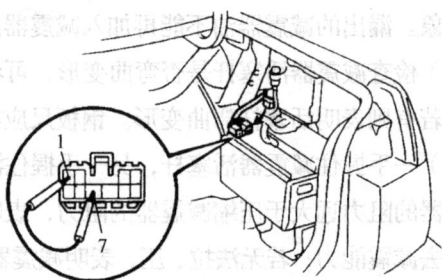

图1-99　短接高度控制连接器的 1、7 端子

② 压缩机工作一段时间，检查溢流阀是否放气，如图 1-100 所示；如果不放气说明溢流阀堵塞、压缩机故障或有漏气的部位。

③ 检查结束后。将点火开关置于"OFF"位置，清除故障码。

（3）漏气检查

① 将高度控制开关置于"HIGH"位置。

② 使发动机熄火。

③ 在管子的接头处涂抹肥皂水，如图 1-101 所示。

2. 故障诊断

（1）指示灯检查

① 点火开关置于"ON"位置。

② LRC 指示灯（SPORT 指示灯）和 HEIGHT 指示灯（NORM 和 HI 指示灯）应点亮 2s，指示灯

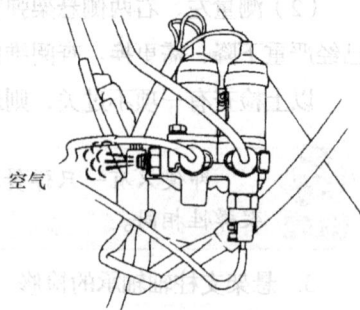

图1-100　检查溢流阀

的位置如图 1-102 所示。

③ 如果 NORM 指示灯以每 1s 的间隔闪亮时，表明 ECU 中存有故障码，如果出现故障，应检查相应电路。

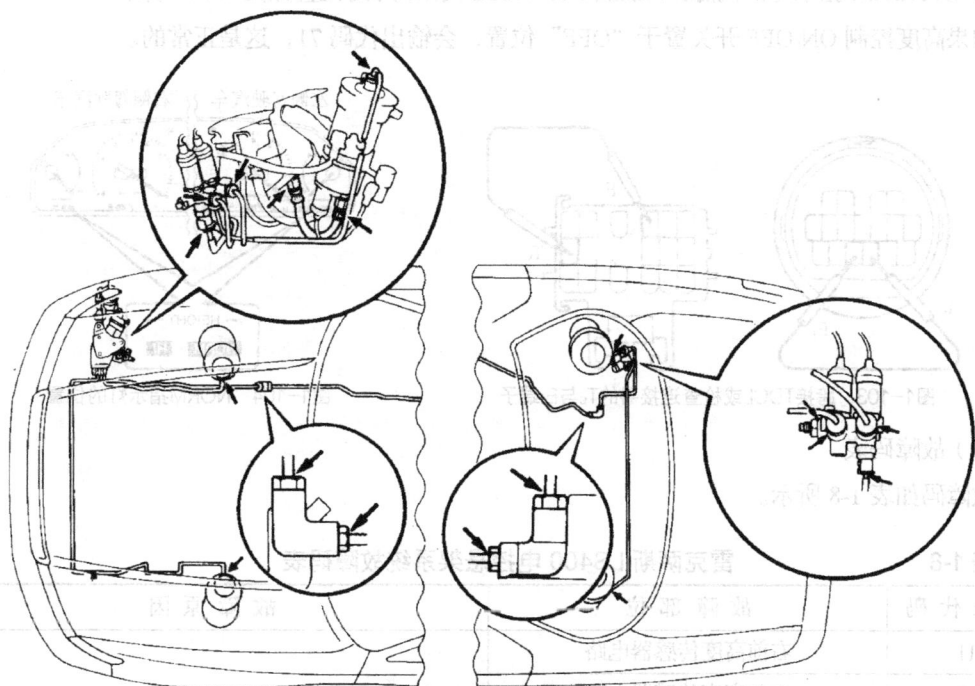

图1-101 检查漏气

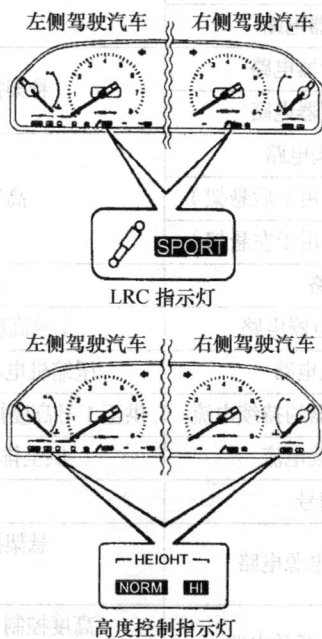

LRC 指示灯

高度控制指示灯

图1-102 指示灯的位置

（2）读取故障码

① 点火开关置于"ON"位置。

② 跨接 TDCL 或检查连接器的 T_C 与 E_1 端子，如图 1-103 所示。

③ 从 NORM 指示灯的闪烁读取故障码，NORM 指示灯的位置如图 1-104 所示。

如果高度控制 ON/OFF 开关置于"OFF"位置，会输出代码 71，这是正常的。

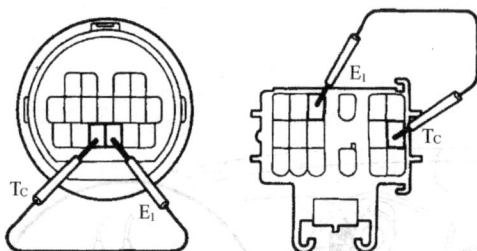

图1-103　跨接TDCL或检查连接器的T_C与E_1端子

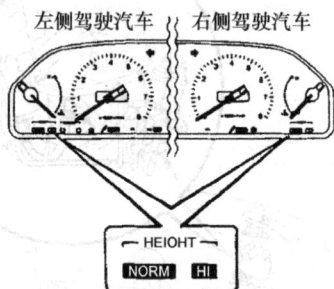

图1-104　NORM指示灯的位置

（3）故障码表

故障码如表 1-8 所示。

表 1-8　　　　雷克萨斯 LS400 电控悬架系统故障码表

故障代码	故障部位	故障原因
11	右前高度传感器电路	高度传感器电路断路或短路
12	左前高度传感器电路	
13	右后高度传感器电路	
14	左后高度传感器电路	
21	前悬架控制执行器电路	悬架控制执行器电路断路或短路
22	后悬架控制执行器电路	
31	1号高度控制阀电路	高度控制阀电路断路或短路
33	2号高度控制阀电路（用于后悬架）	
34	2号高度控制阀电路（用于左悬架）	
35	排气阀电路	排气阀电路断路或短路
41	1号高度控制继电器电路	1号高度控制继电器电路断路或短路
42	压缩机电动机电路	压缩机电动机短路；压缩机电动机被锁住
51	至1号高度控制继电器的持续电流	供至1号高度控制继电器的电流约通电 8.5min 以上
52	至排气阀的持续电流	供至排气阀的电流约通电 6min 以上
61	悬架控制信号	ECU 失灵
71	悬架控制执行器电源电路	悬架控制执行器电源电路断路；AIR SUS 熔丝烧断
72	高度控制 ON/OFF 开关电路	高度控制 ON/OFF 开关在"OFF"位置；高度控制 ON/OFF 开关电路断路

3. 清除故障码

点火开关置于"OFF"位置，拆下 1 号接线盒中的 ECU-B 熔丝 10s 以上，如图 1-105 所示；或点火开关置于"OFF"位置，跨接高度控制连接器的端子 9 与端子 8 10s 以上，如图 1-106 所示。

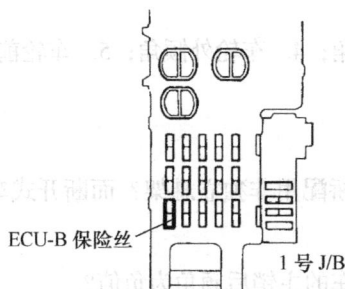

图1-105　拆下1号接线盒中的ECU-B熔丝

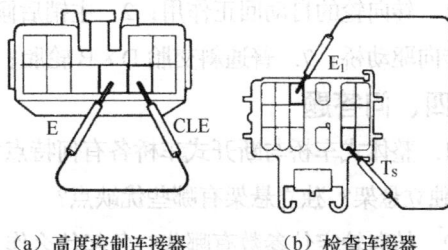

（a）高度控制连接器　　　（b）检查连接器

图1-106　跨接高度控制连接器的端子9与端子8

练习题

一、填空题

1. 悬架一般由_____、_____和_____三部分组成,根据悬架结构不同,车桥有_____、_____两种,通过_____和车架相连,两端安装_____。

2. 空气弹簧是以_____为弹性元件的弹簧形式。

3．转向桥是利用_____使车轮可以偏转一定角度,以实现_____,主要由_____、_____、_____、_____等构成。

4. 4.50E×l6（dc）型轮辋,表明该轮辋的名义直径是_____,名义宽度为_____,轮辋轮廓代号为_____的_____件式_____轮辋。

5. 轮胎的固定基础是_____,轮胎必须具有适宜的_____和_____能力。同时在其直接与地面接触的胎面部分应具有以增强附着作用的。

二、选择题

1. 汽车减震器广泛采用的是（　　　）。

A 单向作用筒式　　B 双向作用筒式　　C 阻力可调式　　D 摆臂式

2. 外胎结构中起承受负荷作用的是（　　　）。

A 胎面　　B 胎圈　　C 帘布层　　D 缓冲层

3. 前轮前束是为了消除（　　　）带来的不良后果

A 车轮外倾　　B 主销后倾　　C 主销内倾　　D. 车轮内倾

4. 连接轮盘和半轴凸缘的零件是（　　　）。

A 轮毂　　B 轮辋　　C 轮辐　　D 轮胎

5. 采用非独立悬架的汽车,其车桥一般是（　　　）。

A. 断开式 B. 整体式 C. A，B均可 D. 与A，B无关

6.（　　）具有保证车轮自动回正的作用。

A. 主销后倾角 B. 主销内倾角 C. 车轮外倾角 D. 车轮前束

三、名词解释题

1. 转向轮的自动回正作用；2. 主销后倾角；3. 主销内倾角；4. 车轮外倾角；5. 车轮前束；6. 转向驱动桥；7. 普通斜交胎D×B轮胎；8. 主动悬架

四、问答题

1. 整体式车桥与断开式车桥各有何特点？为什么整体式车桥配用非独立悬架？而断开式车桥配用独立悬架？独立悬架有哪些优缺点？

2. 转向轮定位参数有哪些？各起什么作用，为什么有些轿车的主销后倾角为负值？

3. 转向驱动桥在结构上有哪些特点？其转向和驱动两个功用主要由哪些零部件实现？

4. 轮辋的轮廓类型及代号有哪些？结构形式有几种？国产轮辋的规格代号是如何规定和表示的？

5. 轮胎的作用是什么？为什么广泛采用低压胎？子午线轮胎与普通轮胎比较有什么优缺点？

6. 为什么轮胎的表面要有花纹？轮胎表面的花纹常见的有哪几种？它们各有什么特点？各适用于哪类汽车？

7. 请介绍轮胎补胎的常用方法有哪些？为实现轮胎降噪常采用哪些方式？

8. 图1-107所示悬架是何种类型？分析其结构特点。

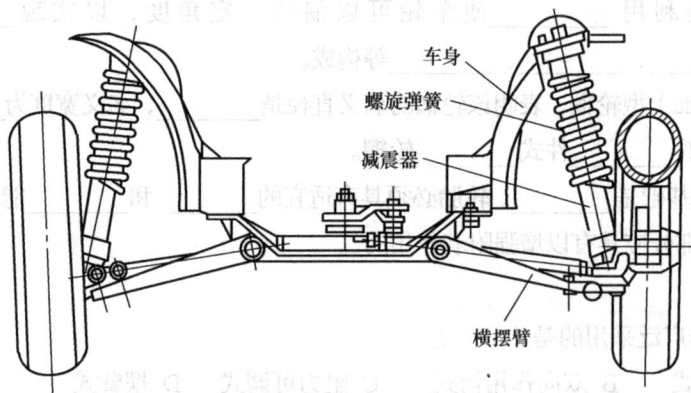

图1-107

学习情境二

| 汽车转向系统检修 |

根据职业岗位能力要求，以转向系统常见故障检修的实际工作过程为导向，依据故障常见部位和类型分为4个学习任务，以案例导入学习任务，通过学习能够全面掌握解决该故障应具备的知识和技能。

学习任务	学习目标		
	知识目标	能力目标	素质目标
任务一 机械转向系统检修	（1）转向系的功用和类型 （2）机械转向系的基本组成和工作原理 （3）转向系的参数和转向理论 （4）转向器的结构、原理 （5）转向操纵机构的功用和组成及类型 （6）转向传动机构的功用、组成及构造	（1）转向传动机构的检修 （2）机械转向系的故障诊断 （3）机械转向系的维护 （4）转向器检查调整 （5）转向节的检查	（1）团队协作能力 （2）责任感、良好的职业操守 （3）良好的交际沟通能力 （4）分析解决问题的能力
任务二 液压助力转向系统检修	（1）动力转向系的功用和分类 （2）液压助力转向系的基本组成 （3）液压助力转向系的原理 （4）液压助力转向系的组成零部件 （5）液压助力转向系的故障诊断	（1）转向盘的检查 （2）皮带张紧力的检查和调整 （3）液面高度的检查及调整 （4）系统压力的检查 （5）动力转向器的检修	
任务三 电控助力转向系统检修	（1）EPS 转向系统 （2）电控助力转向系的组成 （3）电控助力转向的分类 （4）电控转向助力的工作原理	（1）电动动力转向系部件检测 （2）电动动力转向系的故障自诊断	
任务四 智能转向系统检修	（1）四轮转向系的组成 （2）四轮转向系的分类 （3）四轮转向系的工作原理	（1）四轮转向故障码的读取和诊断 （2）智能转向系统故障分析	

任务一　机械转向系统检修

一、任务导入

机械转向系在使用过程中由于维护调整不当、磨损、碰撞变形等原因，会使转向器过紧、转向传动机构和转向操纵机构松旷、变形、发卡等，从而造成转向沉重、行驶跑偏、单边转向不足、低速摆头、高速摆头等故障。

二、相关知识

（一）转向系的功用、类型

1. 功用

转向系是指由驾驶员操纵，能实现转向轮偏转和回位的一套机构。当汽车需要改变行驶方向时，必须使转向轮绕主销轴线偏转一定角度，直到新的行驶方向符合驾驶员的要求时，再将转向轮恢复到直线行驶的位置。

转向系的功用是按照驾驶员的意愿改变汽车的行驶方向和保持汽车稳定的直线行驶。

2. 类型

汽车转向系按转向动力源的不同分为机械转向系和动力转向系两大类。

机械转向系以驾驶员的体力作转向动力源。动力转向系除了驾驶员的体力外，还以汽车的动力作为辅助转向能源，又可以分为液压式、气压式和电动式动力转向系。

（二）机械转向系的基本组成和工作原理

1. 基本组成

汽车机械转向系由转向操纵机构、机械转向器和转向传动机构三大部分组成，其具体组成如图 2-1 所示。转向操纵机构包括转向盘、转向轴、万向节和转向传动轴。机械转向器有多种类型，乘用车上常采用齿轮齿条转向器。转向传动机构包括转向摇（垂）臂、转向直（纵）拉杆、转向节臂、转向梯形臂、转向横拉杆等。

2. 工作原理

如图 2-1 所示，汽车转向时，驾驶员转动转向盘，通过转向轴、转向节和转向传动轴，将转向力矩输入转向器。转向器中有 1～2 级啮合传动副，具有降速增矩的作用。转向器输出的转矩经转向摇臂，再通过转向直拉杆传给固定在左转向节上的转向节臂，使左转向节及装于其上的左转向轮绕主销偏转。左、右转向梯形臂的一端分别固定在左、右转向节上，另一端则与转向横拉杆作球铰链连接。当左转向节偏转时经左转向梯形臂、转向横拉杆和右转向梯形臂的传递，右转向节及装于其上的右转向轮随之绕主销同向偏转一定的角度。

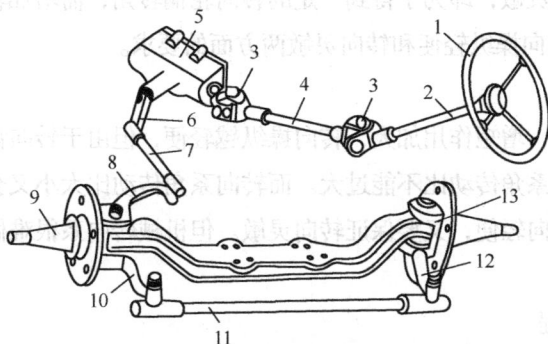

图2-1 机械转向系示意图

1—转向盘；2—转向轴；3—转向万向节；4—转向传动轴；5—转向器；6—转向摇臂；7—转向直拉杆；8—转向节臂；9—左转向节；10—左转向梯形臂；11—转向横拉杆；12—右转向梯形臂；13—右转向节

提示 动力传递过程为：转向盘→转向轴→转向传动轴→转向器→转向摇臂→转向直拉杆→转向节臂→左转向节→左转向梯形臂→转向横拉杆→右转向梯形臂→右转向节。

3. 工作要求

① 转向时必须轻巧灵活，转向后车轮能自动回正。

② 转小弯时，转向盘不必转很多圈。

③ 直向前进时，应稳定且无蛇行现象。

④ 车轮的震动及摆动不致使转向盘转动。

⑤ 转向时，左、右转向轮轴线的延长线和后轴的延长线应相交于一点。

⑥ 转向时，两轮的偏转角应符合一定的规律。

提示 左、右转向梯形臂和转向横拉杆构成转向梯形，其作用是在汽车转向时，使左、右转向轮按一定的规律进行偏转。

（三）转向系的参数和转向理论

1. 转向系角传动比

（1）定义

转向系角传动比是指转向盘的转角与转向盘同侧的转向轮偏转角的比值，一般用 i_w 表示。

$$i_w = i_1 \times i_2$$

式中，i_1 为转向器角传动比；i_2 为转向传动机构角传动比；转向器角传动比是转向盘转角和转向摇臂摆角之比；转向传动机构角传动比是转向摇臂摆角与同侧转向轮偏转角之比。

现代汽车结构中，转向传动机构角传动比 i_2 近似为 1（一般在 0.85～1.1）有：$i_w \approx i_1$。可见，转

向系角传动比 i_w 主要取决于转向器角传动比 i_1。货车的 i_1 一般为 16～32，乘用车的 i_1 一般为 12～20。转向系角传动比 i_w 影响汽车的操纵轻便性和转向灵敏性。i_w 越大，操纵转向盘的转向力矩便越小，当转向盘直径一定时，驾驶员施加于转向盘上的力就越小，即转向操纵越轻便。但 i_w 不能过大，否则将导致转向操纵不够灵敏，即为了得到一定的转向轮偏转角，需增加转向盘的转动量。所以，选取 i_w 时，应适当兼顾转向操纵轻便和转向灵敏两方面的要求。

（2）对转向的影响

转向系角传动比越大，增矩作用加大，转向操纵越轻便，但由于转向盘转的圈数过多，导致操纵灵敏性变差，所以转向系角传动比不能过大。而转向系角传动比太小又会导致转向沉重，所以转向系角传动比既要保证转向轻便，又要保证转向灵敏。但机械转向系很难做到这点，所以越来越多的车辆采用动力转向系。

2. 转向盘的自由行程

（1）定义

转向盘的自由行程是指转向盘在空转阶段的角行程，这主要是由于转向系各传动件之间的装配间隙和弹性变形所引起的。由于转向系各传动件之间都存在着装配间隙，而且这些间隙将随零件的磨损而增大，因此在一定的范围内转动转向盘时，转向节并不马上同步转动，而是在消除这些间隙并克服机件的弹性变形后，才作相应的转动，即转向盘有一空转过程。

（2）对转向的影响

转向盘自由行程对于缓和路面冲击及避免驾驶员过于紧张是有利的，但过大的自由行程会影响转向灵敏性。所以汽车维护中应定期检查转向盘自由行程。一般汽车转向盘的自由行程应不超过 10°～15°，否则应进行调整。

3. 转向时车轮运动规律

汽车在转向行驶时，要求车轮相对于地面作纯滚动，如果有滑动的成分，车轮边滚边滑会导致转向行驶阻力增大，动力损耗，油耗增加，也会导致轮胎磨损增加。

汽车转向时，内侧车轮和外侧车轮滚过的距离是不等的。对于一般汽车而言，后桥左右两侧的驱动轮由于差速器的作用，能够以不同的转速滚过不同的距离。但前桥左右两侧的转向轮要滚过不同的距离，保证车轮做纯滚动，要求所有车轮的轴线都交于一点方能实现。此交点 O 称为汽车的转向中心，从转向中心 O 到外侧转向轮与地面接触点的距离 R 称为汽车转弯半径。如图 2-2 所示。汽车转向时内侧转向轮偏转角 β 大于外侧转向轮偏转角 α。α 与 β 的关系为

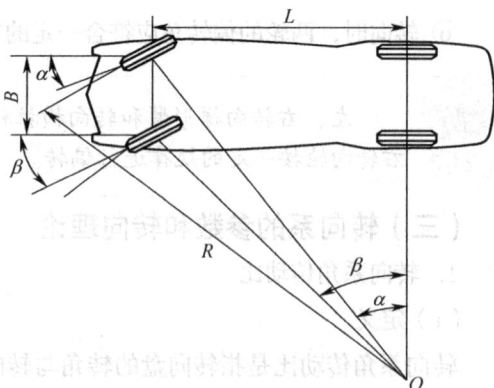

图2-2 汽车转向示意图

$$\cot\alpha = \cot\beta + \frac{B}{L}$$

式中，B——两侧主销中心距（可近似认为是转向轮轮距）；

　　　L——汽车轴距。

> 　　α 与 β 的关系是由转向梯形保证的。所有汽车转向梯形的设计实际上都只能保证在一定的车轮偏转角范围内，使两侧车轮偏转角大体上接近以上关系式。
>
> 　　转弯半径 R 越小，则汽车转向所需要场地就越小，汽车的机动性也越好。当外侧转向轮偏转角达到最大值 α_{max} 时，转弯半径 R 最小。

（四）转向器的结构、原理和检修

转向器是转向系中的降速增矩传动装置，其功用是增大由转向盘传到转向节的力，并改变力的传动方向。

按转向器中传动副的结构形式分，可以分为循环球式、齿轮齿条式、蜗杆曲柄指销式、蜗杆滚轮式等几种类型。

1. 齿轮齿条式转向器

（1）结构和原理

齿轮齿条式转向器如图 2-3 所示。

图 2-3（a）所示为齿轮齿条式转向器，它主要由转向器壳体 8、转向齿轮 9、转向齿条 5 等组成。转向器通过转向器壳体 8 的两端用螺栓固定在车身（车架）上。齿轮轴 6 通过球轴承 7、滚柱轴承 10 垂直安装在壳体中，其上端通过花键与转向轴上的万向节（图中未画出）相连，其下部分是与轴制成一体的转向齿轮 9。转向齿轮 9 是转向器的主动件，与它相啮合的从动件转向齿条 5 水平布置，齿条背面装有压簧垫块 4。在压簧 3 的作用下，压簧垫块 4 将齿条 5 压靠在齿轮 9 上，保证二者无间隙啮合。调整螺塞 1 可用来调整压簧的预紧力。压簧 3 不仅起消除啮合间隙的作用，而且还是一个弹性支撑，可以吸收部分震动能量，缓和冲击。

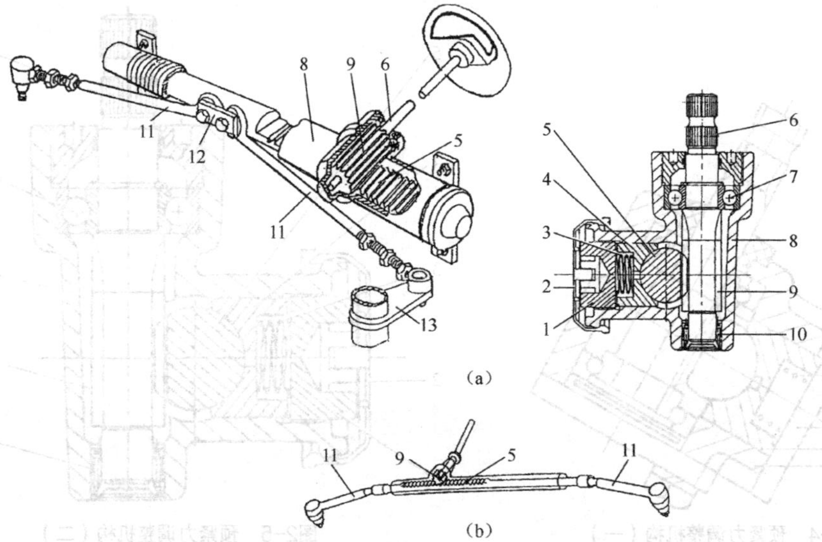

图2-3 齿轮齿条式转向器

1—调整螺塞；2—罩盖；3—压簧；4—压簧垫块；5—转向齿条；6—齿轮轴；7—球轴承；8—转向器壳体；
9—转向齿轮；10—滚柱轴承；11—转向横拉杆；12—拉杆支架；13—转向节

提示 转向齿条5的中部（有的是齿条两端，如图2-3（b）所示）通过拉杆支架12与左、右转向横拉杆11连接。转动转向盘时，转向齿轮9转动，与之相啮合的转向齿条5沿轴向移动，从而使左、右转向横拉杆带动转向节13转动，使转向轮偏转，实现汽车转向。

齿轮齿条式转向器结构简单，可靠性好，也便于独立悬架的布置；同时，由于齿轮齿条直接啮合，转向灵敏、轻便。所以在各类型汽车上的应用越来越多。

（2）检修

① 零件出现裂纹应更换，转向横拉杆、转向齿条在总成修理时应进行隐伤检验。

② 转向齿条的直线度误差不得大于0.30mm。

③ 齿面上应无疲劳剥蚀及严重磨损，若出现左右大转角时转向沉重，且又无法调整时应更换。

（3）调整

齿轮齿条式转向器的调整是调整转向齿条与转向齿轮的啮合间隙，也称为转向齿条的预紧力。因结构的差异，调整方法也有所不同。

提示 齿轮齿条式转向器常见的调整方法有两种：①改变转向齿条导块与盖之间的垫片厚度来调整转向齿条与转向齿轮轮齿的啮合间隙，完成预紧力的调整，如图2-4所示；②用盖上的调整螺塞改变转向齿条导块与弹簧座之间的间隙值，完成预紧力的调整，如图2-5所示。

对于第1种，其预紧力的调整步骤是：先不装弹簧以及盖之间的垫片，进行 x 值的调整，使转向齿轮轴上的转动力矩为1～2Nm；然后用厚薄规测量 x 值；在 x 值上加0.05～0.13mm，此值就是应加垫片的厚度，也就是转向齿条和转向齿轮合格的啮合间隙所要求的垫片厚度。

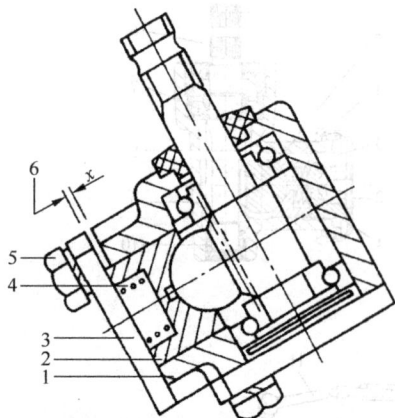

图2-4　预紧力调整机构（一）

1—转向器壳体；2—导块　3—盖；4—导块压紧弹簧；
5—固定螺母；6—盖与壳体间间隙

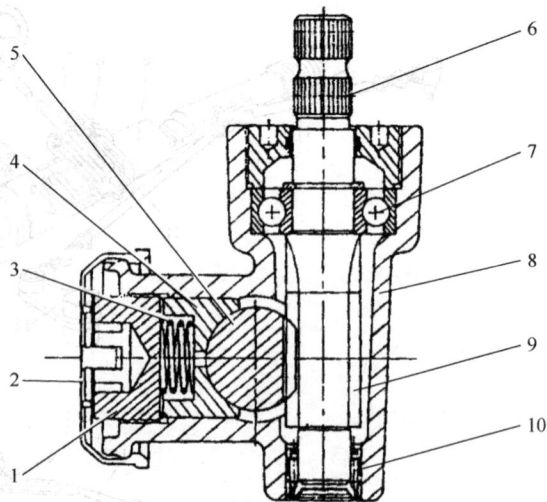

图2-5　预紧力调整机构（二）

1—调整螺塞；2—罩盖；3—压簧；4—压簧垫块；5—转向齿条；
6—齿轮轴；7—球轴承；8—转向器壳体；9—转向齿轮；10—滚柱轴承

对于第 2 种，其预紧力的调整步骤是：先旋转盖上的调整螺塞，使弹簧座与导块接触，再将调整螺塞旋出 30°～60°之后，检查转向齿轮的转动力矩，如此重复操作，直至转向齿轮的转动力距符合原厂规定，最后紧固锁紧螺母。

2. 循环球式转向器

（1）结构和原理

解放 CA1092 型汽车的循环球—齿条齿扇式转向器如图 2-6 所示。它有两级传动副，第 1 级传动副是转向螺杆 12——转向螺母 3；螺母 3 的下平面加工成齿条，与齿扇轴 21 内的齿扇相啮合，构成齿条——齿扇第 2 级传动副。显然，转向螺母 3 即是第 1 级传动副的从动件，也是第 2 级传动副的主动件。通过转向盘转动转向螺杆 12 时，转向螺母 3 不能随之转动，而只能沿杆 12 方向移动，并驱使齿扇轴（即摇臂轴）21 转动。

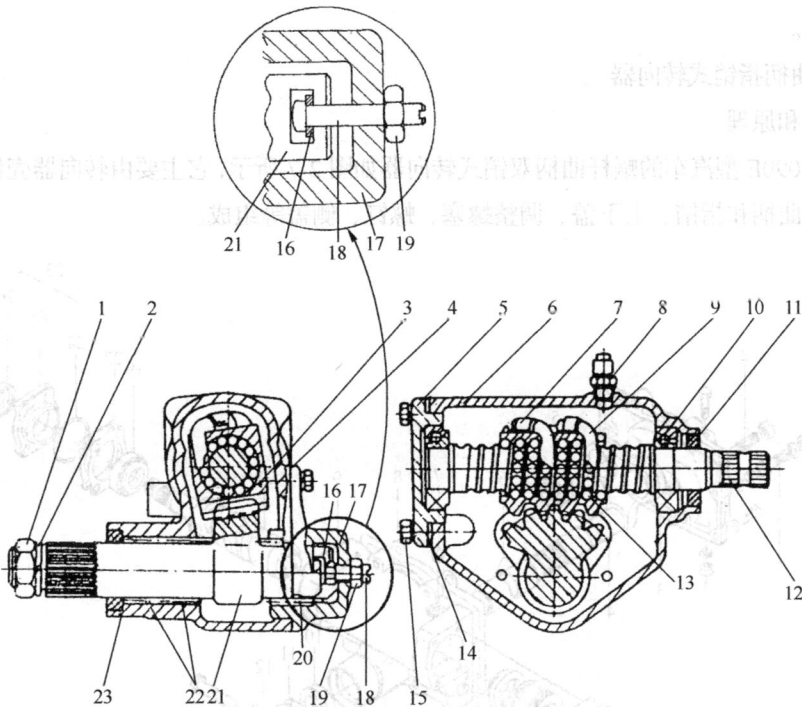

图2-6 循环球式转向器

1—螺母；2—弹簧垫圈；3—转向螺母；4—转向器壳体密封垫圈；5—转向器壳体底盖；6—转向器壳体；7—导管夹；8—加油（通气）螺塞；9—钢球导管；10—球轴承；11、23—油封；12—转向螺杆；13—钢球；14—调整垫片；15—螺栓；16—调整垫圈；17—侧盖；18—调整螺钉；19—锁紧螺母；20、22—滚针轴承；21—齿扇轴（摇臂轴）

转向螺杆 12 支撑在两个推力球轴承 10 上，轴承的预紧度可用调整垫片 14 调整。在转向螺杆 12 上松套着转向螺母 3。为了减少它们之间的摩擦，二者的螺纹并不直接接触，其间装有许多钢球 13，以实现滚动摩擦。

当转动转向螺杆时，通过钢球将力传给转向螺母，使螺母沿螺杆 12 轴向移动。随着螺母 3 沿螺杆 12 作轴向移动，其齿条便带动齿扇绕着转向摇臂轴 21 作圆弧运动，从而使转向摇臂轴 21 连同摇臂产生摆动，通过转向传动机构使转向轮偏转，实现汽车转向。

转向螺母3下平面上加工出的齿条是倾斜的，与之相啮合的是变齿厚齿扇。只要使齿扇轴21相对于齿条作轴向移动，便可调整二者的啮合间隙。调整螺钉18旋装在侧盖17上。齿扇轴21靠近齿扇的端部切有Ｔ型槽，螺钉18的圆柱形端头嵌入此切槽中，端头与Ｔ形槽的间隙用调整垫圈16来调整。旋入螺钉18，则齿条与齿扇的啮合间隙减小；旋出螺钉则啮合间隙增大。调整好后用锁紧螺母19锁紧。

（2）调整

循环球式转向器的调整主要是转向器啮合间隙的调整，方法如下。

① 使转向器的传动副处于中间位置（直行位置）。

② 通过调整螺钉，调整转向器传动副的啮合间隙，在直线位置上应呈无间隙啮合。

③ 中间位置上，转向器转动力矩应为 1.5～2.0Nm。转向器转动力矩调整合格后，按规定力矩锁紧调整螺钉。

3. 蜗杆曲柄指销式转向器

（1）结构和原理

东风EQ1090E型汽车的蜗杆曲柄双销式转向器如图2-7所示，它主要由转向器壳体、转向蜗杆、转向摇臂轴、曲柄和指销、上下盖、调整螺塞、螺钉、侧盖等组成。

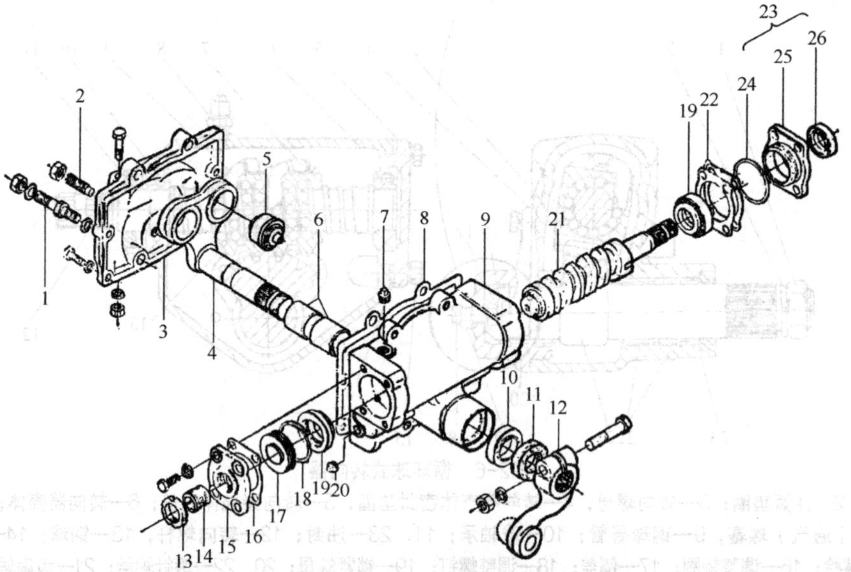

图2-7　EQ1090E型汽车的蜗杆曲柄双销式转向器

1—螺栓、螺母；2—摇臂轴调整螺钉及螺母；3—侧盖；4—摇臂轴；5—指销轴承总成；6—摇臂轴衬套；7—加油螺塞；8—侧盖衬垫；9—转向器壳体；3—油封；12—转向垂臂；13—螺母；14—蜗杆轴承调整螺塞；15—下盖；16—下盖衬垫；17—蜗杆轴承垫块；18—密封圈；19—蜗杆轴承；20—放油螺塞；21—蜗杆；22—调整垫片；23—上盖总成；24—密封圈；25—上盖；26—蜗杆油封

转向器壳体固定在车架的转向器支架上。壳体内装有传动副，其主动件是转向蜗杆，从动件是装在摇臂曲柄端部的指销。具有梯形截面螺纹的转向蜗杆支撑在转向器壳体两端的两个向心推力球轴承上。转向器下盖上装有调整螺塞，用以调整向心推力轴承的预紧度，调整后用螺母紧固。

蜗杆与两个锥形的指销相啮合，构成传动副。两个指销均用双列圆锥滚子轴承支撑在曲柄上，并可绕自身轴线转动，以减轻蜗杆与指销啮合传动时的磨损，提高传动效率。销颈上的螺母用来调整轴承的预紧度，以使指销能自由转动而无明显轴向间隙为宜，调整后用锁片（图中未示出）将螺母锁住。

安装指销和双排圆锥滚子轴承的曲柄制成叉形，与摇臂轴制成一体。摇臂轴用粉末冶金衬套支撑在壳体中。转向器侧盖上装有调整螺钉，旋入（或旋出）调整螺钉可以改变摇臂轴的轴向位置，以调整指销与蜗杆的啮合间隙，从而调整了转向盘自由行程，调整后用螺母锁紧。摇臂轴伸出壳体的一端通过花键与转向摇臂连接。

> 汽车转向时，驾驶员通过转向盘转动转向蜗杆（主动件），与其相啮合的指销（从动件）一边自转，一边以曲柄为半径绕摇臂轴轴线在蜗杆的螺纹槽内作圆弧运动，从而带动曲柄、转向摇臂摆动，实现汽车转向。

（2）调整

转向蜗杆轴承预紧度的检查、调整。蜗杆轴承预紧度的检查和调整，应在摇臂轴未装入壳体之前进行。调整使用的专用工具如图2-8所示。

① 用内六角扳手把调整螺塞14拧到底，如图2-7所示，再退回1/8～1/4圈，使蜗杆轴在输入端具有1.0～1.7Nm的预紧力矩，如图2-9所示。

② 用专用扳手将锁紧螺母13拧紧，如图2-7所示，紧固调整螺塞，拧紧力矩为49Nm，如图2-10所示，锁紧调整螺塞时，要保证调整螺塞位置不变。锁紧后应复查输入端转矩是否符合要求，否则应重新调整。

指销轴承预紧度的检查、调整。调整指销轴承的预紧度时，把指销上的螺母拧紧，使指销能转动自如，并无轴向间隙为合适。调整后，将止动垫片翻起1～2齿，将螺母锁紧，如图2-11所示。

图2-8　调整蜗杆轴承预紧度专用工具
1—力矩检测仪；2—内六角扳手；3—专用扳手

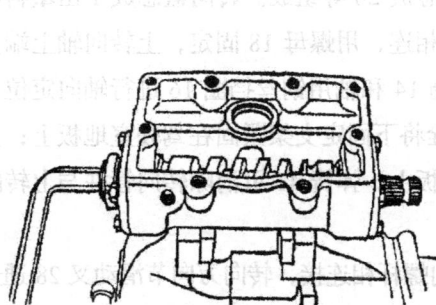

（3）指销与蜗杆啮合间隙的调整

① 先松开摇臂轴调整螺钉的锁紧螺母。

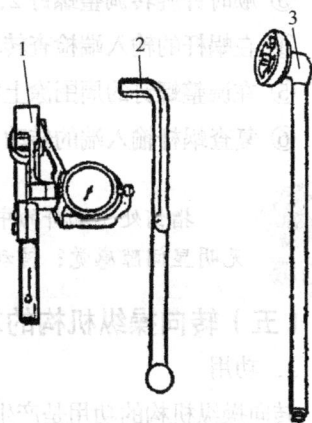

图2-9　蜗杆轴承预紧度的调整（一）

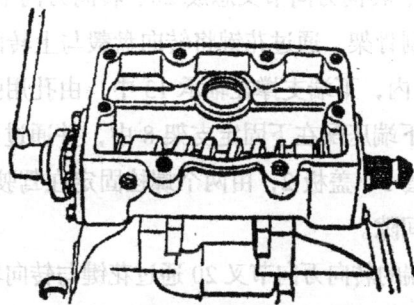

图2-10　蜗杆轴承预紧度的调整（二）

② 将蜗杆轴转到转不动位置后，再退回 3 圈左右，使指销处于蜗杆的中间位置，如图 2-12 所示。

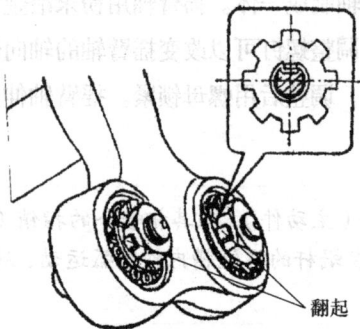

图2-11　调整指销轴承的预紧度

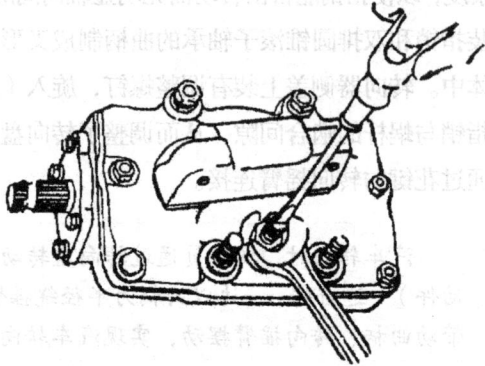

图2-12　指销与蜗杆啮合间隙的调整

③ 顺时针旋转调整螺钉 2，如图 2-7 所示，同时来回转动蜗杆，直到感觉有阻力为止。

④ 在蜗杆的输入端检查转动力矩，应小于等于 2.7Nm。

⑤ 在调整螺钉的周围涂上密封胶，然后拧紧锁紧螺母，拧紧力矩应大于等于 49Nm。

⑥ 复查蜗杆输入端的转动力矩，如有变化应重新调整，直到符合要求为止。

> **提示**　指销处于蜗杆的中间位置，将调整螺钉拧到底，再退回 1/8 圈；轴向推、拉摇臂轴，无明显间隙感觉；转动摇臂时，灵活自如、无卡滞现象为合适。

（五）转向操纵机构的功用和组成

1. 功用

转向操纵机构的功用是产生转动转向器所必需的操纵力，并具有一定的调节和安全性能。

转向操纵机构要将驾驶员操纵转向盘的力传给转向器，同时为了驾驶员的舒适驾驶，还要求转向操纵机构可以进行调节，以满足不同驾驶员的需求；为了防止车辆撞击后对驾驶员的损伤，还要求转向操纵机构具有一定的安全保护装置。

2. 组成

如图 2-13 所示，转向操纵机构一般由转向盘总成 1、上转向轴总成 11、转向管柱 9、转向传动轴 27、转向万向节叉总成 20、转向万向节滑动叉总成 28 等组成。转向盘总成 1 由塑料制成，内有钢制骨架，通过花键将转向盘毂与上转向轴 11 相连，用螺母 18 固定，上转向轴上端支撑在衬套 12 内，下端支撑在轴承 13 中，由孔用弹性挡圈 14 和轴用钢丝挡圈 16 进行轴向定位。转向管柱 9 下端压配在下固定支架 8 中，并通过两个螺栓将下固定支架紧固在驾驶室地板上；上端通过橡胶套 3、盖板 2，由两个螺栓固定在驾驶室仪表板上。弹簧 41 可消除转向管柱与上转向轴间的轴向间隙。

下端的转向万向节叉 20 通过花键与转向器的转向螺杆相连接，转向万向节滑动叉 28 通过内花键与转向传动轴 27 的外花键相连，转向传动轴可轴向移动，以适应驾驶室与车架的相对位移。滑动叉一端焊有塞片，另一端装油封 29 和防尘套 30 防止灰砂和泥水进入，并由滑脂嘴 31 对滑动叉与转向传动轴的花键进行润滑。

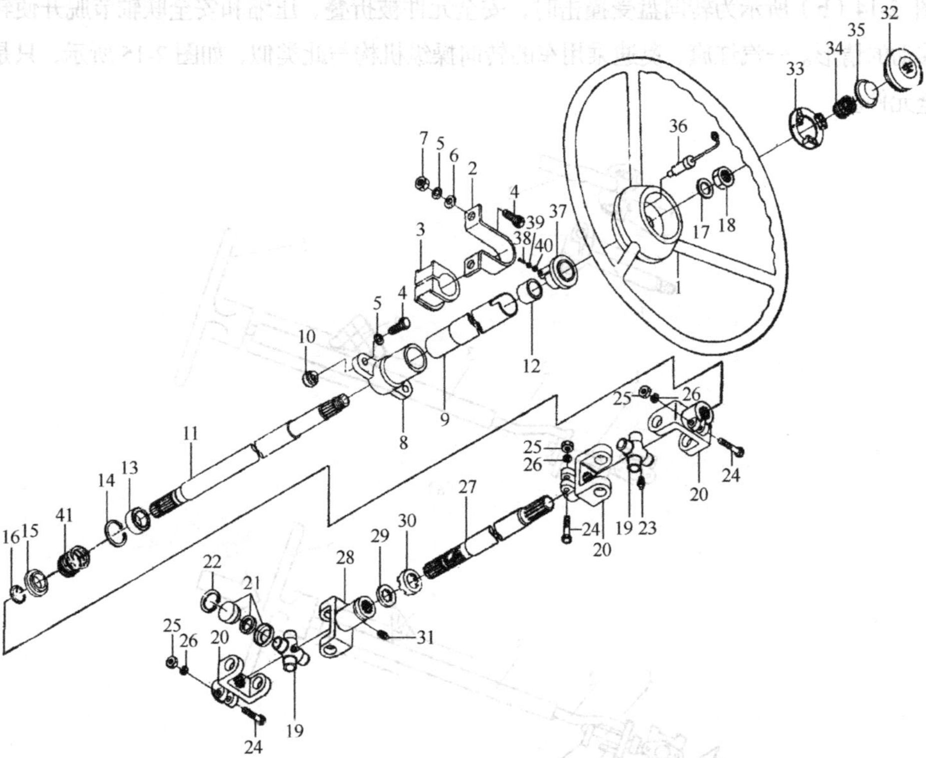

图2-13　CA1091型汽车转向操纵机构

1—转向盘总成；2—盖板；3—橡胶套；4、24—螺栓；5、26、40—弹簧垫圈；6、39—垫圈；7、18、25—螺母；
8—下固定支架；9—转向管柱；10—楔形螺母；11—上转向轴；12—衬套；13—球轴承；14、22—孔用弹性挡圈；
15—轴承挡圈；16—轴用钢丝挡圈；17—平垫圈；19—十字轴；20—转向万向节叉；21—滚针轴承总成；23、31—滑脂嘴总成；
27—转向传动轴；28—转向万向节滑动叉；29—油封；30—防尘套；32—喇叭按钮盖；33—搭铁接触板总成；
34—接触弹簧；35—接触罩；36—电刷总成；37—集电环总成；38—螺钉；41—弹簧

十字轴 19 有两个，上装滑脂嘴 23，润滑 4 个滚针轴承 21，由弹性挡圈 22 固定在万向节叉上。万向节叉的结构与滑动叉相同，只是多一个锁紧螺栓与上端的万向节叉和上转向轴相连。

3. 安全式转向柱

安全式转向柱有可分离式安全操纵机构和缓冲吸能式转向操纵机构两种。

> **提示** 为了保证驾驶员的安全，同时也为了更加舒适、可靠地操纵转向系，现代汽车（特别是乘用车）通常在转向操纵机构上增设相应的安全、调节装置。这些装置主要反映在转向轴和转向柱管的结构上。为了叙述方便，将转向轴和转向柱管统称为转向柱。

（1）可分离式安全转向操纵机构。上海桑塔纳乘用车采用了可分离式安全转向操纵机构。图 2-14（a）所示为转向操纵机构的正常工作位置，此类转向操纵机构的转向轴分为上下两段，用安全联轴节连接，上转向轴 2 下部弯曲并在端面上焊接有半月形凸缘盘 8，盘上装有两个驱动销 7，与下转向轴 1 上端凸缘 6 压装尼龙衬套和橡胶圈的孔相配合，形成安全联轴节。一旦发生撞车事故，驾驶员因惯性而以胸部扑向转向盘 5 时，迫使转向柱管 3 压缩位于转向柱上方的安全元件 4 而向下移动，使两个销子 7 迅速从下转向轴凸缘 6 的孔中退出，从而形成缓冲而减少对驾驶员的伤害。图 2-14（b）所示为转向盘受撞击时，安全元件被折叠、压缩和安全联轴节脱开使转向柱产生轴向移动的情形。一汽红旗、奥迪乘用车的转向操纵机构与此类似，如图 2-15 所示，只是无可折叠的安全元件。

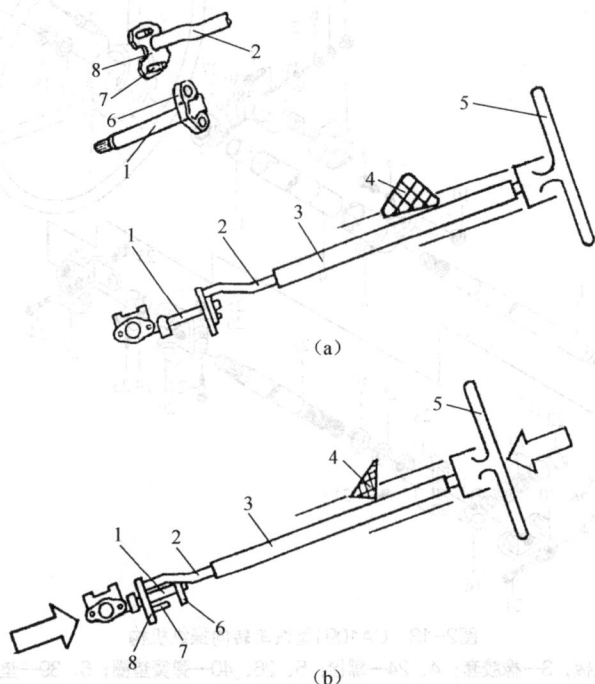

(a)

(b)

图2-14　上海桑塔纳乘用车可分离式安全转向操纵机构
1—下转向轴；2—上转向轴；3—转向管柱；4—可折叠安全元件；
5—转向盘；6—凸缘；7—驱动销；8—半月形凸缘盘

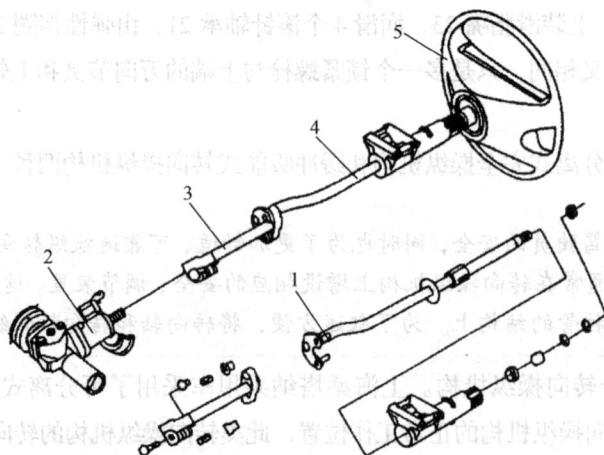

图2-15　一汽红旗、奥迪乘用车转向操纵机构
1—驱动销；2—转向器；3—下转向轴；4—上转向轴；5—转向盘

（2）缓冲吸能式转向操纵机构。缓冲吸能式转向操纵机构从结构上能使转向轴和转向管柱在受到冲击后，轴向收缩并吸收冲击能量，从而有效地缓和转向盘对驾驶员的冲击，减轻其所受伤害的程度。

> **提示**　汽车撞车时，首先车身被撞坏（第一次碰撞），转向操纵机构被后推，从而挤压驾驶员，使其受到伤害；接着，随着汽车速度的降低，驾驶员在惯性力的作用下前冲，再次与转向操纵机构接触（第二次碰撞）而受到伤害。缓冲吸能式转向操纵机构对这两次冲击都具有吸收能量、减轻驾驶员受伤程度的作用。

① 网状管柱变形式。这种转向操纵机构的转向轴分为上下两段，如图 2-16（a）所示。上转向轴 2 套装在转向轴 3 的内孔中，两者通过塑料销 1 结合在一起（也有采用细花键结合的），并传递转向力矩。塑料销的传力能力受到严格限制，它既能可靠地传递转向力矩，又能在受到冲击时被剪断，因此，它起安全销的作用。

这种转向操纵机构的转向管柱 6 的部分管壁制成网格状，使其在受到压缩时很容易轴向变形，并消耗一定的变形能量，如图 2-16（b）所示。另外，车身上固定管柱的托架 8 也是通过两个塑料安全销 7 与管柱连接的。当这两个安全销被剪断后，整个管柱就能前后自由移动。

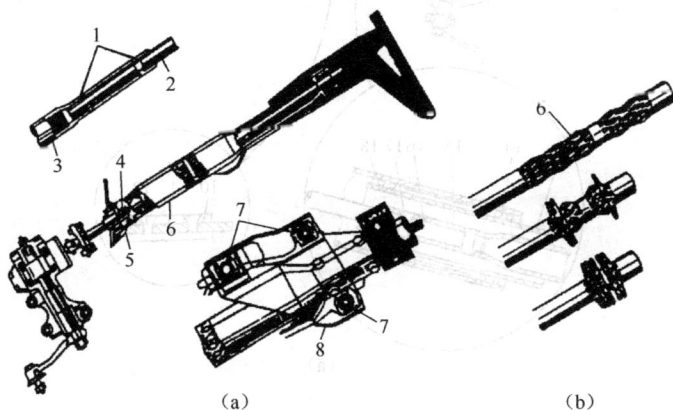

（a）　　　　　　　　　　（b）

图2-16　网状管柱变形式转向操纵机构
1—塑料销；2—上转向轴；3—下转向轴；4—凸缘盘；5—下托架；
6—转向管柱；7—塑料安全销；8—上托架

当发生第一次碰撞时，其一，塑料销 1 被剪断，上转向轴 2 将沿下转向轴 3 的内孔滑动伸缩。其二，转向管柱上的网格部分被压缩而变形，这两个过程都会消耗一部分冲击能量，从而阻止了转向管柱整体向上移动，避免了转向盘对驾驶员的挤压伤害。第二次碰撞时，固定转向管柱的塑料安全销 7 被剪断，使转向管柱和转向轴的上端能自由移动。同时，当转向管柱受到来自上端的冲击力后，会再次被轴向压缩变形并消耗冲击能量，如图 2-16（b）所示。这样，由转向系引起的对驾驶员的冲击和伤害被大大降低了。

② 钢球滚压变形式。图 2-17（a）所示为一种用钢球连接的分开式转向柱。转向轴分为上转向轴和套在轴上的下转向轴两部分，二者用塑料销钉连成一体。转向柱管也分为上柱管和下

柱管两部分，上、下柱管之间装有钢球，下柱管的外径与上柱管的内径之间的间隙比钢球直径稍小。上、下柱管连同柱管托架通过特制橡胶垫固定在车身上，橡胶垫则利用塑料销钉与托架连接。

　　当发生第一次碰撞时，将连接上、下转向轴的塑料销钉切断，下转向轴便套在上转向轴上向上滑动，如图2-17（b）所示。在这一过程中，上转向轴和上柱管的空间位置没有因冲击而上移，故可使驾驶员免受伤害。第二次碰撞时，则连接橡胶垫与柱管托架的塑料销钉被切断，托架脱离橡胶垫，即上转向轴和上转向柱管连同转向盘、托架一起，相对于下转向轴和下转向柱管向下滑动，从而减缓了对驾驶员胸部的冲击。在上述两次冲击过程中，上、下转向柱管之间均产生相对滑动。因为钢球的直径稍大于上、下柱管之间隙，所以滑动中带有对钢球的挤压，冲击能量就在这种边滑动、边挤压的过程中被吸收。日本丰田汽车的一些车型采用这种位置。

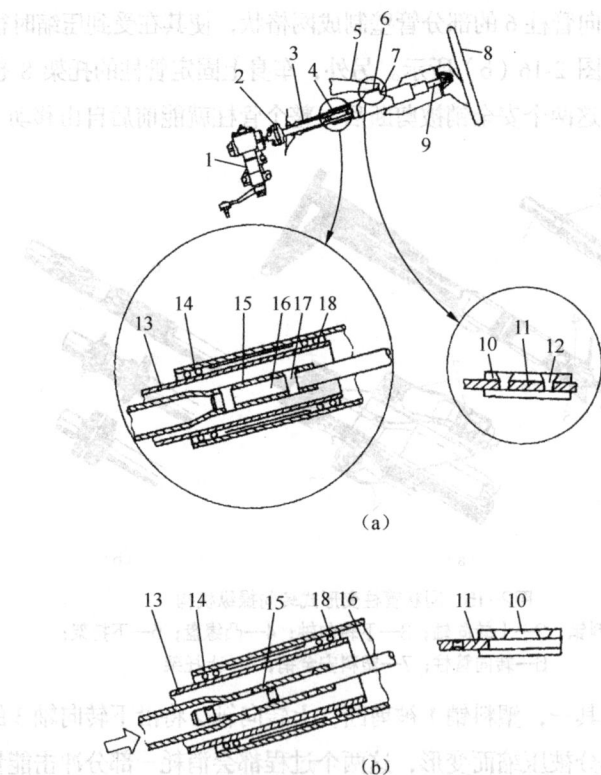

图2-17　钢球滚压变形式转向管柱
1—转向器总成；2—挠性联轴节；3、13—下转向管柱；4、14—上转向管柱；5—车身；
6、10—橡胶垫；7、11—转向管柱托架；8—转向盘；9、16—上转向轴；
12、17—塑料销钉；15—下转向轴；18—钢球

4. 可调节式转向柱

　　转向柱调节的形式分为倾斜角度调节和轴向位置调节两种。图2-18所示为转向轴倾斜角度调整机构。转向管柱2的上段和下段分别通过倾斜调整支架7和下托架6与车身相连，而且转向管柱由

倾斜调整支架夹持并固定。倾斜调整用锁紧螺栓 5 穿过调整支架 7 上的长孔 3 和转向管柱，螺栓的左端为左旋螺纹，调整手柄 4 即拧在该螺纹上。当向下扳动手柄时，锁紧螺栓的螺纹放松，转向管柱即可以下托架上的枢轴 1 为中心在装有螺栓的支架长孔范围内上下移动。确定了转向管柱的合适位置后，向上扳动调整手柄，从而将转向管柱定位。

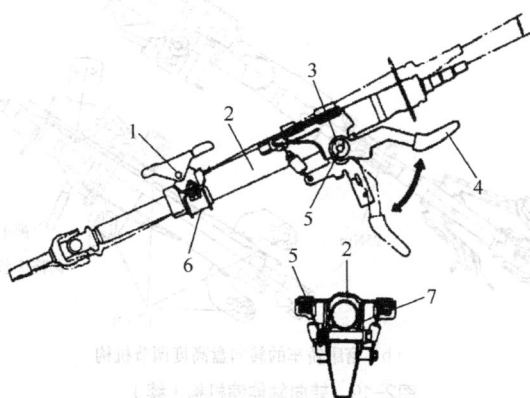

图2-18 转向轴倾斜角度调整机构
1—枢轴；2—转向柱管；3—长孔；4—调整手柄；5—锁紧螺栓；6—下托架；7—倾斜调整支架

提示 驾驶员不同的驾驶姿势和身材对转向盘的最佳操纵位置有不同的要求。而且，转向盘的这一位置往往会与驾驶员进、出汽车的方便性发生矛盾。为此，一些汽车装设了可调节式转向柱，使驾驶员可以在一定的范围内调节转向盘位置。

图 2-19（a）所示为一种转向轴伸缩机构。转向轴分为上下两段，二者通过花键连接。上转向轴 2 由调节螺栓 4 通过楔状限位块 5 夹紧定位。调节螺栓的一端拧有调节手柄 3。当需要调整转向轴的轴向位置时，先向下推调节手柄 3，使限位块松开，再轴向移动转向盘，调到合适的位置后，向上拉调节手柄，将上转向轴锁紧定位。富康车采用的转向盘高度可调节机构的工作原理与此类似，如图 2-19（b）所示。

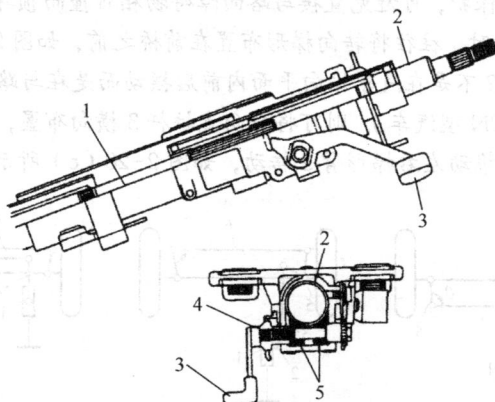

（a）转向轴伸缩机构
图2-19 转向轴伸缩机构

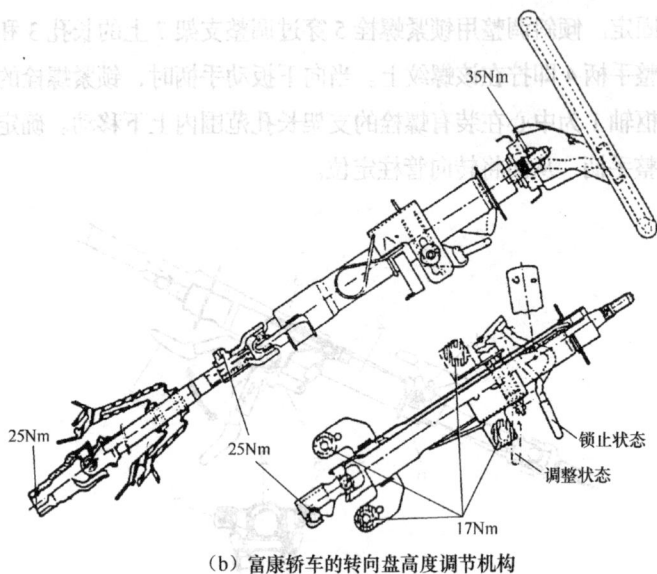

（b）富康轿车的转向盘高度调节机构

图2-19 转向轴伸缩机构（续）

1—下转向轴；2—上转向轴；3—调节手柄；4—调节螺栓；5—楔状限位块

（六）转向传动机构的功用和组成

转向传动机构的功用是将转向器输出的力和运动传给转向轮，使两侧转向轮偏转以实现汽车转向，并保证左右转向轮的偏转角按一定关系变化。

1. 与非独立悬架配用的转向传动机构

与非独立悬架配用的转向传动机构如图2-20所示，它一般由转向摇臂2、转向直拉杆3、转向节臂4、两个梯形臂5和转向横拉杆6等组成。各杆件之间都采用球形铰链连接，并设有防止松动、缓冲吸震、自动消除磨损后的间隙等的结构。

> 当前桥仅为转向桥时，由左、右梯形臂5和转向横拉杆6组成的转向梯形一般布置在前桥之后，如图2-20（a）所示，称为后置式；这种布置简单方便，且后置的横拉杆6有前面的车桥做保护，可避免直接与路面障碍物相碰撞而损坏。当发动机位置较低或前桥为转向驱动桥时，往往将转向梯形布置在前桥之前，如图2-20（b）所示，称为前置式。若转向摇臂2不是在汽车纵向平面内前后摆动而是在与路面平行的平面内左右摆动（如北京BJ2020N型汽车），则可将转向直拉杆3横向布置，并借球头销直接带动转向横拉杆6，从而推动左右梯形臂5转动，如图2-20（c）所示。

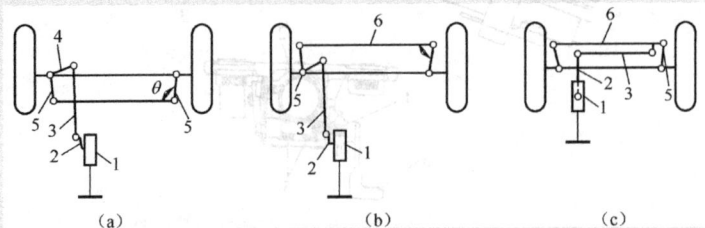

（a）　　　　　　　　　　　（b）　　　　　　　　　　　（c）

图2-20 与非独立悬架配用的转向传动机构示意图

1—转向器；2—转向摇臂；3—转向直拉杆；4—转向节臂；5—转向梯形臂；6—转向横拉杆

（1）转向摇臂

图 2-21 所示为常见转向摇臂的结构形式，其大端具有三角细花键锥形孔，用以与转向摇臂轴外端相连接，并用螺母固定；其小端带有球头销，以便与转向直拉杆做空间铰链连接。转向摇臂安装后从中间位置向两边摆动的角度应大致相等，故在把转向摇臂安装到摇臂轴上时，二者相应的角度位置应正确。为此，常在摇臂大孔外端面上和摇臂轴的外端面上各刻有短线，或是在二者的花键部分上都少铣一个齿作为装配标记。装配时应将标记对齐。

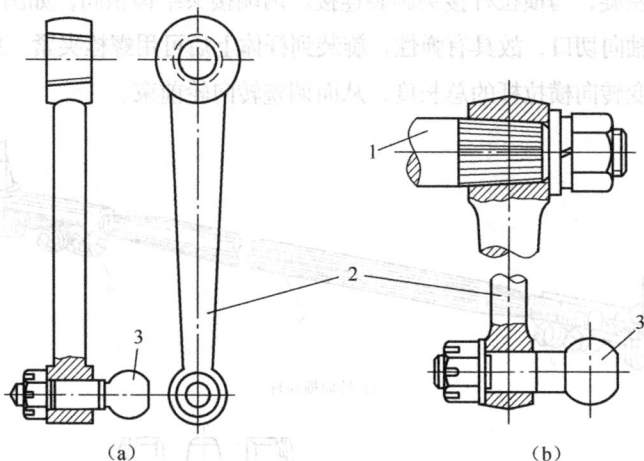

图2-21　转向摇臂

1—转向摇臂轴；2—转向摇臂；3—球头销

（2）转向直拉杆

图 2-22 所示为解放 CA1092 型汽车的转向直拉杆。直拉杆体由两端扩大的钢管制成，在扩大的端部里，装有由球头销、球头座、弹簧座、压缩弹簧、螺塞等组成的球铰链。球头销的锥形部分与转向摇臂连接，并用螺母固定；其球头部分的两侧与两个球头座配合，前球头座靠在端部螺塞上，后球头座在弹簧的作用下压靠在球头上，这样，两个球头座就将球头紧紧夹持住。为保证球头与座的润滑，可从油嘴注入润滑脂。拆装时供球头出入的直拉杆体上的孔口用油封垫的护套盖住，以防止润滑脂流出和污物侵入。

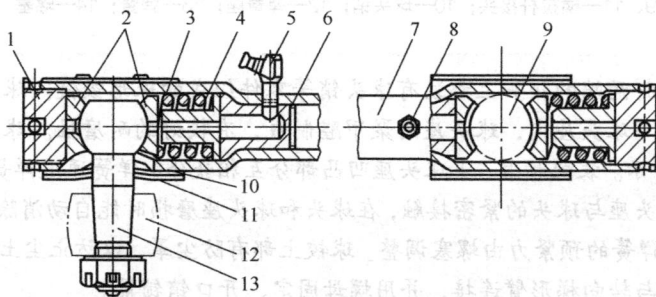

图2-22　CA1092型转向直拉杆

1—端部螺塞；2—球头座；3—压缩弹簧；4—弹簧座；5、8—油嘴；6—座塞；7—直拉杆体；
9—转向节臂球头销；10—油封垫；11—油封垫护套；12—转向摇臂；13—球头销

　　压缩弹簧能自动消除因球头与座磨损而产生的间隙，弹簧座的小端与球头座之间留有不大的间隙，作为弹簧缓冲的余地，并可限制缓冲时弹簧的压缩量（防止弹簧过载）。此外，当弹簧折断时此间隙可保证球头销不致从管孔中脱出。端部螺塞可以调整此间隙，调整间隙的同时也调整了前弹簧的预紧度，调好后用开口销固定螺塞的位置，以防松动。

（3）转向横拉杆

　　图2-23（a）所示为解放CA1092型汽车转向横拉杆，横拉杆体用钢管制成，其两端切有螺纹，一端为右旋，一端为左旋，与横拉杆接头旋装连接。两端接头结构相同，如图2-23（b）所示。接头的螺纹孔壁上开有轴向切口，故具有弹性，旋装到杆体上后可用螺栓夹紧。旋松夹紧螺栓以后，转动横拉杆体，可改变转向横拉杆的总长度，从而调整转向轮前束。

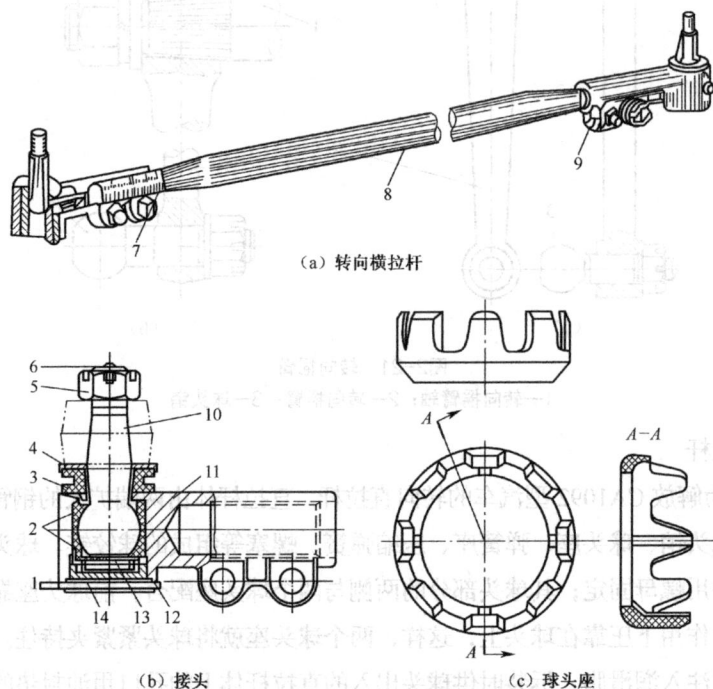

（a）转向横拉杆

（b）接头　　　　　　　　　　　　（c）球头座

图2-23　CA1092型汽车转向横拉杆

1—限位销；2—球头座；3—防尘罩；4—防尘垫；5—螺母；6—开口销；7—夹紧螺栓；8—横拉杆体；
9、11—横拉杆接头；10—球头销；12—弹簧座；13—弹簧；14—螺塞

　　在横拉杆两端的接头上都装有球头销等零件组成的球形铰链。球头销的球头部分被夹在上、下球头座内，球头座用聚甲醛制成，有较好的耐磨性。球头座的形状如图2-23（c）所示。装配时上、下球头座凹凸部分互相嵌合。弹簧通过弹簧座压向球头座，以保证两球头座与球头的紧密接触，在球头和球头座磨损时能自动消除间隙，同时还起缓冲作用。弹簧的预紧力由螺塞调整。球铰上部有防尘罩，以防止尘土侵入。球头销的尾部锥形柱与转向梯形臂连接，并用螺母固定、开口销锁紧。

（4）转向节臂和梯形臂

　　解放CA1092型汽车的转向节臂和梯形臂如图2-24所示，转向横拉杆通过转向节臂与转向节相

连。转向横拉杆两端经左、右梯形臂与转向节相连。转向节臂和梯形臂带锥形柱的一端与转向节锥形孔相配合，用键防止螺母松动。臂的另一端带有锥形孔，与相应的拉杆球头销锥形柱相配合，同样用螺母紧固后插入开口销锁住。

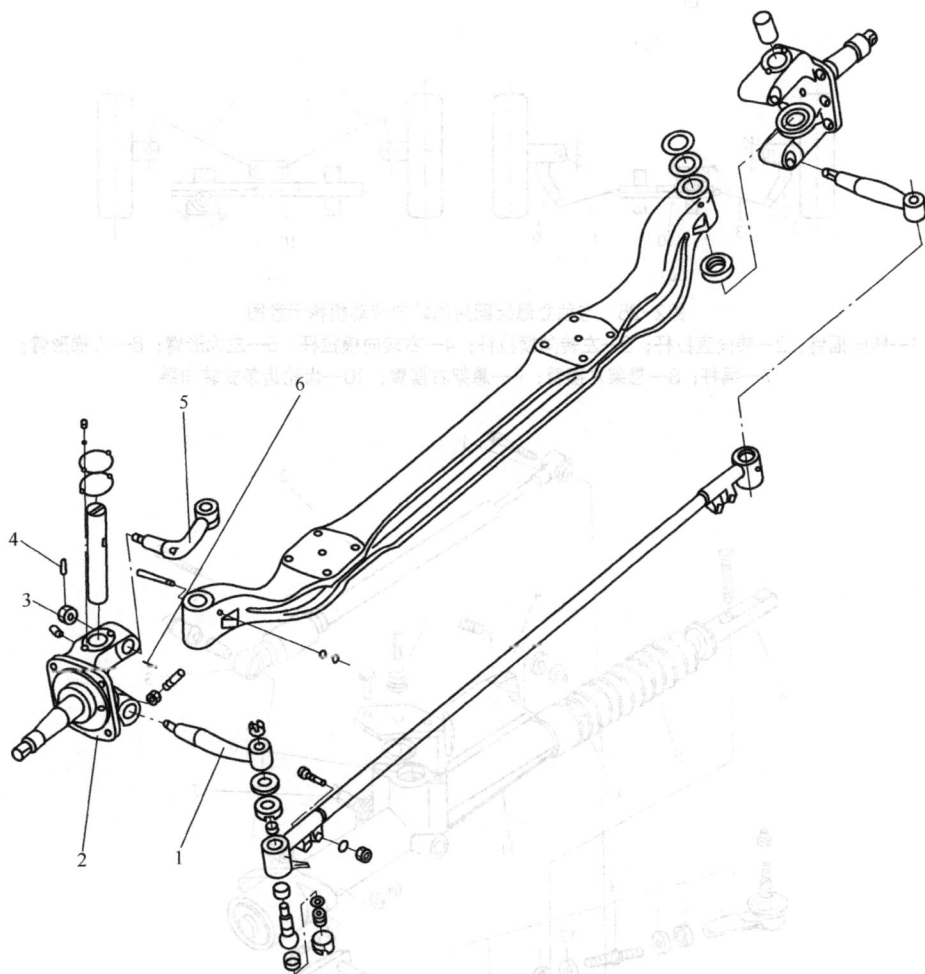

图2-24　CA1092型汽车转向节臂和梯形臂

1—左转向梯形臂；2—转向节；3—锁紧螺母；4—开口销；5—转向节臂；6—键

2. 与独立悬架配用的转向传动机构

当转向轮采用独立悬架时，由于每个转向轮都需要相对于车架（或车身）作独立运动，所以，转向桥必须是断开式的。与此同时，转向传动机构中的转向梯形也必须分成两段或三段。图 2-25 所示为几种独立悬架配用的转向传动机构示意图，其中图 2-25（a）和图 2-25（b）所示的机构与循环球式转向器配用，图 2-25（c）和图 2-25（d）所示的机构与齿轮齿条式转向器配用。

上海桑塔纳乘用车的转向传动机构如图 2-26 所示。转向齿条一端输出动力，输出端 8 铣有平面并钻孔，用两个螺栓与转向支架 17 连接。支架 17 下端的两个孔分别与左、右转向横拉杆总成 15、12 的内端相连。横拉杆外端的球头销 16、13 分别与左、右转向节臂连接。通过调节杆 A、B 可以改变两根横拉杆总成的长度，以调整前束。

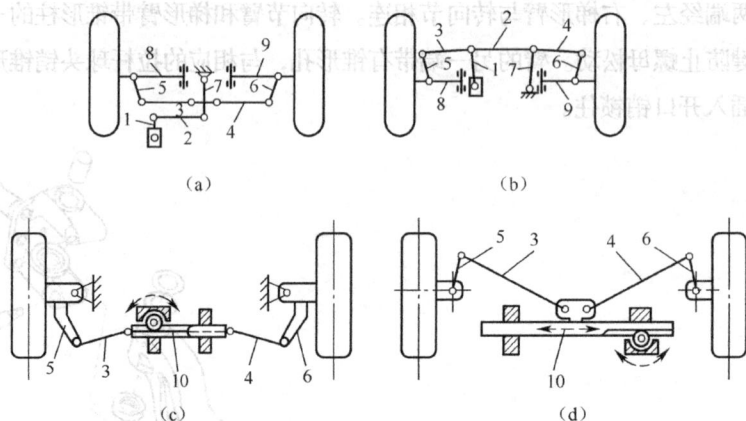

图2-25　与独立悬架配用的转向传动机构示意图

1—转向摇臂；2—转向直拉杆；3—左转向横拉杆；4—右转向横拉杆；5—左梯形臂；6—右梯形臂；
7—摇杆；8—悬架左摆臂；9—悬架右摆臂；10—齿轮齿条式转向器

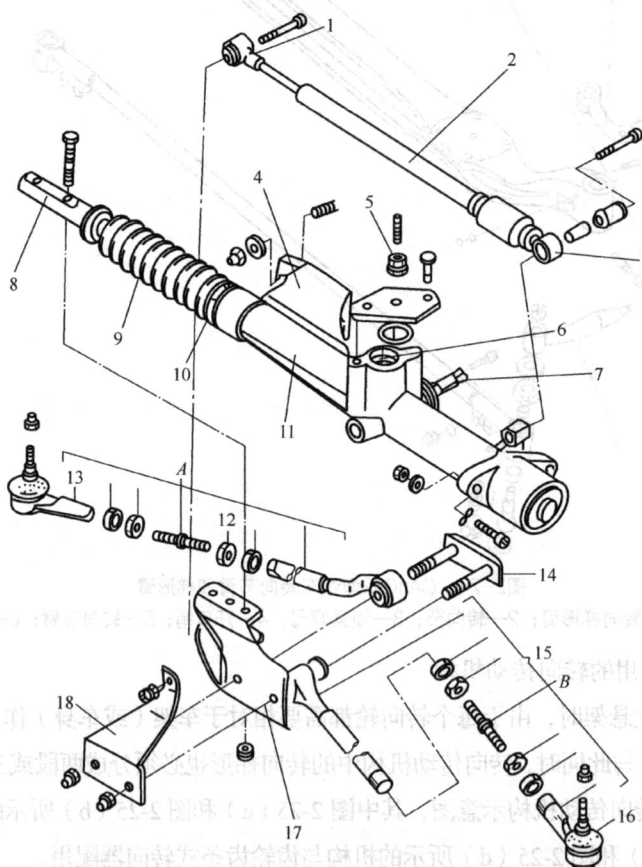

图2-26　上海桑塔纳乘用车转向器与转向横拉杆

1—转向减震器活塞杆端；2—转向减震器；3—转向减震器缸筒端；4—转向器壳体凸台；5—锁紧螺母与调整螺栓；
6—补偿弹簧；7—转向齿轮轴；8—齿条输出端；9—防尘罩；10—卡箍；11—转向器壳体；12—右横拉杆总成；
13—右横拉杆球头销；14—连接件；15—左横拉杆总成；16—左横拉杆球头销；
17—转向支架（齿条与横拉杆连接件）；18—转向减震器支架；A、B—调节杆

> **提示**　为了避免转向轮的摆振、减缓传至转向盘上的冲击和震动，转向器上还装有转向减震器 2，减震器缸筒 3 固定在转向器壳体 11 上；其活塞杆端 1 经减震支架 18 与转向齿条连接。

三、任务实施

（一）转向节的检修

1. 隐伤的检验

转向节的油封轴颈处，因其断面的急剧变化，应力集中，是一个典型的危险断面，容易产生疲劳裂纹，以致造成转向节轴疲劳断裂酿成重大的交通事故。因此，二级维护和修理时必须对转向节轴进行隐伤检验，一旦发现疲劳裂纹，只能更换，不许焊修。

2. 磨损的检修

① 转向节轴磨损的检修。轴颈与轴承的配合间隙：轴颈直径不大于 40mm 时，配合间隙为 0.040mm；轴颈直径大于 40mm 时，配合间隙为 0.055mm。转向节轴轴颈磨损超标后应更换新件。

② 转向节轴锁止螺纹的检验。损伤不多于 2 牙。锁止螺母只能用扳手拧入，若能用手拧入，说明螺纹中径磨损松旷，应予以修复或更换转向节。

③ 转向节上面的锥孔的检验。与转向节臂等杆件配合的锥孔的磨损，应使用塞规进行检验，其接触面积不得小于 70%，与锥孔配合的锥颈的推力端面沉入锥孔的沉入量不得小于 2mm。否则，更换转向节。

3. 主销衬套的更换

主销衬套与主销的配合间隙大于 0.15mm 时必须更换，以免引起汽车前轮摆振等故障。主销衬套与承孔的配合过盈为 0.175～0.086mm，应在压力机上平稳压模。压镶衬套时，必须对准润滑脂孔。

（二）齿轮齿条转向器检查调整

1. 检查

① 零件出现裂纹应更换，转向横拉杆、转向齿条在总成修理时应进行隐伤检验。

② 转向齿条的直线度误差不得大于 0.30mm。

③ 齿面上应无疲劳剥蚀及严重磨损，若出现左右大转角时转向沉重，且又无法调整时应更换。

2. 调整

齿轮齿条式转向器的调整是调整转向齿条与转向齿轮的啮合间隙，也称为转向齿条的预紧力。因结构的差异，调整方法也有所不同。但常见的有两类：一是改变转向齿条导块与盖之间的垫片

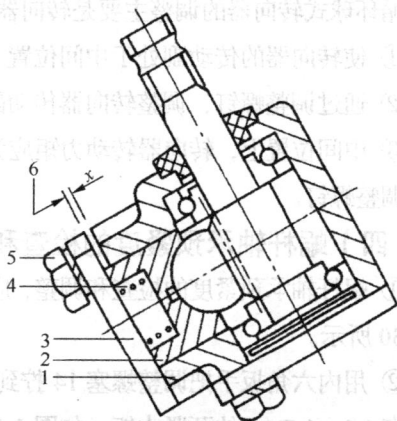

图2-27　转向齿条的预紧力（一）

1—转向器壳体；2—导块；3—盖；4—导块压紧弹簧；5—固定螺母；6—盖与壳体间间隙

厚度来调整转向齿条与转向齿轮轮齿的啮合间隙，完成预紧力的调整，如图 2-27 所示；另一种方

法是用盖上的调整螺塞改变转向齿条导块与弹簧座之间的间隙值，完成预紧力的调整，如图 2-28 所示。

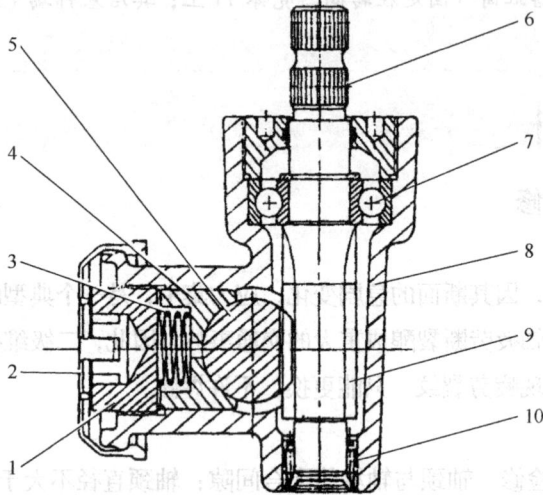

图2-28　转向齿条的预紧力（二）

1—调整螺塞；2—罩盖；3—压簧；4—压簧垫块；5—转向齿条；6—齿轮轴；7—球轴承；8—转向器壳体；9—转向齿轮；10—滚柱轴承

（三）循环球式转向器检查调整

转向螺母 3 下平面上加工出的齿条是倾斜的，与之相啮合的是变齿厚齿扇。只要使齿扇轴 21 相对于齿条作轴向移动，便可调整二者的啮合间隙。调整螺钉 18 旋装在侧盖 17 上。齿扇轴 21 靠近齿扇的端部切有 T 型槽，调整螺钉 18 的圆柱形端头嵌入此切槽中，端头与 T 形槽的间隙用调整垫圈 16 来调整。旋入调整螺钉 18，则齿条与齿扇的啮合间隙减小；旋出螺钉则啮合间隙增大。调整好后用锁紧螺母 19 锁紧，如图 2-29 所示。

循环球式转向器的调整主要是转向器啮合间隙的调整，方法如下。

① 使转向器的传动副处于中间位置（直行位置）。

② 通过调整螺钉，调整转向器传动副的啮合间隙，在直线位置上应呈无间隙啮合。

③ 中间位置上，转向器转动力矩应为 1.5～2.0Nm。转向器转动力矩调整合格后，按规定力矩锁紧调整螺钉。

（四）蜗杆轴承预紧度的检查和调整

① 蜗杆轴承预紧度的检查和调整，应在摇臂轴未装入壳体之前进行。调整要使用专用工具，如图 2-30 所示。

② 用内六角扳手把调整螺塞 14 拧到底，如图 2-7 所示，再退回 1/8～1/4 圈，使蜗杆轴在输入端具有 1.0～1.7Nm 的预紧力矩，如图 2-31 所示。

③ 用专用扳手将锁紧螺母 13 拧紧，如图 2-7 所示，紧固调整螺塞，拧紧力矩为 49Nm，如图 2-32 所示，锁紧调整螺塞时，要保证调整螺塞位置不变。锁紧后应复查输入端转矩是否符合要求，否则应重新调整。

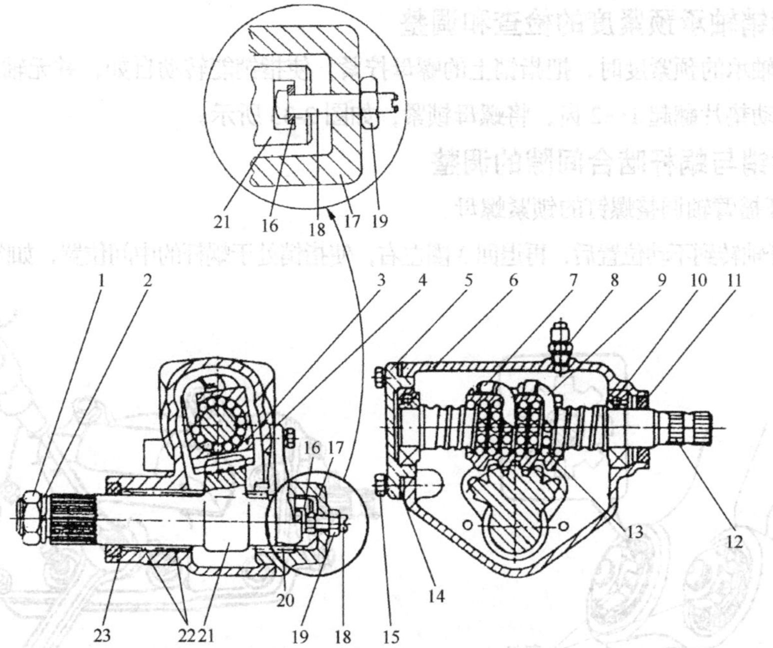

图2-29　循环球式转向器的调整主要是转向器啮合间隙的调整

1—螺母；2—弹簧垫圈；3—转向螺杆；4—转向器壳体密封垫圈；5—转向器壳体底盖；6—转向器壳体；7—导管夹；8—加油（通气）螺塞；9—钢球导管；10—球轴承；11、23—油封；12—转向蜗杆；13—钢球；14—调整垫片；15—螺栓；16—调整垫圈；17—侧盖；18—调整螺钉；19—锁紧螺母；20、22—滚针轴承；21—齿扇轴（摇臂轴）

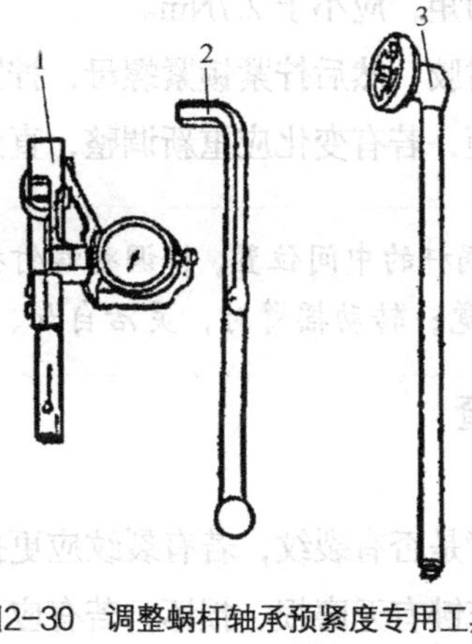

图2-30　调整蜗杆轴承预紧度专用工具

1—力矩检测仪；2—内六角扳手；3—专用扳手

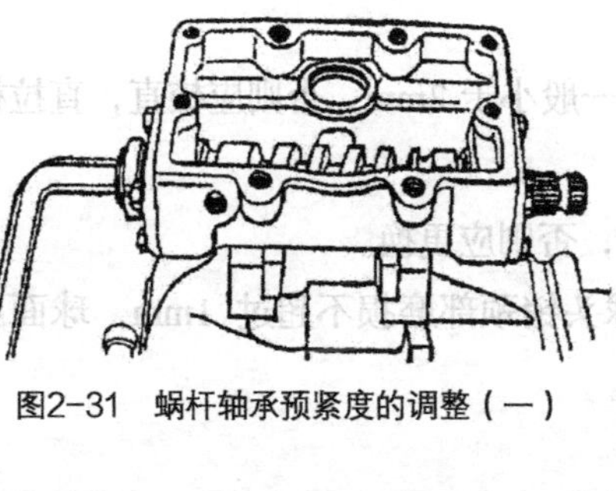

图2-31　蜗杆轴承预紧度的调整（一）

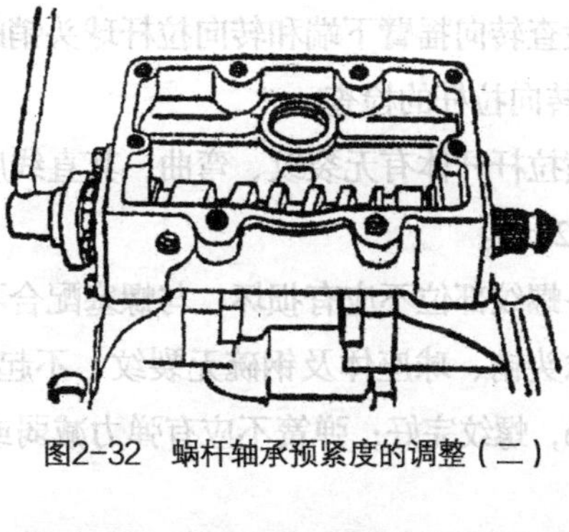

图2-32　蜗杆轴承预紧度的调整（二）

（五）指销轴承预紧度的检查和调整

调整指销轴承的预紧度时，把指销上的螺母拧紧，使指销能转动自如，并无轴向间隙为合适。调整后，将止动垫片翻起1～2齿，将螺母锁紧，如图2-33所示。

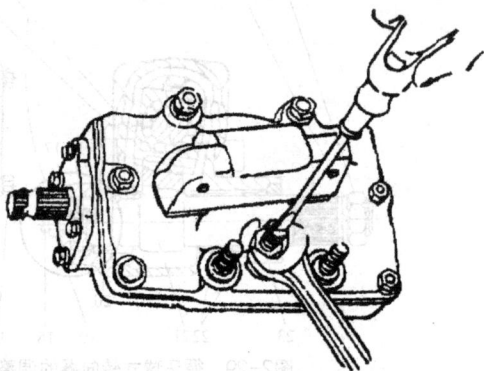

（六）指销与蜗杆啮合间隙的调整

① 先松开摇臂轴调整螺钉的锁紧螺母。

② 将蜗杆轴转到不动位置后，再退回3圈左右，使指销处于蜗杆的中间位置，如图2-34所示。

翻起

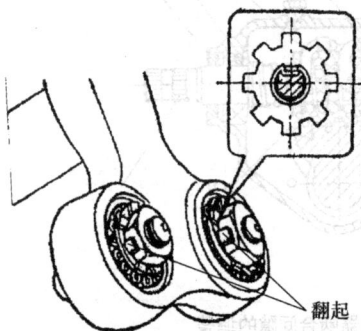

图2-33　调整指销轴承的预紧度　　　　图2-34　指销与蜗杆啮合间隙的调整

③ 顺时针旋转调整螺钉2，如图2-7所示，同时来回转动蜗杆，直到感觉有阻力为止。

④ 在蜗杆的输入端检查转动力矩，应小于2.7Nm。

⑤ 在调整螺钉的周围涂上密封胶，然后拧紧锁紧螺母，拧紧力矩大于49Nm。

⑥ 复查蜗杆输入端的转动力矩，若有变化应重新调整，直到符合要求为止。

> **提示**　经验方法：指销处于蜗杆的中间位置，将调整螺钉拧到底，再退回1/8圈；轴向推、拉摇臂轴，无明显间隙感觉；转动摇臂时，灵活自如、无卡滞现象为合适。

（七）转向传动机构的检查

（1）转向摇臂的检查

① 用磁力探伤法检查转向摇臂是否有裂纹，若有裂纹应更换。

② 检查转向摇臂上端的锯齿花键有无磨损、损坏，若有应更换。

③ 检查转向摇臂的锁紧螺母，其螺纹不应有损伤，否则应更换。

④ 检查转向摇臂下端和转向拉杆球头销的连接应牢固、可靠，切不可松旷，否则应修复。

（2）转向拉杆的检查

① 横拉杆杆体有无裂纹、弯曲，其直线度误差一般小于2mm，否则应校直，直拉杆8字孔磨损不超过2mm。

② 各螺纹部位不应有损坏，与螺塞配合不松旷，否则应更换。

③ 球头销、球座体及钢碗无裂纹、不起槽；球头销颈部磨损不超过1mm，球面磨损失圆小于0.50mm，螺纹完好；弹簧不应有弹力减弱或折断。

④ 防尘装置应齐全有效。

（3）转向节臂和梯形臂的检查

① 转向节臂和梯形臂是否有裂纹，若有应更换。

② 检查两端部的固定与连接部位不应有松动，要求牢固、可靠。

（4）转向减震器（桑塔纳乘用车）的检查

① 检查是否漏油，若渗漏严重，应更换或分解修理，更换密封圈等零件。

② 察看支撑是否开裂，若有应更换。

③ 检查减震器的工作行程，必须拆下来试验。L_{max}=556mm，L_{min}=344.5mm，最大阻尼载荷 560N，最小阻尼载荷 180N。

（5）转向臂及横拉杆的检查

① 松脱、松旷和损伤：检查槽形螺母是否松脱，如果松脱应予拧紧。同时，也应检查开口销、盖等的装配情况。

② 使转向盘从直行状况向左、向右方向反复转过 60° 左右，此时检查横拉杆、转向臂等是否松脱、松旷。

（八）转向拉杆球头销预紧度的调整

① 组装横、直拉杆总成时，注意在球头销、球碗表面涂抹润滑油。

② 组装直拉杆时，用弯头扳手将调整螺塞拧到底后，再退回 1/4 圈左右，并使开口销孔对准，然后穿入开口销锁止螺塞，如图 2-35 所示。

③ 组装横拉杆时，将螺塞拧到底，再退回 1/4～1/2 圈，装上开口销锁止螺塞。

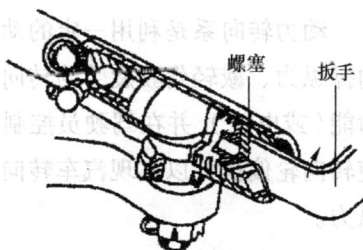

图2-35 转向拉杆球头销预紧度的调整

（九）转向盘自由行程的检查

1. 转向盘自由行程的检查

汽车每行驶 12 000km 左右，应检查转向盘的自由行程，检查方法如下。

① 起动发动机（机械转向系无需起动发动机）。

② 转动转向盘使前轮处于直线行驶位置。

③ 轻轻移动转向盘，在转向轮就要开始移动时（或感觉到阻力时），使用直尺测量转向盘外缘的移动量。一般为 15～20mm。

④ 如果不符合要求，应该检查转向器间隙、调整转向球头销等。

2. 转向盘转动阻力检查

转向盘转动阻力可用如图 2-36 所示弹簧秤拉动转向盘边缘进行测量。

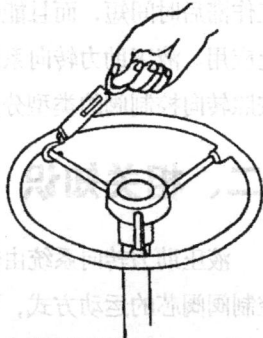

图2-36 转向盘转动阻力检查

转动力=M/r，式中 M 为转动力矩；r 为转向盘半径。

（十）转向盘锁止功能的检查

① 将点火开关转至"LOCK"位置，轻轻转动转向盘，此时转向盘应该锁止不能转动。

② 将点火开关转至"ACC"位置，转向盘应能自由转动。

③ 转向操纵机构松动、摆动检查。

用双手握住转向盘，在轴向和径向方向上用力摇动，观察此时转向盘是否移位。由此了解转向盘与转向轴的安装情况，轴承是否松旷等。

任务二 液压助力转向系统检修

一、任务导入

动力转向系是利用一定的动力助力方式，对转向器施加作用力以减少驾驶员转动转向盘的操纵力、减轻驾驶疲劳的转向系统。动力转向系统是将发动机输出的部分机械能转化为压力能（或电能），并在驾驶员控制下，对转向传动机构或转向器中某一传动件施加辅助作用力，使转向轮偏摆，以实现汽车转向的一系列装置。采用动力转向系统可以减轻驾驶员的转向操纵力。

根据助力能源形式的不同可以分为液压助力、气压助力和电动机助力三种类型。其中液压助力转向系统应用较为普遍。

液压助力转向系统的工作压力可高达 10MPa 以上，故其部件尺寸很小。液压系统工作时无噪声，工作滞后时间短，而且能吸收来自不平路面的冲击。因此，液压助力转向系统在各类汽车上获得广泛应用。液压助力转向系统按照系统内压力状况分为常压式助力转向系统与常流式助力转向系统，按照转向控制阀的类型分为滑阀式助力转向系统与转阀式助力转向系统。

二、相关知识

液压助力转向系统由转向储油罐、转向油泵、转向控制阀、转向动力缸等部分组成。按照转向控制阀阀芯的运动方式，可以分为滑阀式动力转向系统和转阀式动力转向系统。

（一）液压常压式助力转向系统

液压常压滑阀式动力转向系统的基本组成如图 2-37 所示。

其特点是无论转向盘处于中立位置还是转向位置，也无论转向盘保持静止还是运动状态，系统工作管路中总是保持高压。

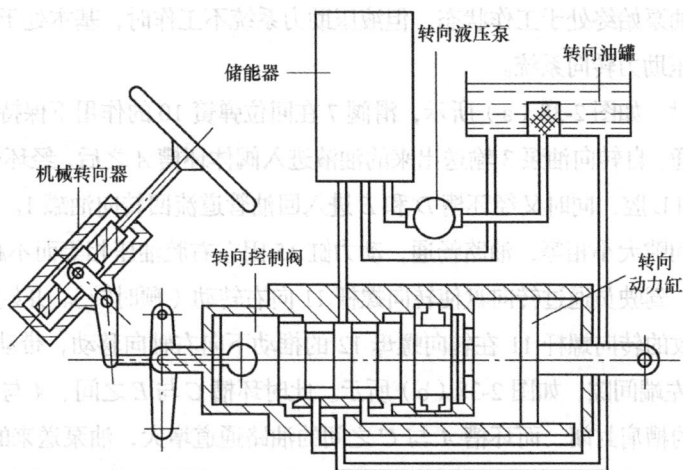

图2-37 液压常压滑阀式动力转向系统

（二）液压常流滑阀式动力转向系统

液压常流滑阀式动力转向系统的基本组成如图2-38所示。它包括转向储油罐、转向油泵、转向控制阀、转向动力缸等。

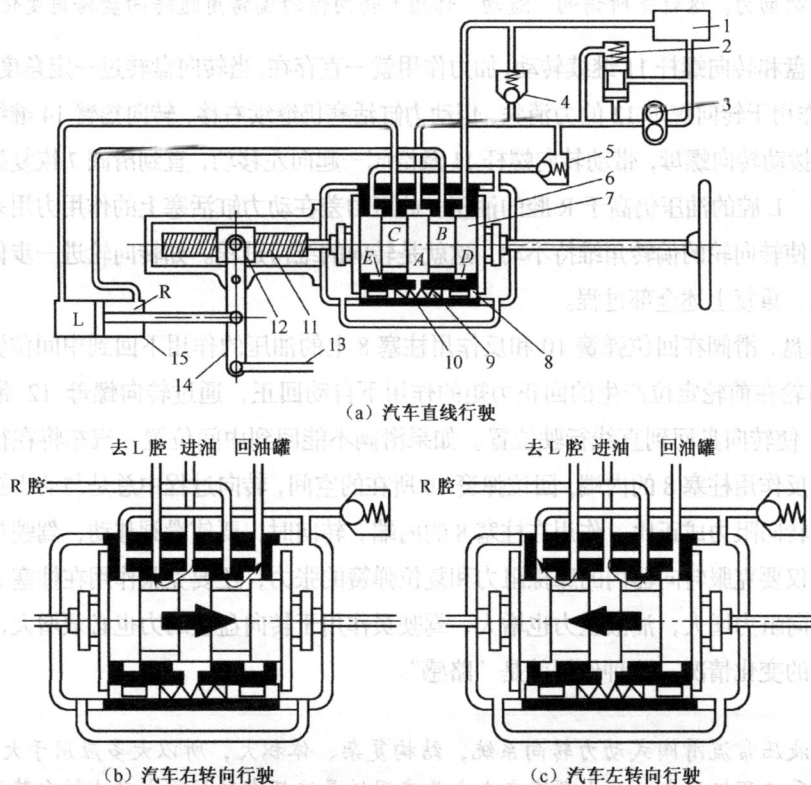

（a）汽车直线行驶

（b）汽车右转向行驶　　　　　　（c）汽车左转向行驶

图2-38 液压常流滑阀式动力转向系统

1—转向油罐；2—溢流阀；3—转向油泵；4—安全阀；5—单向阀；6—转向控制阀；7—滑阀；
8—反作用柱塞；9—阀体；10—回位弹簧；11—转向螺杆；12—转向螺母；
13—转向主拉杆；14—转向摇臂；15—动力缸

其特点是转向油泵始终处于工作状态，但液压助力系统不工作时，基本处于空转状态。多数汽车都采用常流式液压助力转向系统。

汽车直线行驶时，如图 2-38（a）所示，滑阀 7 在回位弹簧 10 的作用下保持在中间位置。转向控制阀内各环槽相通，自转向油泵 3 输送出来的油液进入阀体环槽 A 之后，经环槽 B 和 C 分别流入动力缸 15 的 R 腔和 L 腔，同时又经环槽 D 和 E 进入回油管道流回转向油罐 1。这时，滑阀与阀体各环槽槽肩之间的间隙大小相等，油路畅通，动力缸 15 因左右腔油压相等而不起加力作用。

汽车右转向时，驾驶员通过转向盘使转向螺杆 11 向右转动（顺时针）。开始时，转向螺母暂时不动，具有左旋螺纹的转向螺杆 11 在转向螺母 12 的推动下向右轴向移动，带动滑阀 7、回位弹簧 10 向右移动，消除左端间隙，如图 2-38（b）所示。此时环槽 C 与 E 之间、A 与 B 之间的油路通道被滑阀和阀体相应的槽肩封闭，而环槽 A 与 C 之间的油路通道增大，油泵送来的油液自 A 经 C 流入动力缸的 L 腔，L 腔成为高压油区。R 腔油液经环槽 B、D 及回油管流回转向油罐 1，动力缸 15 的活塞右移，使转向摇臂 14 逆时针转动，从而起加力作用。

> **提示** 如果油液总是按上面的方向流动，转向轮一直偏转，将会出现什么后果？所以，助力作用必须是随转向盘的转动而进行，随方向盘的停转而减小（维持），若继续转动，则继续助力。这就是所谓的"随动"作用（转向轮的偏转角随转向盘转角变化而变化）。

只要转向盘和转向螺杆 11 继续转动，加力作用就一直存在。当转向盘转过一定角度保持不动时，转向螺杆 11 作用于转向螺母 12 的力消失，但动力缸活塞仍继续右移，转向摇臂 14 继续逆时针方向转动，其上端拨动转向螺母，带动转向螺杆 11 及滑阀一起向左移动，直到滑阀 7 恢复到中间稍偏右的位置。此时，L 腔的油压仍高于 R 腔的油压。此压力差在动力缸活塞上的作用力用来克服转向轮的回正力矩，使转向轮的偏转角维持不动，这就是转向的维持过程。如转向轮进一步偏转，则需继续转动转向盘，重复上述全部过程。

松开转向盘，滑阀在回位弹簧 10 和反作用柱塞 8 上的油压的作用下回到中间位置，动力缸停止工作。转向轮在前轮定位产生的回正力矩的作用下自动回正，通过转向螺母 12 带动转向螺杆 11 反向转动，使转向盘回到直线行驶位置。如果滑阀不能回到中间位置，汽车将在行驶中跑偏。

在对装的反作用柱塞 8 的内端，回位弹簧 10 所在的空间，转向过程中总是与动力缸高压油腔相通。此油压与转向阻力成正比，作用在柱塞 8 的内端。转向时，要使滑阀移动，驾驶员作用在转向盘上的力，不仅要克服转向器内的摩擦阻力和复位弹簧的张力，还要克服作用在柱塞 8 上的油液压力。所以，转向阻力增大，油液压力也增大，驾驶员作用于转向盘上的力也必须增大，使驾驶员感觉到转向阻力的变化情况。这种作用就是"路感"。

> **提示** 液压常流滑阀式动力转向系统，结构复杂、体积大，所以大多应用于大型货车、客车和工程机械上。而小型汽车上主要应用的是液压常流转阀式动力转向装置。

（三）液压常流转阀式动力转向系统的工作原理

液压常流转阀式动力转向系统的基本组成如图 2-39 所示，也是由转向油泵、转向动力缸、转向控制阀等组成。

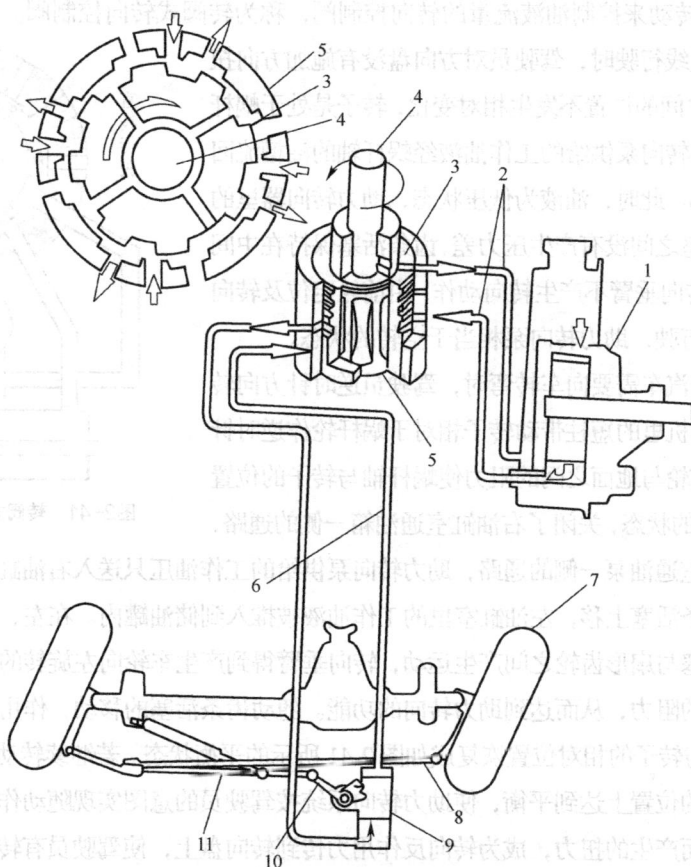

图2-39 液压常流转阀式动力转向系统

1—转向油泵；2—油管；3—阀体；4—阀芯；5—阀芯纵槽；6—油管；7—车轮；8—转向拉杆；
9—转向动力缸；10—转向摇臂；11—转向横拉杆

（1）滑阀式转向控制阀

阀体沿轴向移动来控制油液流量的转向控制阀如图 2-40 所示，称为滑阀式转向控制阀。

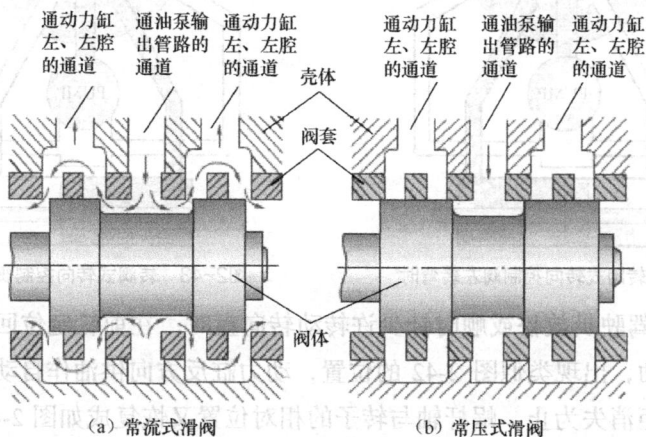

（a）常流式滑阀　　　　　　　　（b）常压式滑阀

图2-40 滑阀式转向控制阀

（2）转阀式转向控制阀

阀体绕其轴线转动来控制油液流量的转向控制阀，称为转阀式转向控制阀。

① 直行时。直线行驶时，驾驶员对方向盘没有施加方向扭矩，蜗杆轴与转子之间的位置不发生相对变化，转子是处于蜗杆轴的中立位置，助力转向泵供给的工作油液经蜗杆轴的油槽流回储油罐（见图2-41）。此时，油液为低压状态，助力转向器里的左油缸室与右油缸室之间没有产生压力差，齿条活塞保持在中间位置而不移动。对转向垂臂不产生转向动作，由前轮定位及转向机构维持车轮直线行驶，助力转向泵相当于空转的状态。

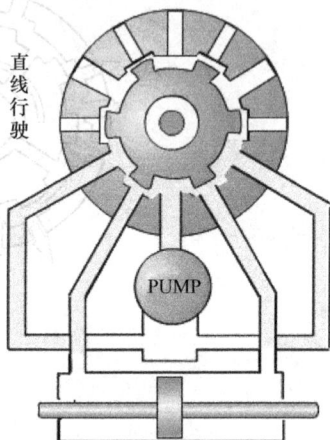

② 转弯时。当汽车需要向车转弯时，驾驶员逆时针方向转动方向盘，助力转向机里的短柱带动转子相对于蜗杆轮作逆时针方向的转动，由于前轮与地面之间的阻力使蜗杆轴与转子的位置变成如图2-42所示的状态，关闭了右油缸室通油箱一侧的通路，

图2-41　转阀式转向控制阀直行时

同时关闭了左油缸室通油泵一侧的通路，助力转向泵供给的工作油压只送入右油缸室，左、右油缸之间产生压力差，齿条活塞上移，左油缸室里的工作油液被推入到储油罐内。在左、右油缸之间的压力差作用下，齿条活塞与扇形齿轮之间产生运动，转向垂臂得到产生车轮向左旋转的辅助力，克服前轮向左转弯时所受到的阻力，从而达到助力转向的功能。随着齿条活塞的移动，作用于蜗杆轴、转子的阻力消失，蜗杆轴与转子的相对位置恢复成如图2-41所示的平衡状态。若继续转动转向盘时，系统将重复上述过程在新的位置上达到平衡，使助力转向系统按驾驶员的意图实现随动作用。另外，在转向过程中扭曲弹扭杆而产生的扭力，成为转向反作用力传到转向盘上，使驾驶员有转向感觉。

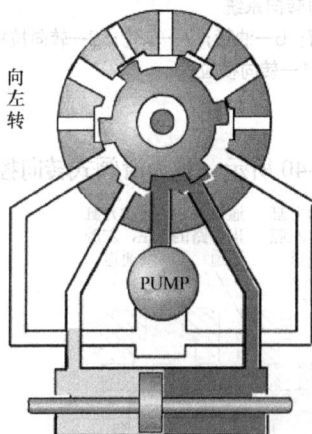

图2-42　转阀式转向控制阀左转弯时　　　　图2-43　转阀式转向控制阀右转弯时

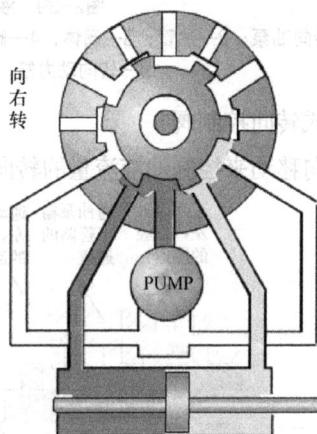

③ 回正时。当驾驶员放松或顺时针少许转动转向盘时，在前轮定位回正力矩的作用下，蜗杆轴作顺时针转动，出现类似图2-42的位置，动力缸反方向供油作自动回正动作，直到车辆直线行驶回正力矩消失为止，蜗杆轴与转子的相对位置又恢复成如图2-41所示的状态。

④ 手动转向。当发动机熄火、助力转向泵有故障或系统管路出现漏油现象时，助力转向机没有得到

正常的工作液压，整个系统不起助力作用，但是，通过短柱和蜗杆之间的限位机构，从短柱向蜗杆轴直接传递力量，可继续进行手转向的操作以确保安全。在这种情况下，驾驶员将明显地感到转向盘转向沉重。

（3）转向油泵

按结构可分为齿轮式（见图2-44）、转子式和叶片式（见图2-45）。

转向油泵是助力转向系统的动力源。转向油泵经转向控制阀向转向助力缸提供一定压力和流量的工作油液。目前，转向油泵大多采用双作用式叶片泵。这种油泵有两种结构型式，一种是潜没式转向油泵，另一种为非潜没式转向油泵。图2-45所示为潜没式油泵，它与储液罐是一体的，即油泵潜没在储液罐的油液中；非潜没式转向油泵的储液罐与转向油泵分开安装，用油管与转向油泵相连接。

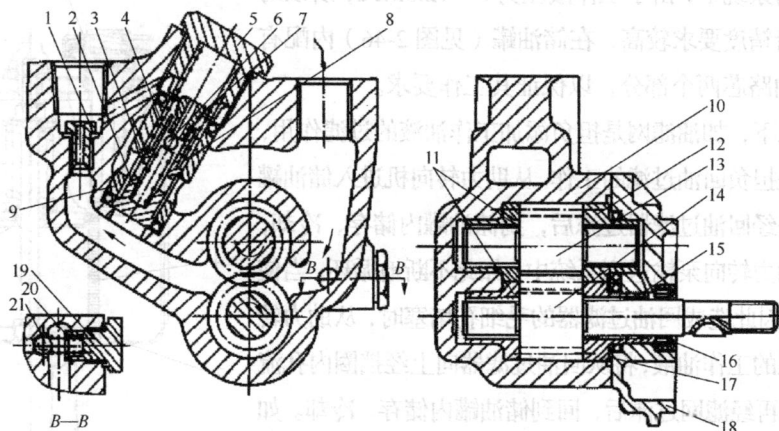

图2-44　外啮合齿轮式转向油泵
1—量孔；2—流量控制阀柱塞；3—安全阀弹簧；4—安全阀弹簧座；5、19—螺塞；6—安全阀球阀门；7—安全阀座；
8—流量控制阀弹簧；9—流量控制阀体；10—泵体；11—轴套；12、15—浮动轴套；13—从动齿轮；
14—主动齿轮；16—油封；17—弹簧片；18—泵盖；20—单向阀弹簧；21—单向阀球阀门

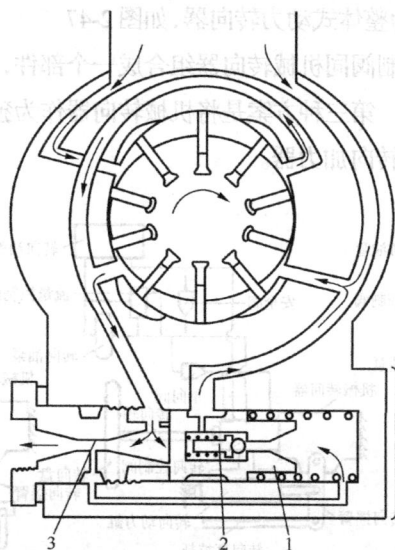

图2-45　富康乘用车双作用卸荷式叶片泵的结构原理示意图
1—调压器活塞（即溢流阀）；2—限压阀（即安全阀）；3—喉管（即节流孔）

> **叶片泵工作原理**
>
> 当转子顺时针方向旋转时，叶片在离心力及高压油的作用下紧贴在定子的内表面上。其工作容积开始由小变大，从吸油口吸进油液；而后工作容积由大变小，压缩油液，经压油口向外供油。由于转子每旋转一周，每个工作腔都各自吸、压油两次，故将这种型式的叶片泵称为双作用式叶片泵。双作用叶片泵有两个吸油区和两个压油区，并且各自的中心角是对称的，所以作用在转子上的油压作用力互相平衡。因此，这种油泵也称为卸荷式叶片泵。

（4）储油罐

在助力转向系统中，由于工作液压为5～12.8MPa，所以对工作油液的滤清精度要求较高，在储油罐（见图2-46）内配有加油滤网及输油路芯两个部分，以保证其工作要求。

在正常情况下，加油滤网是担负添加工作油液的过滤作用，而回油过滤器是担负回油过滤的工作。从助力转向机进入储油罐的工作油液，是经回油过滤器过滤后，到储油罐内储存、冷却，再经排油口由助力转向泵输送到系统中，如此不断地循环。当使用时间过长，并因此造成回油过滤器的毛细孔堵塞时，从助力转向机进入储油罐的工作油液，将从回油过滤器向上经挡圈内孔流到隔板上停留，再经滤网过滤后，回到储油罐内储存、冷却。如此循环，在短时期内仍能维持助力转向系统的正常工作。

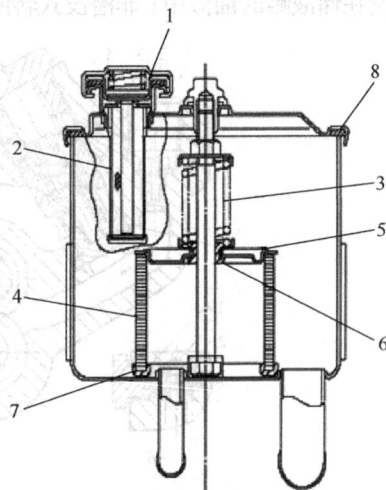

图2-46　储油罐示意图
1—储油罐盖；2—油滤网；3—弹簧；
4—油滤芯；5—滤芯盖；6—滤芯盖密封；
7—滤芯油封；8—油滤芯衬垫

（四）常流式液压助力转向系统的结构布置方案

机械转向器和转向动力缸设计成一体，并与转向控制阀组装在一起，这种三合一的部件称为整体式动力转向器，如图2-47所示。另一种方案是只将转向控制阀同机械转向器组合成一个部件，该部件称为半整体式动力转向器，转向动力缸则做成独立部件。第三种方案是将机械转向器作为独立部件，而将转向控制阀和转向动力缸组合成一个部件，称为转向加力器。

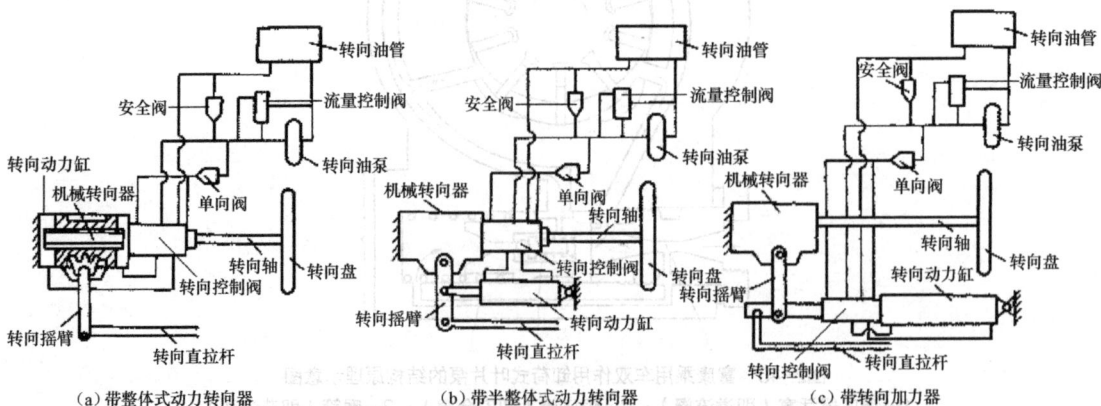

（a）带整体式动力转向器　　（b）带半整体式动力转向器　　（c）带转向加力器

图2-47　动力转向系统结构布置方案示意图

（五）整体式动力转向器

国内乘用车多数采用的是转阀式整体动力转向器，如图 2-48 所示。由机械转向器、转向动力缸和旋转式转向控制阀三者结合为一体组成，具有结构紧凑、重量轻、操纵轻便等特点。

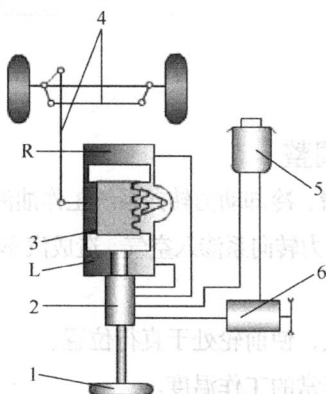

图2-48　转阀式整体动力转向器示意图

1—转向操纵机构；2—转向控制阀；3—机械转向器与转向动力缸总成；4—转向传动结构；5—转向油罐；6—转向油泵；
R—转向动力缸右腔；L—转向动力缸左腔

转阀式整体动力转向系统是在机械式转向系统的基础上加一套动力辅助装置组成的。如图 2-48 所示，转向油泵 6 安装在发动机上，由曲轴通过皮带驱动并向外输出液压油。转向油罐 5 有进、出油管接头，通过油管分别与转向油泵和转向控制阀 2 连接。转向控制阀用以改变油路。机械转向器和缸体形成左右两个工作腔，它们分别通过油道和转向控制阀连接。

当汽车直线行驶时，转向控制阀 2 将转向油泵 6 泵出来的工作液与油罐相通，转向油泵处于卸荷状态，动力转向器不起助力作用。当汽车需要向右转向时，驾驶员向右转动转向盘，转向控制阀将转向油泵泵出来的工作液与 R 腔接通，将 L 腔与油罐接通，在油压的作用下，活塞向下移动，通过传动结构使左、右轮向右偏转，从而实现右转向。向左转向时，情况与上述相反。乘用车整体动力转向器如图 2-49 所示。

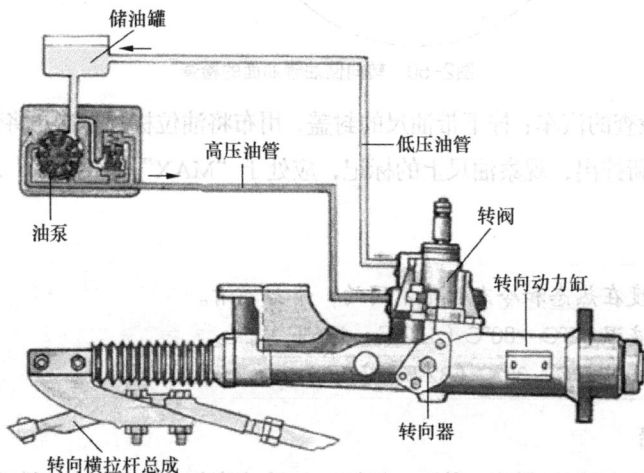

图2-49　乘用车整体动力转向器

> **提示**　　整体动力转向器输入轴还带动转向器内部的转向控制阀转动，使转向动力缸产生液压作用力，帮助驾驶员转向操纵。这样，为了克服地面作用于转向轮上的转向阻力矩，驾驶员需要加于转向盘上的转向力矩，比用机械转向系统时所需的转向力矩小得多。

三、任务实施

（一）液面高度的检查及调整

转向储油罐的功用是储存、滤清、冷却动力转向系统工作油液，其表面有不同方式表示的液面高度要求。如果液面高度太低，将使动力转向系渗入空气，造成汽车转向操作不稳，忽轻忽重或有噪声。

1. 转向储油罐液面的检查

① 将车辆停放在平坦的地面上，使前轮处于直行位置。

② 起动发动机，并使其达到正常的工作温度。

③ 使发动机怠速运转大约2min，左、右打几次转向盘，使油温达到40℃～80℃，关闭发动机。

④ 观察储油罐的液面，此时液面应处于"MAX"（上限）与"MIN"（下限）之间，液面低于"MIN"时，应加至"MAX"，如图2-50所示。

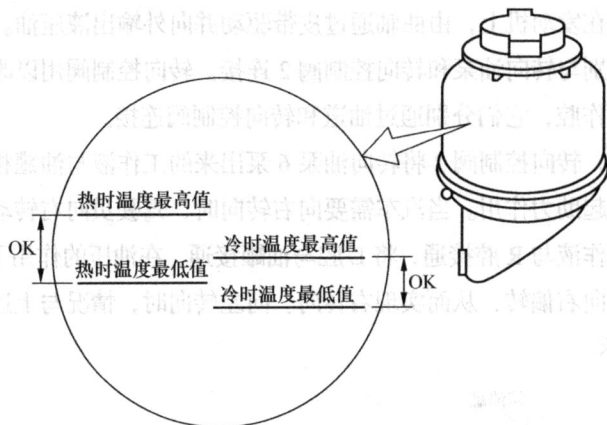

图2-50　转向储油罐油面的检查

⑤ 对于用油尺检查的汽车：拧下带油尺的封盖，用布将油位标尺擦净，将带油尺的封盖插入储油罐内拧好，然后重新拧出，观察油尺上的标记，应处于"MAX"与"MIN"之间，必要时将转向油加至"MAX"处。

> **注意**　　液面高度在热态和冷态时是不同的，请勿混淆。
> 热态：液温50℃～80℃（122℉～176℉）
> 冷态：液温0℃～30℃（32℉～86℉）

2. 检查液体泄漏

检查液压接头是否有液体泄漏、裂纹、损坏、松动或磨损，如图2-51所示。

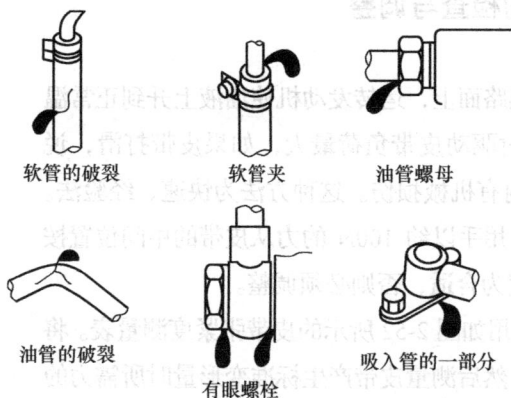

软管的破裂　　软管夹　　油管螺母

油管的破裂　　有眼螺栓　　吸入管的一部分

图2-51　检查液体泄漏

① 运转发动机使储液罐中的液温达到50℃～80℃（122°F～176°F），并保持发动机怠速。

② 将转向盘左右转动到头若干次。

③ 握住转向盘在锁止点位置持续5s，同时仔细检查是否有油液泄漏。

注意　请勿握住方向盘在锁止点位置超过10s。（否则可能损坏机油泵）

④ 如果发现接头处有油液泄漏，请松开油管螺母再重新拧紧到规定扭矩。请勿过分拧紧接头，否则会损坏O形圈、垫圈和接头。

⑤ 如果发现油液从机油泵泄漏，请检查机油泵。

⑥ 检查转向机构防尘罩是否有油液聚积。

3. 转向油液的更换

（1）放油

① 支起汽车前部，使两前轮离开地面。

② 拧下转向储油罐盖，拆下转向油泵回油管，然后将转向油放入容器中。

③ 发动机怠速运转，在放转向油的同时，左右转动转向盘。

（2）加油与排气

① 向转向储油罐内加注符合规定的转向油。例如，桑塔纳2000转向油型号为PENPOSIN CHF 11S（PL-VW521 46）；奥迪乘用车转向油型号为G002000。

② 停止发动机工作，支起汽车前部，并用支架支撑，连续从左到右转动转向盘若干次，将转向系统中多余空气排出。

③ 检查转向储油罐中油面高度，视需要加至"MAX"标记处。

④ 降下汽车前部，起动发动机怠速运转，连续转动转向盘，注意油面高度的变化，当油面下降时就应不断加注转向油，直到油面停留在"MAX"处，并在转动转向盘后，储油罐中不再出现气泡为止。

（二）皮带张紧力的检查与调整

1. 皮带张紧力的检查

方法一：汽车停在干燥路面上，运转发动机使油液上升到正常温度，左右转动转向盘，此时驱动皮带负荷最大，如果皮带打滑，说明皮带张紧度不够或油泵内有机械损伤。这种方法为快速、经验法。

方法二：关闭发动机，用手以约 100N 的力从皮带的中间位置按下，皮带应有约 10mm 挠度为合适，否则必须调整。

方法三：有条件时可使用如图 2-52 所示的皮带张紧度测量表。将测量表安装在驱动皮带上，然后测量皮带产生标准变形量时所需力的大小。各种尺寸的皮带的张紧度要求如表 2-1 所示。

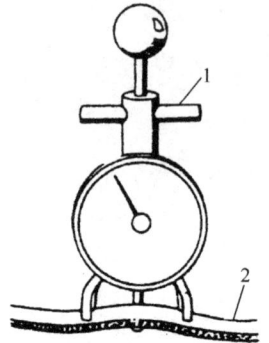

图2-52　皮带张紧度测量仪
1—测量仪；2—皮带

表 2-1　　　　　　　　　　　　各种尺寸的皮带的张紧度

	皮带宽度/mm		
	8.0	9.5	12.0
新皮带	最大 350N	最大 620N	最大 750N
旧皮带	最大 200N	最大 300N	最大 400N
带齿皮带	最大 250N		

> **提示**　汽车每行驶 15 000km 时，应检查皮带的张紧力，必要时更换。

2. 皮带张紧力的调整

① 松开转向油泵支架上的后固定螺栓，如图 2-53 所示。

② 松开张紧螺栓的螺母，如图 2-54 所示。

③ 通过张紧螺栓把皮带绷紧，如图 2-55 所示。当用手以约 100N 的力从皮带的中间位置按下，皮带约有 10mm 挠度为合适。

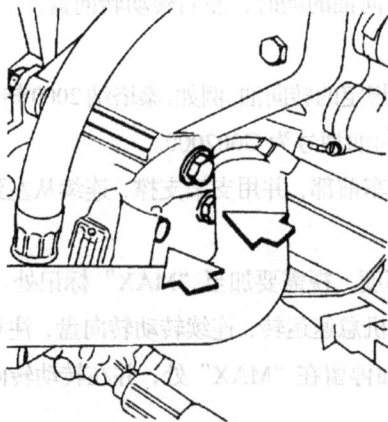

图2-53　松开后固定螺栓

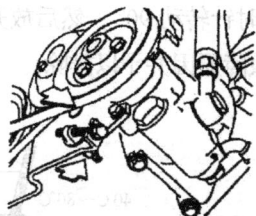

图2-54　松开张紧螺栓的螺母

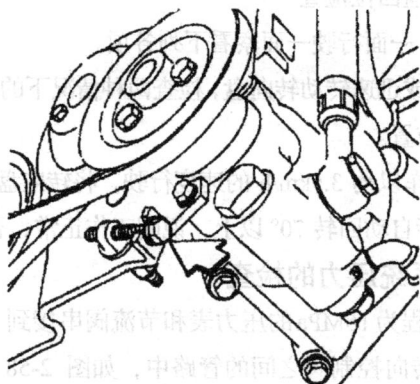

图2-55　张紧皮带

④ 拧紧张紧螺栓的螺母。拧紧转向油泵支架上的固定螺栓。

（三）转向盘的检查

1. 检查转向盘转向力

（1）将车辆停放在水平干燥的地面上，拉起驻车制动手柄。

（2）起动发动机。

（3）将动力转向液温度升到足以开始工作。确认油液的温度为 50℃～80℃。注意轮胎应充气到正常压力。

（4）将转向盘从中间位置转过 360°，检查转向盘转向力，如图 2-56 所示。转向盘转向力应为 45N（4.6kg）或更小。

（5）如果转向盘转向力超过规定值，请检查齿条滑动力。

（6）齿条滑动力的检查

① 从转向装置总成上断开下联轴节和转向节臂。

② 起动发动机并怠速运转，确认转向液达到正常工作温度。

旋转360°之后

图2-56　检查转向盘转向力

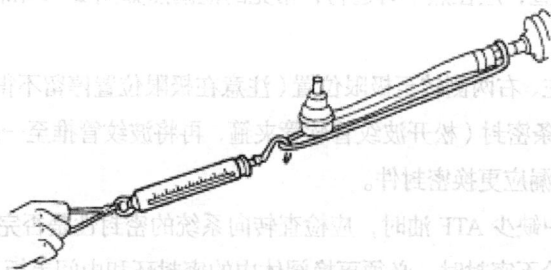

③ 将外套筒慢慢拉入距中间位置±11.5mm（±0.453 英寸）的范围内，确认齿条滑动力在规定值内，如图 2-57 所示。齿条滑动力应为 210.6～269.4N（21.5～27.5kg）。

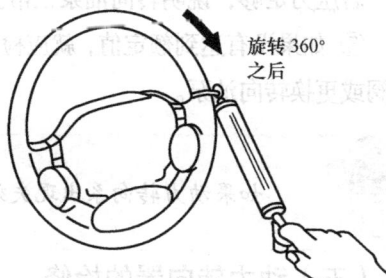

图2-57　检查齿条滑动力

2. 转向盘回位检查

检查时，一面行驶一面察看下列各项。

① 缓慢或迅速转动转向盘，检查两种情况下的转向盘操纵力有无明显的差别，并检查转向盘能否回到中间位置。

② 使汽车以约 3.5km/h 的速度行驶，将转向盘顺时针或逆时针转动 90°，然后放开手 1~2s，如果转向盘能自动回转 70° 以上，说明工作正常，否则应查明故障原因并予以排除。

（四）系统压力的检查

① 将量程为15MPa的压力表和节流阀串接到转向油泵和转向控制阀之间的管路中，如图 2-58 所示。

② 起动发动机，如果需要，向转向油罐中补充 ATF 油。

③ 发动机怠速运转，转动转向盘数次。

④ 急速关闭节流阀（不超过 5s），并读出压力数，额定值应为桑塔纳 2000（6.8~8.2MPa）、奥迪 200（12~13MPa）。

若压力足够，说明转向油泵正常。

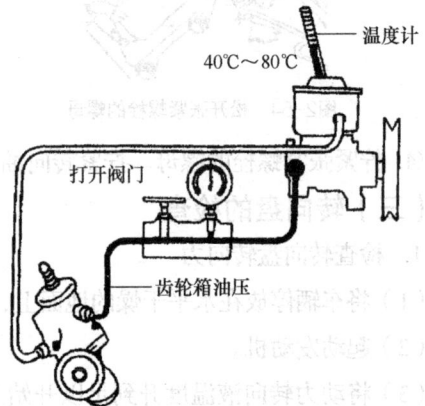

图2-58 系统压力的检查

⑤ 如果没有达到额定值，就应检查压力和流量限制阀是否完好。如不正常就应更换溢流阀、安全阀或更换转向油泵。

提示 如果动力转向系出现失效或转向沉重等故障，应检查转向油泵和系统的工作压力。

（五）动力转向器的检修

（1）检查

转向器分解后应对控制阀组件、支座组件、滚珠轴承、管道组件、转向横拉杆、转向器壳体、压力密封垫和弹簧、齿条组件、防尘套进行检查，如果有明显损伤，应更换。

（2）检查系统的密封性

转向系统密封性的检查，应在热车时进行，常见的泄漏点如图 2-59 和图 2-60 所示，其检查方法如下。

① 将转向盘快速向左、右两侧转至极限位置（注意在极限位置停留不得超过 5s），并保持不动。目测检查转向控制阀、齿条密封（松开波纹管软管夹箍，再将波纹管推至一旁）、叶轮泵、油管接头是否有漏油现象，如有渗漏应更换密封件。

② 如果发现储油罐中缺少 ATF 油时，应检查转向系统的密封性是否完好。

③ 当转向器主动齿轮不密封时，必须更换阀体中的密封环和中间盖板上的圆形绳环。

④ 如果转向器罩壳中的齿轮齿条密封件不密封，转向动力油液可能流入波纹管套里。此时，应

拆开转向机构，更换所有密封环。

⑤ 如油管接头漏油，应查找原因并重新接好。

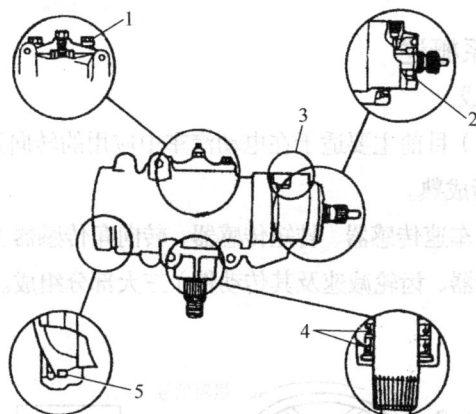

图2-59 循环球式动力转向器常见泄漏点

1—侧盖泄漏；2—调整螺母油封泄漏；3—压力软管接头螺栓泄漏；
4—转向摇臂轴油封泄漏；5—端盖油封泄漏

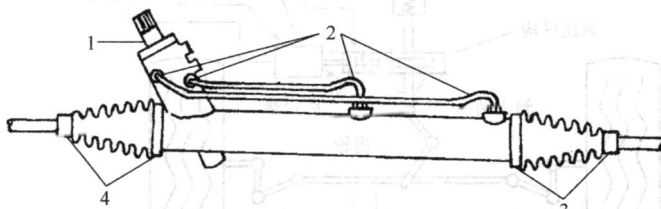

图2-60 齿轮齿条式动力转向器常见泄漏点

1—小齿轮轴油封；2—油管接头；3、4—防尘套及卡箍

任务三 电控助力转向系统检修

一、任务导入

普通助力转向系的助力特性是不变的，且与车速无关，这会导致停车及低速时，转向盘操纵沉重，中速时较轻快，当车速增高时更加轻快。如果考虑停车及低速时的轻便性，则使高速时操纵力过小，路感下降，易出现转向过度。反之会使停车及低速时操纵力过大，转向沉重，效率下降。为了实现在各种行驶条件下转向盘上所需要的力都是最佳值，必须采用更先进的电子控制动力转向系

统。电子控制助力转向系可分为电动助力转向系、电控液力式转向系和电动液力式转向系。

二、相关知识

（一）电动助力转向系概述

1. 电动助力转向系的组成

电动助力转向系统（EPS）目前主要适于在电动汽车中应用的转向系统，它随着计算机及电动控制技术的快速发展已经逐渐成熟。

EPS 系统主要由传感器（车速传感器、转矩传感器、转向角传感器）、电子控制单元（ECU）和执行机构（电动机、电磁离合器、齿轮减速及其传动件）三大部分组成。图 2-61 所示为电子控制电动助力转向系统的基本组成。

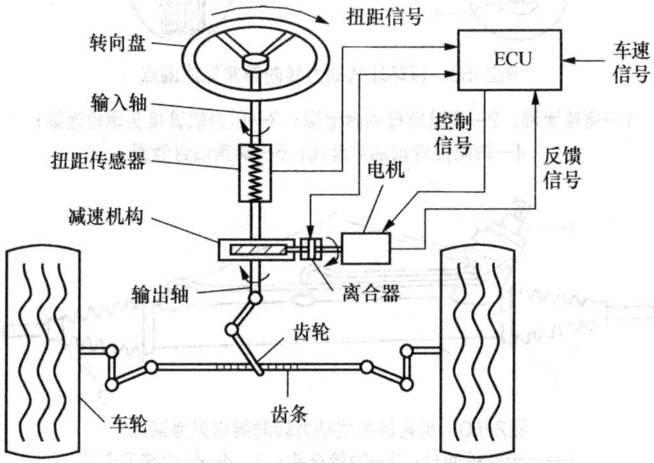

图2-61　电子控制电动助力转向系统的基本组成

（1）转矩传感器

转矩传感器测定转向盘与转向器输出轴之间传递的转矩，并且将其转矩大小转化为电压值信号，送给 ECU，是控制转向助力大小的一个重要决定因素，因此其输出信号的正确与否将直接影响车辆的操纵安全，特别是高速行驶中的车辆。

转矩传感器原理相当于一个电位计，如图 2-62（a）所示。两个输入端通过线路连接电控单元（ECU）的 VCC 和 GND 端口，分别是 + 5V 和 0V，转矩传感器的两个输出端，即主扭 IN+ 和副扭 IN-，通过线路分别连接 ECU。其输出特性如图 2-62（b）所示，当转向盘处于中间位置时，转矩传感器的主扭和副扭的输出电压均为 2.5V；当转向盘向右旋转时，主扭（IN+）端口的电压大于 2.5V，副扭（IN-）端口的电压小于 2.5V；当转向盘向左旋转时正好相反。这里设计了双回路输出，其中 IN-信号用于与控制转向助力的 IN+信号进行比较，对 IN+信号异常与否进行判别，因为仅对 IN+信号是否超过规定值的异常判别是远远不够的。

（2）直流电动机

电动机是 EPS 助力转向的主要执行部件，也是决定车辆行驶安全的重要部件之一，因此要求必须具有高的可靠性、高功率输出、低噪声和震动、转矩损失少、尺寸小、重量轻以及具有良好的动态特性，其功用主要是根据 ECU 的指令产生相应的转矩输出，其中 ECU 是利用 PWM 技术控制电动机驱动电路的通/断（即控制其占空比），从而控制电动机两端的电压，实现控制电动机电流的变化。

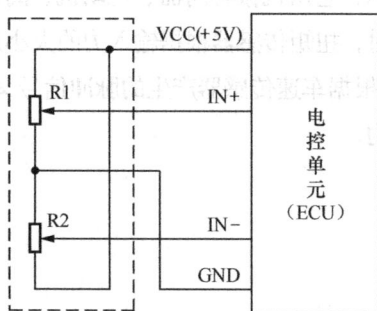

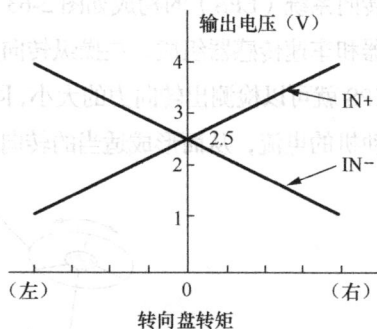

（a）电位计原理图 （b）转矩传感器输出特性

图2-62 转矩传感器原理

工作中，电动机电流随方向盘的转动和车速的变化频繁的改变，而且电动机电枢是非线性元件，存在感应电流和反电动势，因此工作环境比较恶劣，故障情况也比较复杂。例如，工作时易出现发热，其运行后温升的大小直接影响其工作性能，特别是在电机堵转，即车辆长时间原地转向时，电动机电流很大，而且又不对外做功，电动机消耗的电能全部消耗在电阻发热上，短时间内就会出现很大的热量，严重时会烧坏电动机。此外，对于双向运转的电动机，在突然反转时产生很大的电流，电枢反应瞬时变得很大，严重时会造成电机的永久性退磁，且会导致其无法工作，因此必须要对运行时可能出现的最大电流进行限制，一般最大电流可规定为额定电流的3～5倍。

（3）车速传感器

车速信号是决定助力大小的另一个重要因素，转向助力随着车速的提高应该有所下降，以保证有适当的路感。特别在高速行驶时，路感信息对驾驶员尤为重要。常用的车速传感器有电磁感应式、磁性式、光电式和霍尔式。在 EPS 中，车速传感器将测得的车速脉冲信号通过速度里程表传送给电控单元 ECU，车速里程表将这些信号转换成相应的车速指针读数，同时也把它转换成双倍周期的 ON/OFF 信号 SP1 传送到 ECU。

（4）电磁离合器

电磁离合器主要通过电流流过电磁线圈产生的吸力实现转矩的传递，因此可以通过控制电磁线圈的电流实现传递转向助力。此外，由于其主要作用是传递助力转矩，在工作过程中其接合与分离正确与否将直接影响车辆行驶的安全性，即需要对离合器的工作状态进行实时监测，一旦出现异常，系统要能通过其他方式保证助力的切断。

2. 电动动力转向系的工作原理

当操纵转向盘时，装在转向轴上的转矩传感器不断测出转向轴上的转矩，并由此产生一个电压信号。该信号与车速信号同时输入电子控制单元 ECU，ECU 根据这些输入信号进行运算处理，确定助力转矩的大小和转向，即选定电动机的电流和转向，调整转向的助力。电动机的转矩由电磁离合器通过减速机构减速增矩后，加在汽车的转向机构上，使之得到一个与工况相适应的转向作用力。

（二）电动助力转向系统的分类

1. 电动助力转向系统

电动助力转向系统（EPS）的构成如图2-63所示，它由机械转向器、电动机、离合器、控制装置、转矩传感器和车速传感器组成。在操纵转向盘时，扭矩传感器根据输入力的大小产生相应的电压信号，由此EPS就可以检测出转向力的大小，同时根据车速传感器产生的脉冲信号又可测出车速，再用于控制电动机的电流，从而形成适当的转向助力。

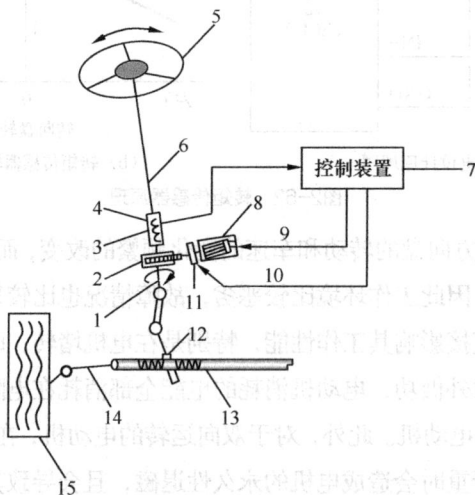

图2-63　电动助力转向系统示意图

1—输出轴；2—减速器；3—扭杆；4—转距传感器；5—转向盘；6—输入轴；7—车速信号；8—电动机；
9—控制电流；10—开关电流；11—离合器；12—小齿轮；13—齿条；14—拉杆；15—轮胎

电动转向系统是一种全电动，且与发动机无关的动力转向系统。这种系统取消了传统的液压油泵、软管、液压油、皮带、皮带轮等零件。与液压转向系统相比燃油消耗可减少4%左右。它利用电动机产生的动力协助驾车者进行转向。

根据电动转向助力单元在电动转向系统中安装位置的不同，可以分为如下几种。

① 转向柱型EPS。这种结构型式的EPS，其动力辅助单元、控制器、力矩传感器等都装在转向柱上，系统结构紧凑，不论是固定式转向柱，或是倾斜式转向柱以及其他型式转向柱，都能安装，这种结构适用于中型车辆。

② 齿条型EPS。这种结构型式的EPS，其动力辅助单元安装在转向机构的齿条上，动力辅助单元可以装在齿条的任何位置，增加了结构设计布置的灵活性。动力辅助单元的大减速比，使得惯性很小同时打转向盘的感觉非常好。

③ 小齿轮型EPS。这种结构型式的EPS，其动力辅助单元安装在转向机构的小齿轮轴上，由于动力辅助单元在车厢外面，使得即使辅助力矩有很大增加也不会增加车厢内的噪声。如果再将它与可变速比的转向器结合在一起，该系统的操纵特性将会非常好。

④ 直接驱动型 EPS。转向齿条与动力辅助单元形成一个部件，该系统很紧凑，而且容易将它布置在发动机舱内，由于直接对齿条通过助力，摩擦与惯性都很小，进而打方向盘的感觉很理想，如图 2-64 所示。

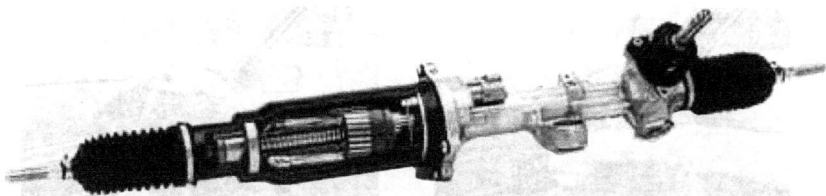

图2-64 本田汽车电动助力转向系统——直接驱动型

提示

本田汽车的 EPS 的 3 种工作模式：①正常控制模式。此模式，响应来自转向力矩和旋转传感器的信号，提供左右转向助力。②返回控制模式。在完成转向后，用此模式，帮助转向回正。③阻尼控制模式。随车速的变化来改善路感和对反冲的不良反应进行阻尼。

2. 液压电动转向系统

液压电动转向系统的特点是液压油泵的驱动与发动机无关，改成由智能电控单元（ECU）控制的高性能直流无刷电动机驱动，它们可根据转向需要向液压转向助力器提供压力油。与传统转向助力系统相比，根据不同的车型，油耗的降低，可以达到 3% 以上。而且车辆的操纵性能也有提高。

电动液压助力转向系统的液压泵（齿轮泵）通过电动机驱动，与发动机在机械上毫无关系，助力效果只与转向盘角速度和行驶速度有关，是典型的可变助力转向系统。其特点是由 ECU 提供供油特性，汽车低速行驶时助力作用大，驾驶员操纵轻便灵活；在高速行驶时转向系统的助力作用减弱，驾驶员的操纵力增大，具有明显的"路感"，既保证转向操纵的舒适性和灵活性，又提高了高速行驶中转向的稳定性和安全感，如图 2-65 所示。

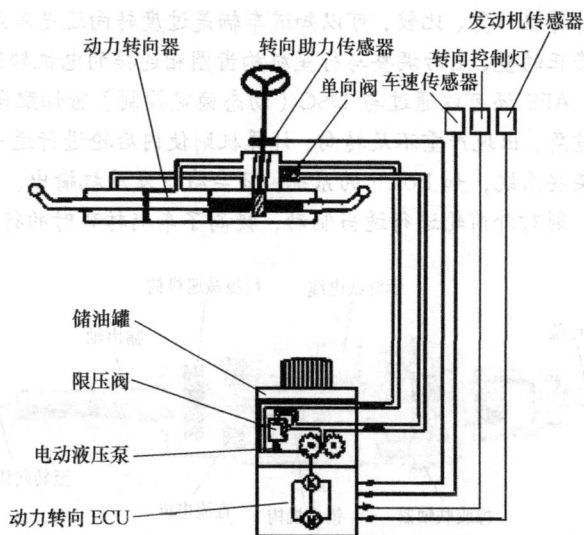

图2-65 电动液压助力转向系统示意图

3. 主动前轮电动转向系统（AFS）

当车辆要以很小的转弯半径转弯时，这种转向系统不必要求驾驶员把他的胳膊交叉地放在方向盘上；停车转向时只需要转动方向盘很小的角度就可以轻松地转向，如图2-66所示，提高了车辆操纵性能。

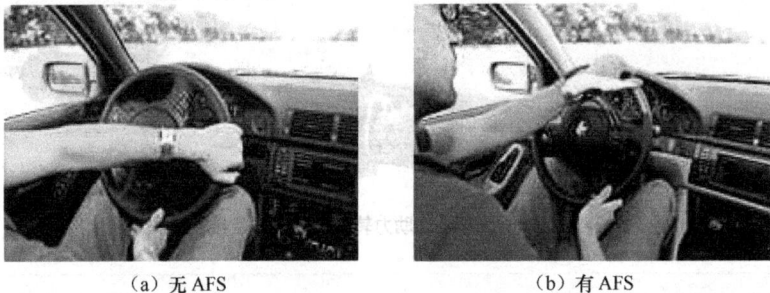

（a）无AFS　　　　　　　　　　（b）有AFS

图2-66　主动前轮电动转向时状态

主动前轮电动转向系统与各种转向助力系统相比，不仅能减轻转向盘操纵力，而且是一种电子化的、转向转动比可变的、必要时可与动态稳定控制DSC配合工作的系统，其转向转动比直接与车辆速度、行车模式、道路状况有关。在正常道路条件下，低速和中速行驶时，转向盘的输入角与前轮转向角比例较小，如1:10，转向感觉变得更为直接，驾驶员只需对转动转向盘转动很小角度，就可不费力地使前轮转动较大角度，以增加在交通繁忙的城市道路上的车辆操控性，尤其是提供了停车转向时，驾驶车辆的敏捷度。高速行驶时，转向速比变大，如1:20，转向则变得"迟钝"以提供更加安全的操纵稳定性。

提示

为了保持人们熟悉的驾驶方式和驾驶感觉，该系统并未采用完全电子化的线控操纵系统，其转向盘与前轮仍是机械地连接，只是在转向盘转向柱与齿轮齿条式转向机构之间，安装了一个转向盘和电动机共同驱动的行星机构（转向盘与太阳轮连接，电动机与齿圈连接），如图2-67所示。AFS中还有两个传感器：一个是转向盘转角传感器，用来测量转动转向盘转速和角度值，另一个侧滑传感器用来测量实际车辆的侧滑率，这两个信号通过计算机计算、比较，可以知道车辆是过度转向还是不足转向；决定对车轮转向角度进行修正的量，然后调整与行星机构齿圈相连接的电机转速，改变输入与输出轴之间的速比；AFS还可以通过与DSC（动态稳定控制）密切配合，当车辆行驶在光滑路面或转弯过急，出现严重不足转向，计算机则使内后轮进行适当制动，以对转向特性进行修正（某些系统，如Bosch的系统，还会减少发动机输出，以便配合）。如果是严重过度转向，则对外前轮进行适当制动，提高了车辆转弯时的行驶安全稳定性。

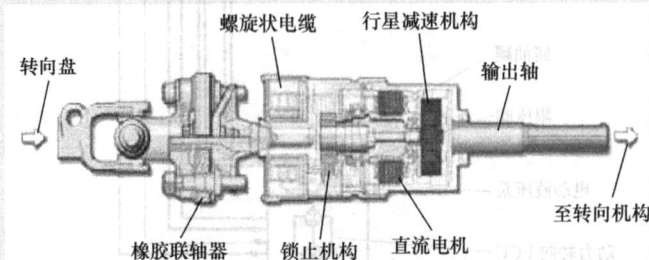

图2-67　主动前轮电动转向器结构

4. 线控电动转向系统

汽车线控转向系统主要由转向盘模块、前轮转向模块、主控制器（ECU）以及自动防故障系统组成。

线控电动转向系统代表了下一代车辆转向系统的发展方向，这是因为与传统转向系统比较，它去掉了转向盘与车轮之间直接的机械运动学连接，通过控制算法可以实现智能化车辆转向，使车辆的操纵安全更有保证；同时比传统转向系统更节省安装空间、重量更轻；还有它提供了整车设计布置的极大灵活性。线控电动转向系统的概念可以用图 2-68 所示来说明。

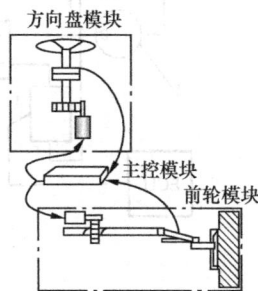

图2-68　线控电动转向系统示意图

（1）转向盘模块

转向盘模块包括转向盘组件、转向盘转角传感器、力矩传感器、转向盘回正力矩电动机。其主要功能是将驾驶员的转向意图（通过测量转向盘转角）转换成数字信号并传递给主控制器，同时主控制器向转向盘回正力矩电动机发送控制信号，产生转向盘回正力矩，以提供给驾驶员相应的路感信息。

（2）前轮转向模块

前轮转向模块包括前轮转角传感器、转向执行电动机、电动机控制器、前轮转向组件等。其功能是将测得的前轮转角信号反馈给主控制器，并接受主控制器的命令，控制转向盘完成所要求的前轮转角，实现驾驶员的转向意图。

（3）主控制器

主控制器对采集的信号进行分析处理，判别汽车的运动状态，向转向盘回正力矩电动机和转向电动机发送命令，控制两个电动机协调工作。主控制器还可以对驾驶员的操作指令进行识别，判定在当前状态下驾驶员的转向操作是否合理。当汽车处于非稳定状态或驾驶员发出错误指令时，前轮线控转向系统将自动进行稳定控制或将驾驶员错误的转向操作屏蔽，以合理的方式自动驾驶车辆，使汽车尽快恢复到稳定状态。

（4）自动防故障系统

自动防故障系统是线控转向系统的重要模块，它包括一系列的监控和实施算法，针对不同的故障形式和故障等级做出相应的处理，以求最大限度地保持汽车的正常行驶。线控转向技术采用严密的故障检测和处理逻辑，以最大程度地提高汽车安全性能。

（三）电控液力式动力转向系统的组成

如图 2-69 所示，电控液力式动力转向系主要由转向控制阀、电磁阀、分流阀、转向动力缸、转向油泵、储油罐、车速传感器和电子控制单元组成。

1. 转向控制阀

转向控制阀的结构如图 2-70 所示，其基本结构是在传统的整体式动力转向控制阀的基础上，在内部增加了一油压反力室和 4 个小柱塞，4 个小柱塞位于控制阀阀体下端的油压反力室内。输入轴部分有两个小凸起顶在柱塞上。在油压反力室受到高压作用时，柱塞将推动控制阀阀杆。此时，扭杆即使受到转矩作用，由于柱塞推力的影响，也会抑制控制阀阀杆与阀体的相对回转。

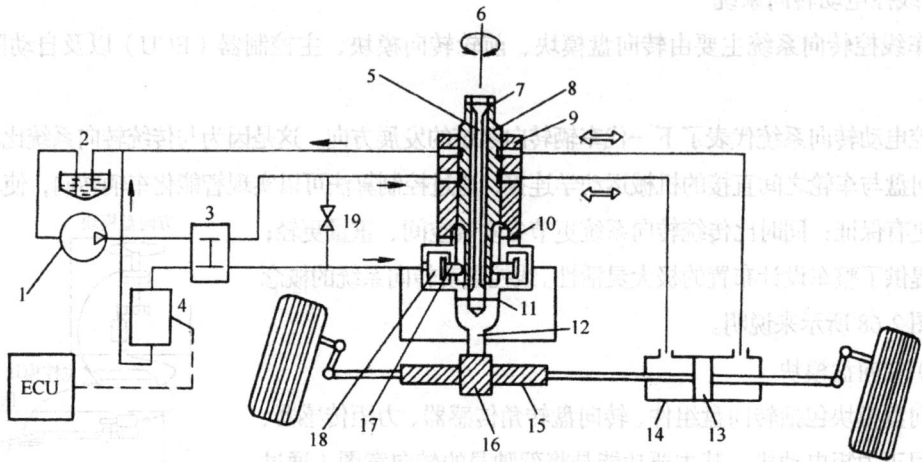

图2-69　电控液力式动力转向系的组成

1—转向油泵；2—储油罐；3—分流阀；4—电磁阀；5—扭力杆；6—转向盘；7、10、11—销；
8—转阀阀杆；9—控制阀阀体；12—转向齿轮轴；13—活塞；14—转向动力缸；15—转向齿条；
16—转向齿轮；17—柱塞；18—油压反力室；19—阻尼孔

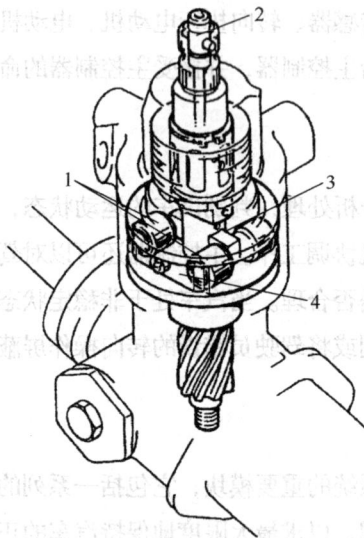

图2-70　转向控制阀

1—柱塞；2—扭杆；3—凸起；4—油压反力室

转向控制阀的基本结构可参考前面的动力转向器。

2. 分流阀

分流阀的作用是将来自转向油泵输出的液压油向控制阀一侧和电磁阀一侧分流，按照车速和转向要求，改变控制阀一侧与电磁阀一侧的油压，确保电磁阀一侧具有稳定的油液流量。阻尼孔的作用是把供给转向控制阀的一部分流量分配到油压反力室一侧。

3. 电磁阀

电磁阀由滑阀、电磁线圈、油路通道等构成。电磁阀油路的阻尼面积，可随电磁线圈通电电流占空比（通断比）变化。车速低时，通电电流大，滑阀被吸引，油路的阻尼增大，流向油箱的回流量增加。随着车速的升高，电流减小，油液回流量也减少。

（四）电控液力式动力转向系统的工作原理

电子控制单元（ECU）根据车速传感器信号判断出车辆停止、低速状态与中高速状态，控制电磁阀通电电流。

1. 停车与低速状态

电子控制单元（ECU）使电磁阀通电电流大，经分流阀分流的油液通过电磁阀流回油箱，柱塞受到的背压小（油压低），柱塞推动控制阀阀杆的力矩小，因此只需要较小的转向力就可使扭杆扭转变形，使阀体与阀杆发生相对转动而使控制阀打开，油泵输出油压作用到动力缸右室（或左室），使动力缸活塞左移（或右移），产生转向助力。

2. 中高速直行状态

车辆直行时，转向偏摆角小，扭杆相对转矩小，控制阀油孔开度减小，控制阀侧油压升高。由于分流阀的作用，使电磁阀侧油量增加。同时，随着车速的升高，通电电流减小，通过电磁阀流回油箱的阻尼增大，油压反力室的反力增大，使柱塞推动控制阀阀杆的力矩增大，转向盘手感增强。

3. 中高速转向状态

从存在油压反力的中高速直行状态转向时，扭杆的扭转角更加减小，控制阀开度更加减小，控制阀侧油压进一步升高。随着该油压升高，将从固定阻尼孔向油压反力室供给油液。这样，除从分流阀向油压反力室供给的一定流量油液外，增加了从固定阻尼孔侧供给的油液，导致柱塞推力进一步增强。此时需要较大的转向力才能使阀体与阀杆之间作相对转动而实现转向助力作用，使得在中高速时驾驶员可获得良好的转向手感和转向特性。

三、任务实施

（一）电动助力转向系部件检测

1. 转矩传感器的检查

（1）检测转矩传感器线圈电阻

从转向器总成上拔下转矩传感器插接器，其端子排列如图 2-71（b）所示。测量转矩传感器 3 号与 5 号端子之间、8 号与 10 号端子之间的电阻，其标准值应为（2.18±0.66）kΩ。若不符合要求，则应更换转矩传感器。

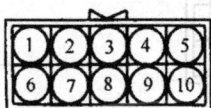

（a）电动机　　　　（b）转矩传感器与电磁离合器　　　　（c）车速传感器

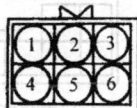

图2-71　电动动力转向系插接器端子排列

（2）检测转矩传感器电压

用万用表直流电压挡测量上述各端子之间的电压，将转向盘置于中间位置，测得电压约2.5V为良好，4.7V以上为断路，0.3V以下为短路。

2. 电磁离合器的检查

从转向器上断开电磁离合器插接器，其端子排列如图2-71（b）所示。将蓄电池的正极接到1号端子上，蓄电池的负极与6号端子相接，在接通与断开6号端子的瞬间，离合器应有工作声音。若没有声音，表明电磁离合器有故障，应更换转向器总成。

3. 直流电动机的检查

从转向器上断开电动机插接器，其端子排列如图2-71（a）所示。给电动机加上蓄电池电压时，电机应有转动声音。若没有声音，应更换转向器总成。

4. 车速传感器的检查

（1）检查车速传感器转动情况

从变速器拆下车速传感器，用手转动车速传感器的转子检查其能否顺利转动，若有卡滞应予更换。

（2）检测车速传感器电阻

拔开车速传感器插接器，其端子排列如图2-71（c）所示。测量车速传感器插接器1号与2号端子之间、4号与5号端子之间的电阻值，其值等于（165±20）Ω为良好。若与上述不符则必须更换车速传感器。

（二）电动助力转向系的故障诊断

以三菱"米尼卡"微型汽车的电动动力转向系为例，说明电动助力转向系的故障诊断与排除方法。

1. 故障警告灯的检查

当点火开关处于"ON"位置时，故障警告灯应点亮，发动机起动后警告灯熄灭为正常。警告灯不亮时，应检查灯泡是否损坏，熔断丝和导线是否断路。若发动机起动后，警告灯仍亮时，首先应考虑系统是否处于保险状态（只有常规转向工作，无电动助力），然后进行自诊断操作。

2. 自诊断操作

将指针式万用表直流电压挡的正表笔接在诊断插座的2号端子上，负表笔接铁，如图2-72（a）所示。接通点火开关，通过表针的摆动显示故障码。如果有多个故障码，将以由小到大的顺序显示出来。故障码波形如图2-72（b）所示，故障码的含义如表2-2所示。

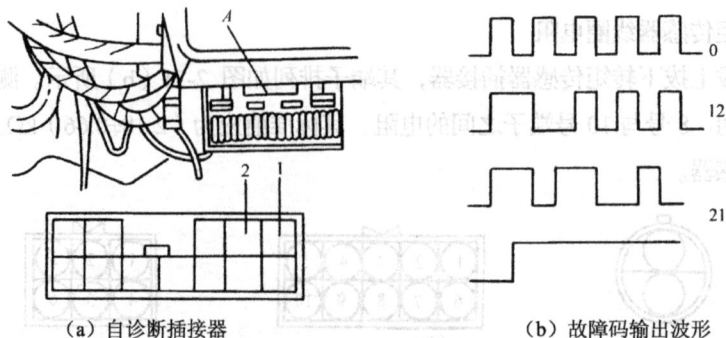

（a）自诊断插接器　　　　　　　　　（b）故障码输出波形

图2-72　自诊断操作

1—多点燃油喷射；2—电动动力转向；A—连接片

表2-2   故障码的含义

故 障 码	检查诊断项目	故 障 码	检查诊断项目
0	正常	41	直流电动机
11	转矩传感器（主）	42	直流电动机电路
12	转矩传感器（副）	43	直流电动机过电流
13	转矩传感器主副侧电压差过大	44	直流电动机锁止
21	车速传感器（主）	51	电磁离合器
22	车速传感器主副侧电压差过大	54	电子控制单元
23	车速传感器（主）电压急减	55	转矩传感器 E/F 回路不良
31	交流发电机 L 端子		

3. 故障检查与排除

确知故障码后，首先把蓄电池负极线拆下30s以上，即清除故障码后，再进行一次自诊断操作，若故障码又重复显示，即证明故障确实存在（永久性故障），需进一步检查。下面以故障码41、42、43、44为例说明如何检查、排除故障。

（1）故障码41的检查

① 起动发动机，不转动转向盘，观察故障码是否再次出现。再现时，按照故障码含义检查有关部件。不再现时，直接进入第④步检查操作。

② 拆下电动机插接器，检查电动机的两接线端子之间和端子与接地（外壳）之间的导通状态。用万用表电阻挡测试电动机两接线端子之间的电阻。正常时，应有一定电阻，若不通，则表明内部断路；电动机接线端子与接地之间应不通，否则，表明两接线端子与外壳之间有短路故障。

③ 若电动机及其接线端子均正常，应检查转向器总成到电子控制单元之间的导线是否良好，若导线正常，则表明电子控制单元不良。

④ 检查导线无异常时，再进行行驶试验，若故障码不再出现时，转动转向盘，检查电动机是否工作。

（2）故障码42的检查

① 起动发动机，用1r/s以下的速度转动转向盘观察故障码是否再现，不再现时，按（1）中所述检查导线，无异常时，通过行驶，进行再现试验。

② 通过诊断，若故障码42再现，而且又发生11号、13号故障码时，可考虑是由转矩传感器系统的导线，或者是转向器总成异常所致。

（3）故障码43的检查

起动发动机，不转动转向盘，检查故障码是否再现；若再现，则表示电子控制单元不良。不再现时，试转动转向盘，若此时故障码再现，应检查导线。

（4）故障码44的检查

起动发动机，不转动转向盘，检查故障码是否再现；再现时，应检查与电动机有关的导线，若导线没有异常，用良好的电子控制单元换下原车上的电子控制单元，进行对比检查判断。若故障码不再现时，将点火开关重复通、断6次，并使点火开关在"OFF"位时的时间在5s以上。如此反复检查就能把某种故障的部位查清楚。

任务四 智能转向系统检修

一、任务导入

四轮转向（4WS）除了传统的以前轮为转向轮，后两轮也是转向轮，即四轮转向，也称为智能转向。四轮转向系使汽车低速行驶转向并且转向盘转动角度很大时，后轮相对于前轮反向偏转，并且偏转角度随转向盘转角增大而在一定范围内增大。例如，采用四轮转向系的汽车急转弯、调头行驶、避障行驶或进出车库时，能使汽车转向半径减小，转向机动性能提高。汽车在高速行驶转向时，后轮应相对于前轮同向偏转，从而使汽车车身的横摆角度和横摆角速度大为减小，使汽车高速行驶时的操纵稳定性显著提高。四轮转向主要有两种方式：当后轮转向与前轮转向方向相同时称为同向位转向；当后轮转向与前轮转向方向相反时称为逆向位转向。

从后轮转向装置的控制方法上，四轮转向系可分为转角随动型四轮转向系和车速感应型四轮转向系。转角随动型四轮转向系都是采用机械式的；而车速感应型四轮转向系有液压式、电子控制液压式和全电子控制式。下面介绍不同类型的四轮转向系。

二、相关知识

（一）机械式四轮转向系

1. 机械式四轮转向系的组成

如图2-73所示，机械式四轮转向系主要由转向盘、前轮转向器、后轮取力齿轮箱、后轮转向传动轴、后轮转向器等组成。后轮转向也是绕转向节主销偏转的，其结构与前轮相似。

2. 后轮转向取力齿轮箱

（1）结构

后轮转向取力齿轮箱的结构如图2-74所示。后轮转向取力齿轮箱中只有一对齿轮—齿条传动机构，其齿条与前轮转向器中的齿条共用，取力齿轮固定在与后轮转向传动轴相连的齿轮轴上，齿轮轴通过衬套支撑在齿轮箱壳的轴承孔中，后轮转向取力齿轮箱固定在车架上。

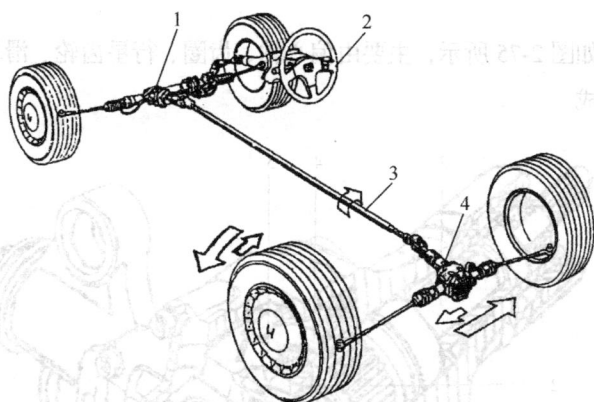

图2-73 机械式四轮转向系的组成
1—后轮转向取力齿轮箱；2—转向盘；3—后轮转向传动轴；4—后轮转向器

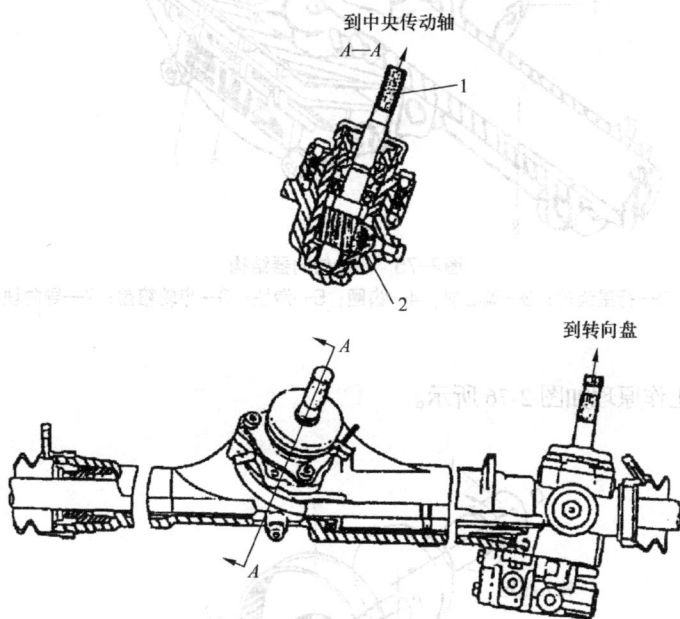

图2-74 后轮转向取力齿轮箱
1—小齿轮输出轴；2—齿条

（2）工作原理

当转动转向盘使前轮转向时，后轮转向取力齿轮箱中的齿条在前轮转向器中转向齿条的带动下左、右移动，驱动与其啮合的取力齿轮旋转，并带动后轮转向传动轴旋转，转向盘的转向操纵力的方向、大小、快慢就由后轮转向传动轴传给后轮转向器。

3. 后轮转向器

（1）功用

后轮转向器的功用是利用后轮转向传动轴传来的转向操纵力，驱动后轮偏转并实现后轮转向。另外，还要控制后轮在转向盘的不同转角下，相对于前轮作同向或异向偏转。

（2）结构

后轮转向器的结构如图 2-75 所示，主要由偏心轴、齿圈、行星齿轮、滑块、导向块、转向横拉杆、后轮转向器壳等组成。

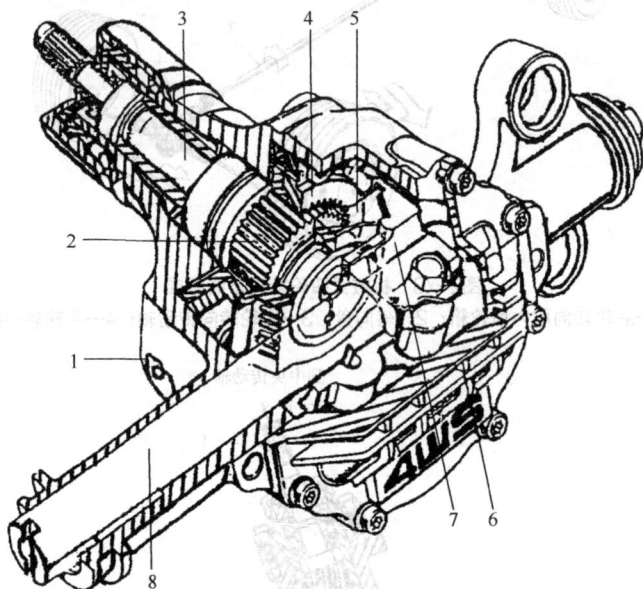

图2-75　后轮转向器结构
1—后轮转向器壳；2—行星齿轮；3—偏心轴；4—齿圈；5—滑块；6—齿轮箱盖；7—导向块；8—转向横拉杆

（3）工作原理

后轮转向器的工作原理如图 2-76 所示。

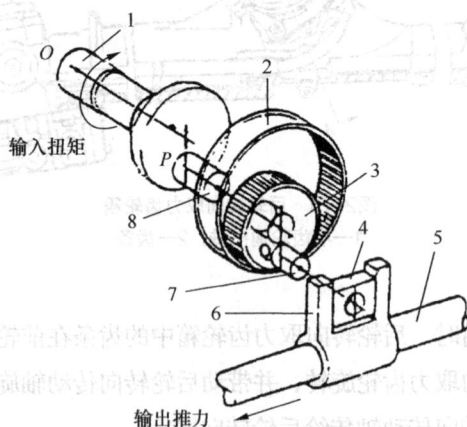

图2-76　后轮转向器的工作原理
1—偏心轴；2—齿圈（固定）；3—行星齿轮；4—滑块；
5—转向横拉杆；6—导向块；7、8—偏心轴

后轮转向传动轴输入的转向操纵力首先驱动偏心轴使其绕轴线 O 转动，这时行星齿轮在偏心销的带动下绕轴线 O 公转，同时还与齿圈啮合绕轴线 P 自转，偏置在行星齿轮上的偏心销穿

过滑块的中心孔并带动滑块运动，滑块的水平运动通过导向块传给转向横拉杆，驱动后轮作转向运动。

> 当转向盘转角很大时（行驶速度很低，处于急转弯状态），后轮相对于前轮反向偏转，汽车转向半径减小，转向机动性能提高。当转向盘转角很小时（高速调整行车方向或移线行驶），后轮与前轮同向偏转，使汽车高速行驶的操纵稳定性显著提高。

（二）液压式四轮转向系

机械式四轮转向系的后轮偏转是依靠机械传动将前轮偏转运动传到后轮上。由于机械部分不可避免地存在磨损，传动间隙增大，而使后轮实际偏转角不准确，性能下降。因此，将被车速感应型四轮转向装置所取代。

1. 液压式车速感应型四轮转向系统的结构

液压式车速感应型四轮转向系统的结构如图2-77所示，主要由前轮动力转向器、前轮转向油泵、控制阀及后轮转向动力缸、后轮转向油泵等组成。

后轮转向系统由控制阀、后轮转向油泵和后轮转向动力缸组成。控制阀的内腔被柱塞分割成几个工作油腔，左、右油腔分别与前轮转向动力缸的左、右油腔相通，柱塞的位置由前轮动力缸内的油压进行控制。后轮转向油泵由后轴差速器驱动，其输出油量只受车速影响。

前轮为齿轮齿条式动力转向器，其结构与普通液压动力转向系相同。

> 液压式四轮转向系的特点是低速时汽车只采用两轮转向，只在汽车行驶达到一定车速（50km/h）后才进行四轮转向。

2. 液压式车速感应型四轮转向系的工作原理

当向左转动转向盘时，如图2-78所示，前轮动力缸及控制阀侧压力腔压力升高。控制柱塞向右移动，柱塞的移动量受前轮动力缸左右腔压力差控制，以及受转向盘操纵力大小的控制，转向盘操纵力越大，同时后轮转向动力缸输出的油液经过控制阀的相应通道进入后轮转向动力缸的右腔，使动力缸活塞向左移动，通过活塞杆将作用力作用于后轮悬架的中间球铰接头，使后轮与前轮同向偏转。当向右转动转向盘时，情况则与上述相反，后轮与前轮仍同向偏转。因后油泵送油量与车速成正比，高速时送油量大，反应快，后轮转角也大。在低速或倒车时，则不产生作用。当油压系统发生故障时，控制阀柱塞会保持在中间位置，保持两轮转向。

（三）电子控制液压式四轮转向系

随着电子技术的发展，电子控制技术也应用于四轮转向系。在前两种四轮转向系中，由于采用机械和随车速变化的油压控制，使后轮偏转角的控制不够精确。在电子控制液压式四轮转向系中，由于采用了电子相位控制系统，使后轮偏转角度控制更精确。

1. 电子控制液压式四轮转向系的组成及结构

如图2-79所示，该系统主要由转向盘、转向油泵、前动力转向器、后轮转向传动轴、车速传感器、电子控制单元和后轮转向系统组成。

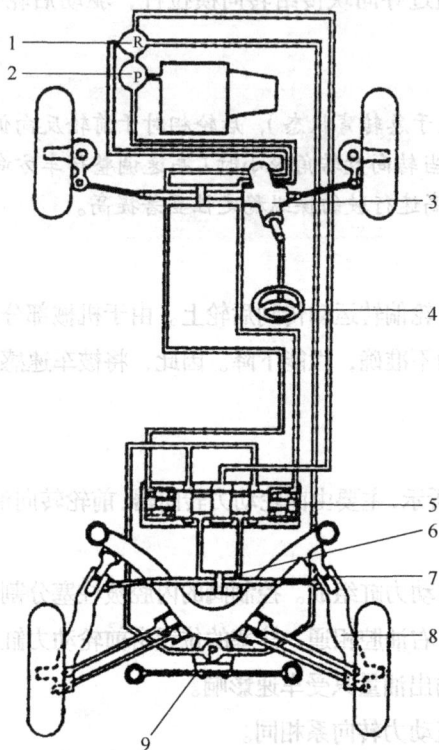

图2-77　液压式四轮转向系示意图

1—储油罐；2—转向油泵；3—前轮动力转向器；
4—转向盘；5—后轮转向控制阀；6—后轮转向动力缸；
7—铰接头；8—从动臂；9—后轮转向专用油泵

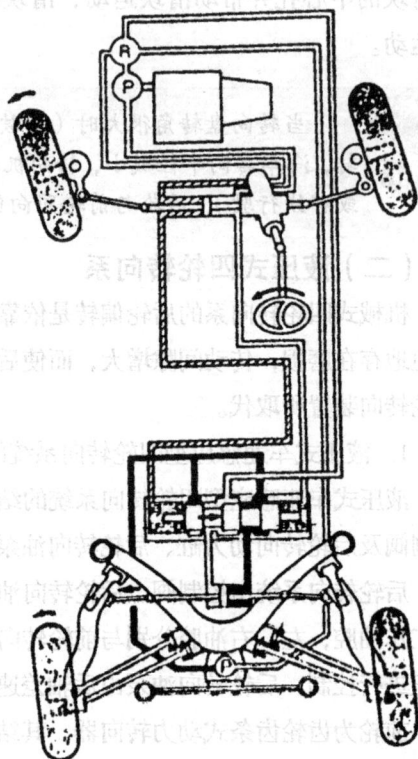

图2-78　液压式车速感应型四轮转向系的工作原理

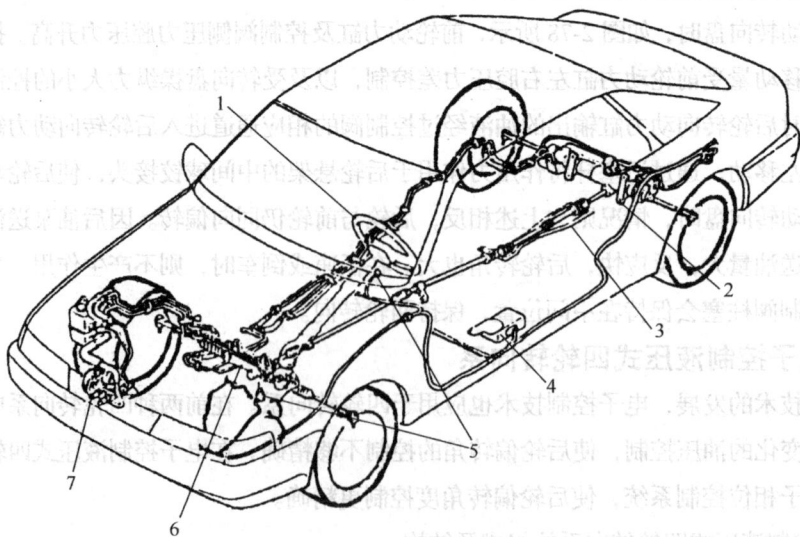

图2-79　电子控制液压式四轮转向系

1—转向盘；2—后轮转向系；3—后轮转向传动轴；4—电子控制单元；
5—车速传感器；6—前动力转向器；7—转向油泵

（1）前轮转向器和后轮转向传动轴

前轮转向器为齿轮齿条式，但将齿条加长，与固定在后轮转向传动轴上的小齿轮啮合。当转动转向盘使齿条水平移动时，齿条一方面控制前轮转向动力缸工作，推动前轮转向，同时将转向盘转动的方向、快慢和转动的角度传给后轮转向传动轴，驱动该轴转动，以控制后轮转向，如图 2-80 所示。

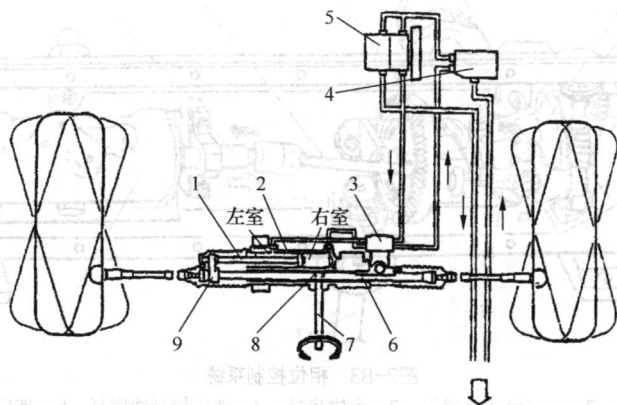

图2-80 前轮转向器

1—转向动力缸活塞杆；2—转向动力缸；3—转向控制阀；4—转向油泵；5—储油罐；
6—转向齿条；7—后轮转向传动轴；8—转向齿轮；9—连接板

后轮转向传动轴的结构如图 2-81 所示。

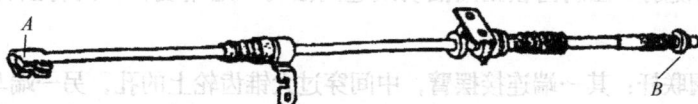

图2-81 后轮转向传动轴

A—接前轮转向系；B—接后轮转向系

（2）后轮转向系

后轮转向系如图 2-82 所示，它主要包括相位控制系统、液压控制阀、后轮转向动力缸等组成。

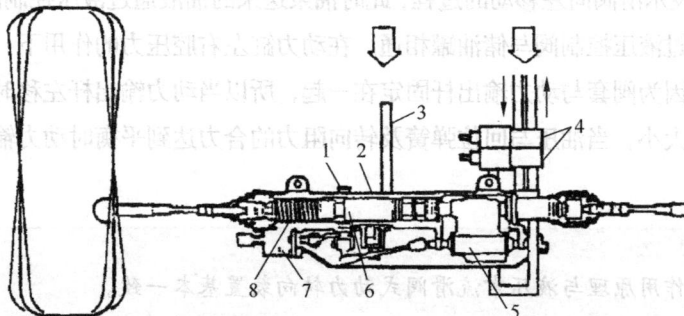

图2-82 后轮转向系

1—转向角比传感器；2—后轮转向动力缸；3—后轮转向传动轴；4—电控制阀；
5—液压控制阀；6—动力输出杆；7—步进电机；8—回位弹簧

① 相位控制系统。相位控制系统主要由步进电机、扇形控制齿板、摆臂、大锥齿轮、小锥齿轮、液压控制阀联杆等组成，如图2-83所示。后轮转向传动轴与转向齿轮连接并输入前转向齿条的运动状态。一个前、后车轮转向角比传感器安装在扇形控制齿板旋转轴上。

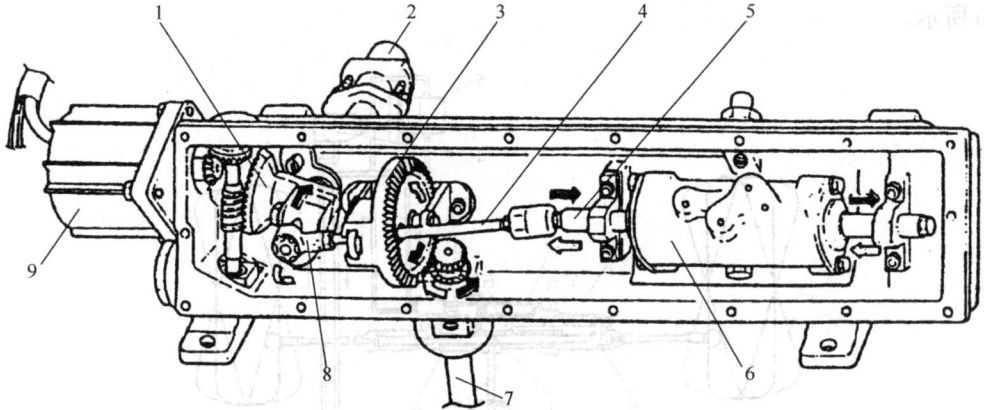

图2-83　相位控制系统
1—扇形控制齿板；2—转向角比传感器；3—大锥齿轮；4—液压控制阀联杆；5—液压控制阀主动杆；
6—液压控制阀；7—后轮转向传动轴；8—摆臂；9—步进电机

● 步进电动机：用螺栓固定在壳体一端，电动机输出轴装一锥齿轮，与固定在蜗杆轴上的另一锥齿轮啮合，蜗杆轴的转动将使扇形控制齿板摆动。步进电动机接受车速传感器的电信号而转动，转动结果使扇形控制齿板正向摆动或逆向摆动一定角度，从而将摆臂拉向或推离步进电动机。

● 液压控制阀联杆：其一端连接摆臂，中间穿过大锥齿轮上的孔，另一端与液压控制阀主动杆连接。大锥齿轮的旋转运动是由小锥齿轮驱动的，而小锥齿轮的转动是由后轮转向传动轴驱动的。由此可见，液压控制阀联杆的运动是摆臂运动和大锥齿轮运动的合成，即液压控制阀联杆的运动受车速和前轮转向运动的综合影响。

② 液压控制阀。如图2-84所示，液压控制阀是一滑阀结构，其滑阀的位置取决于车速和前轮转向系转角。图中表示滑阀向左移动的过程，此时油泵送来的油液通过液压控制阀进入动力缸右腔，同时动力缸左腔通过液压控制阀与储油罐相通。在动力缸左右腔压力的作用下，动力输出杆左移，使后轮向右偏转。因为阀套与动力输出杆固定在一起，所以当动力输出杆左移时将带动阀套左移，从而改变油路通道大小，当油压与回位弹簧及转向阻力的合力达到平衡时动力输出杆（连同阀套）停止移动。

> 提示　上述作用原理与液压常流滑阀式动力转向装置基本一致。

③ 后轮转向动力缸。阀套将滑阀密封，阀套内含有连接相位控制系统和动力缸的油道。输出杆穿过动力缸活塞（输出杆与动力缸活塞固定连接），两端分别与左、右转向横拉杆连接，在动力缸两

腔的压差作用下，输出杆向左或向右移动，从而使得后轮作相应偏转。当汽车直线行驶时，在动力缸两腔的回位弹簧及油压作用下，使后轮处于直线行驶位置。此功能也使得当电子控制系统或液压回路出现故障时，后轮回到直线行驶位置，使四轮转向变成一般的两轮转向工作状态。

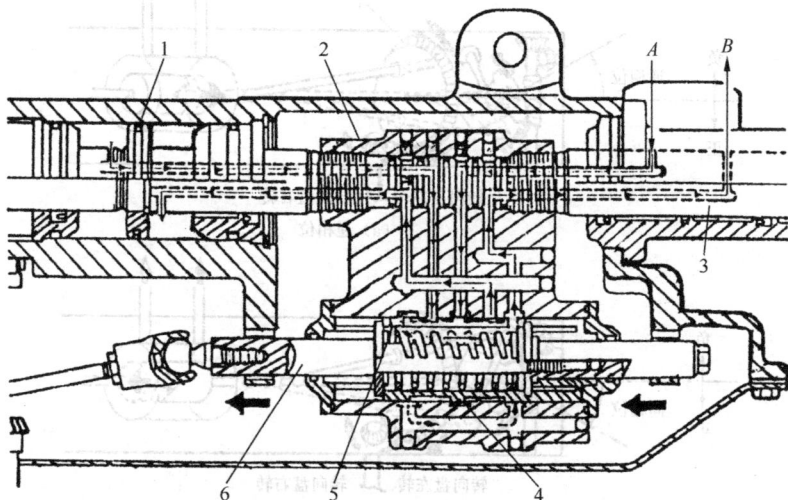

图2-84 液压控制阀结构示意图

1—动力缸活塞；2—阀套；3—动力输出杆；4—滑阀；5—回油道；
6—液压控制阀主动杆；A—进油口；B—回油口

（3）电子控制系统

电子控制系统由四轮转向电子控制单元、转角比传感器和电控油阀组成。

① 四轮转向电子控制单元。四轮转向电子控制单元的功用如下。

● 根据车速传感器送来的电脉冲信号计算汽车的车速，再根据车速的高低计算汽车转向时前后轮的转角比。

● 比较前后轮理论转角比与当时的前后轮实际转角比，并向步进电机发出正转或反转及转角大小的运转指令。另外还起监视控制四轮转向电控系统工作是否正常的作用。

● 发现四轮转向机构工作出现异常时，点亮警告信号灯，并断开电控油阀的电源，使四轮转向处于两轮转向状态。

② 转角比传感器。转角比传感器的功用是检测相位控制系统中的扇形控制齿板的转角位置，并将检测出的信号反馈给四轮转向电子控制单元，作为监督和控制信号使用。

③ 电控油阀。电控油阀的功用是控制由转向油泵输向后轮转向动力缸的油路通断。当液压回路或电子控制线路出现故障时，电控油阀就切断由转向油泵通向液压控制阀的油液通道，使四轮转向装置处于一般两轮转向工作状态，起到失效保护的作用。

2. 后轮转向系统的工作原理

① 当车速低于 35km/h 时，如图 2-85（a）所示。扇形控制齿板在步进电动机的控制下向负方向偏转。假设转向盘向右转动，则小锥齿轮、大锥齿轮分别向空白箭头方向转动，摆臂在扇形齿板和大齿轮的带动下最终向右上方摆动，液压控制阀输入杆和滑阀也向右移动，由转向油泵输送的高

压油液进入后轮转向动力缸的左腔，使后轮向左偏转，即后轮相对于前轮反向偏转。使车辆转向半径减小，提高了低速时的机动性。

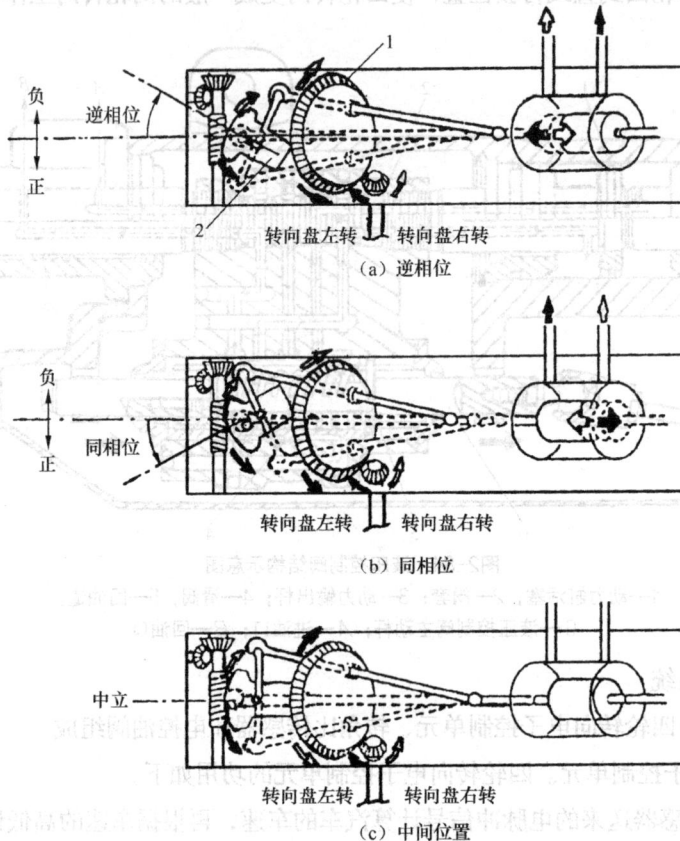

图2-85　后轮转向系统的工作原理
1—大锥齿轮；2—扇形控制齿板

提示　液压控制阀移动的行程大小与扇形齿板的转角大小成正比。

② 当车速高于 35km/h 时，如图 2-85（b）所示。扇形控制齿板在步进电动机的控制下向图中正方向移动。假设这时转向盘仍向右转动，摆臂向左上方摆动，将液压控制阀输入杆和滑阀向左拉动，由转向油泵输送的高压油液进入后轮转向动力缸的右腔，结果使后轮向右偏转，即后轮相对于前轮同向偏转。使汽车高速行驶时的操纵稳定性显著提高。

③ 当车速等于 35km/h 时，如图 2-85（c）所示。扇形控制齿板处于中间位置，摇臂处于与大锥齿轮轴线垂直的位置。不管转向盘向左还是向右转动，液压控制阀输入杆均不产生轴向位移，后轮保持与汽车纵向轴线平行的直线行驶状态。

3. 4WS 车之小转弯低速

汽车在低速旋转时，车辆行进方向与轮胎方向大概可视为一致，在各轮大部份不会产生旋转向心力。四轮行进方向的垂直线会交于一点，车辆就以该点为中心（旋转中心）旋转。

如图 2-86 所示，低速旋转时之行车轨迹，二轮转向（2WS）车（前轮转向）时，因为后轮不转向，旋转中心差不多在后轴的延长线上。

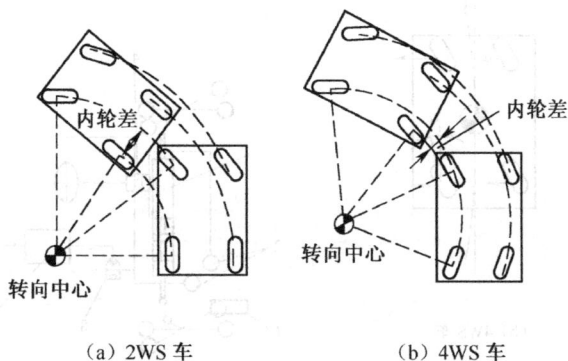

（a）2WS 车　　　　　（b）4WS 车

图2-86　4WS车之小转弯时轨迹示意图

> **提示**　4WS 车的情形，是把后轮逆相转向，旋转中心比 2WS 车更靠近车辆，亦即回转半径较小。在低速旋转，前轮转向角若相同，则 4WS 车的回转半径可较小，小转弯性能良好，内轮差也可缩小。在乘用车中，后轮逆向转向5°，则最小回转半径约为 50cm，内轮差可减少 10cm。

4. 4WS 车中高速转弯

直线行驶和汽车转弯时，由车辆的重心点变化行进方向的公转，与该重心点周围的车辆自转之两种运动合成来进行。图 2-87 所示为 2WS 车高速旋转时之车辆状况。首先，若前轮进行转向，前轮胎就产生滑动角α，并产生旋转向心力，车身开始自转。结果，使车身偏向后轮也产生滑动角β，后轮也产生旋转向心力，四轮的力量就分担自转与公转力，随着取得平衡进行旋转。可是速度越高，向心力越大，因此与其取得平衡之旋转向心力也不得不增大，给与前轮更大的滑动角不得不产生大的旋转向心力，而且，因为后轮也会给与相似的滑动角，就使车身产生更大的自转运动。可是，速度越高，会增加车身自转运动的不稳定性，容易产生车辆旋转或横滑。

①　横向加速度—车速感应型四轮转向系统。其结构是在前轮的动力转向器上，再安装一个后轮专用的控制阀，产生一个大致与横向加速度成比例的，与前轮转向器阻力相平衡的油压，把该压力的油液送到后轮执行机构。在执行机构中，如图 2-88 所示，装入高刚性弹簧，当与送来的油压达到平衡状态时，输出杆便产生位移，从而带动后轮开始转向。

> **提示**　后轮转向最大角必须小于前轮转向最大角。四轮转向系统中的后轮转向可以根据汽车速度或转向盘的转角来控制，在车速较低或转向盘转角很大时，后轮的转向与前轮相反。这会改善汽车停车时的机动性。当车速较高或转向盘转角较小时，后轮的转向与前轮相同。侧滑将会减轻，使稳定性得到改善。
> 　高速行驶、前后轮转向相同时的转向角要比低速转向相反时的角度小得多。

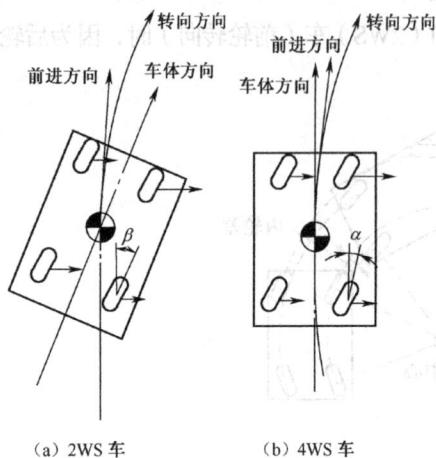

（a）2WS 车　　　　（b）4WS 车

图2-87　四轮转向（4WS）车中高速转弯示意图

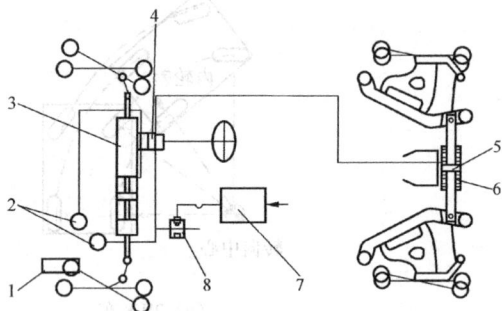

图2-88　横向加速度—车速感应型四轮转向系统
1—储油罐；2—泵；3—前动力缸；4—分配阀；
5—后动力缸；6—弹簧；7—控制器；8—电磁阀

② 前轮转角—车速感应型四轮转向系统。在该系统中，从油泵出来的油液直接流入如图 2-89 所示的电磁伺服阀，按计算机指令，控制油液流入后轮执行机构。

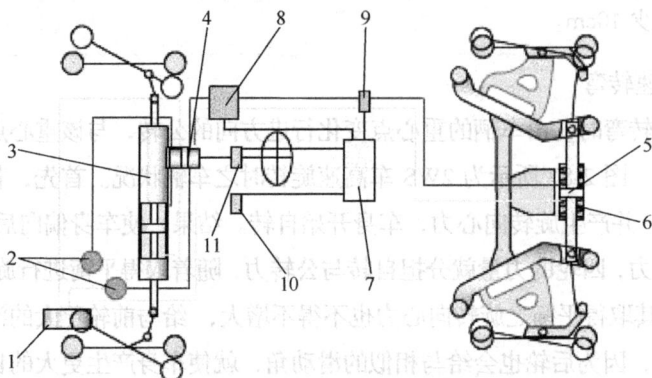

图2-89　前轮转角—车速感应型四轮转向系统
1—储油罐；2—泵；3—前动力缸；4—分配阀；5—后动力缸；6—弹簧；7—控制器；
8—电磁阀；9—切断阀；10—车速传感器；11—转角传感器

练习题

一、填空题

1. 汽车转向系按转向能源不同分为_____和_____两大类。

2. 汽车动力转向机构按传能介质分为_____和_____两种。

3. 转向桥由_____、_____、_____、_____等主要部分组成。

4. 液压式动力转向系中，转向加力装置由_____、_____、_____和_____组成。

5. 循环球式转向器中一般有两级传动副，第 1 级是_____传动副，第 2 级是_____

或_____传动副。

6. 转向传动机构的作用是将_____输出的转矩传给转向轮，以实现_____。与非独立悬架配用的转向传动机构主要包括_____、_____、_____和_____。

7. 在转向传动机构中，为了防止运动干涉，各个横纵拉杆均采用_____进行连接。

二、选择题（有一项或多项正确）

1. 在动力转向系中，转向所需的能源来源于（　　　）。

  A. 驾驶员的体能   B. 发动机动力

  C. A、B 均有   D. A、B 均没有

2. 设转向系的角传动比为 i_w，转向器的角传动比为 i_{w1}，转向传动机构的角传动比为 i_{w2}，则下式正确的为（　　　）。

  A. $i_w = i_{w1} + i_{w2}$ B. $i_w = i_{w1} * i_{w2}$

  C. $i_w = i_{w1} - i_{w2}$ D. $i_w = i_{w1} / i_{w2}$

3. 转弯半径是指由转向中心到（　　　）。

  A. 内转向轮与地面接触点间的距离   B. 外转向轮与地面接触点间的距离

  C. 内转向轮之间的距离   D. 外转向轮之间的距离

4. 转向梯形理想表达式中的 B 是指（　　　）。

  A. 轮距   B. 两侧主销轴线与地面相交点间的距离

  C. 转向横拉杆的长度   D. 轴距

5. 循环球式转向器中的转向螺母可以（　　　）。

  A. 转动   B. 轴向移动   C. A、B 均可   D. A、B 均不可

6. 采用齿轮、齿条式转向器时，不需（　　　），所以结构简单。

  A. 转向节臂   B. 转向摇臂   C. 转向直拉杆   D. 转向横拉杆

7. 转向轮绕着（　　　）摆动。

  A. 转向节   B. 主销   C. 前梁   D. 车架

三、名词解释

1. 转向中心 O；2. 转弯半径 R；3. 转向器的角传动比；4. 转向系的角传动比；5. 转向加力装置；6. 整体式动力转向器；7. 转向梯形

四、问答题

1. 转向梯形的作用是什么？其理想关系式如何？

2. 目前一些新车型的转向操纵机构中，为什么采用了万向传动装置？

3. 在汽车转向系中，怎样同时满足转向灵敏和转向轻便的要求？

4. 什么是转向盘的自由行程？为什么转向盘会留有自由行程？自由行程过大或过小对汽车转向操纵性能会有何影响？一般范围应是多少？

5. 为什么转向直拉杆与转向摇臂及转向节臂三者之间的连接件都是球形铰链？

6. 转向直拉杆和横拉杆两端的压缩弹簧有什么作用？横拉杆两端的弹簧可否设计成沿轴线

安装？为什么？为什么转向直拉杆两端的压缩弹簧均装于球头销的后方？可否一前一后？

7. 为什么常流式液压转向加力装置广泛应用于各种汽车？

8. 动力转向器中的反作用柱塞有何作用？去掉行不行？

9. 转向系的作用是什么？写出图 2-90 所示机械转向系各组成部件的名称。

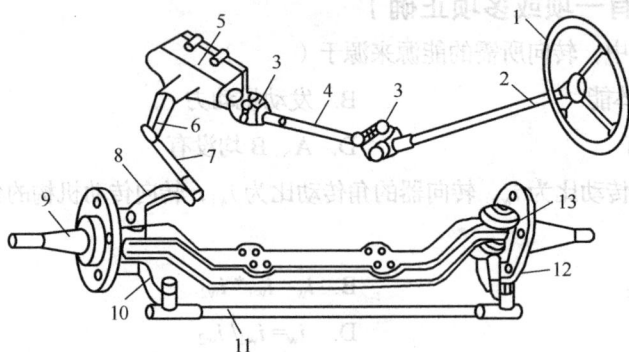

图2-90　机械转向系

Chapter

3

学习情境三

| 汽车制动系统检修 |

　　根据职业岗位能力要求，以行驶系统常见故障检修的实际工作过程为导向，依据故障常见部位和类型分为四个学习任务，以案例导入学习任务，通过学习能够全面掌握需要解决该故障所需具备的知识和技能。

学习任务	学习目标		
	知识目标	能力目标	素质目标
任务一　车轮制动器检修	（1）制动系统的组成及功用 （2）对制动系统的要求 （3）制动系统的分类 （4）盘式车轮制动器 （5）鼓式车轮制动器 （6）制动系统的工作原理	（1）制动器的检修 （2）鼓式制动器的拆装与调整 （3）盘式制动器的拆装与调整 （4）典型盘式制动器的调整 （5）驻车制动器的拆装与调整	（1）团队协作能力 （2）责任感、良好的职业操守 （3）良好的交际沟通能力 （4）分析解决问题的能力
任务二　液压制动系统检修	（1）制动传动装置 （2）液压制动系统的组成与类型 （3）液压制动系统的主要部件 （4）液压制动系统的原理及特点	（1）制动液的检查 （2）制动主缸的检查 （3）制动轮缸的检查与调整 （4）制动液的排气	
任务三　气压制动系统检修	（1）气压制动系统的功用和分类 （2）气压制动系统的结构组成 （3）气压制动系统的工作原理 （4）气压制动系统常见故障的原因 （5）气压制动系统常见故障的检修	（1）制动踏板行程的调整 （2）储气罐气压的检测 （3）制动阀的调整 （4）制动器的调整	
任务四　ABS制动系统检修	（1）ABS制动系统功用和分类 （2）ABS制动系统的基本组成 （3）ABS制动系统的工作原理 （4）ABS的常见故障原因 （5）ABS常见故障的检修方法	（1）轮速传感器的检修 （2）ECU的检修 （3）ABS故障代码的读取 （4）ABS故障代码的清除	

续表

学习任务	学习目标		素质目标
	知识目标	能力目标	
任务五 ABS/ASR 控制系统检修	（1）ASR 系统的功用 （2）滑转率与附着系数的关系 （3）ASR 系统的控制方式 （4）ASR 系统的组成和工作原理 （5）ASR 系统主要部件	（1）ASR 系统的故障自诊断 （2）ASR 系统的检测 （3）ABS 指示灯的检查	
任务六 制动能量回收系统检修	（1）制动能量回收系统工作原理 （2）电动汽车的制动模式 （3）影响制动能量回收的因素	（1）介绍制动能量回收工作过程 （2）分析影响制动能量回收原因	

任务一　车轮制动器检修

一、任务导入

当汽车行驶在宽阔平坦、车流和人流又较少的路况下，可以通过高速行驶提高运输生产效率。但汽车行驶过程中也会遇到复杂多变的路面状况，例如，进入弯道、行经不平道路、两车交会、突遇障碍物等，为了保证行驶安全，就要求汽车在尽可能短的距离内将车速降低，甚至停车。

此外，汽车下长坡时，在重力产生的下滑力作用下，汽车有不断加速到危险程度的趋势，此时应将车速限定在安全值内，并保持相对稳定；对停驶的车辆，特别是在坡道上停驶的汽车应使之可靠地驻留原地不动。因此汽车上必须设置一系列装置用于制动汽车。

二、相关知识

（一）制动系统的功用

汽车制动系统的功用：按照需要使汽车减速或在最短距离内停车；下坡行驶时保持车速稳定；使停驶的汽车可靠驻停。

（二）对制动系统的要求

为保证汽车能在安全的条件下发挥出高速行驶的能力，制动系统必须满足下列要求。

1. 具有良好的制动效能

制动效能是指汽车迅速减速直至停车的能力，评价指标包括制动距离、制动减速度、制动力和制动时间等。由于各种汽车动力性不同，对制动效能的要求也就不同，现代汽车的行驶速度越来越高，所以要求其制动效能也越来越高。

（1）制动距离

制动距离是指汽车在空挡时，在规定的初速度下急踩制动器时，从脚接触制动踏板（或手触动制动手柄）时开始，到汽车停止为止所驶过的距离。它包括了制动协调时间和以最大减速度持续制动时间内汽车驶过的距离。它是评价汽车制动系统效能最直观的一个参数，与汽车实际运行的制动情况最接近实际中常用它来衡量整车的制动效能。

制动距离不等于车轮在路面上拖压印的长度，因为制动距离中包含有制动协调时间内汽车驶过的距离，在这一段时间内车轮尚未拖压印。制动距离与制动踏板力即制动系统中的液压或气压有关，故给出制动距离时应指明相应的踏板力或制动系中的压力。制动距离还与路面附着条件有关。

（2）制动减速度

制动减速度指制动时汽车速度降低的速率。对于一个确定的汽车来说，它的质量是一定的，能产生的制动力也是一定的，因此制动减速度也是一个确定值。制动减速度反映了地面制动力，因此它与制动器制动力（车轮滚动时）及附着力（车轮抱死拖滑时）有关。

（3）制动力

为了使行驶中的汽车能够减速或停车，必须由路面对汽车作用一个与其行驶方向相反的外力，来消耗汽车的动能，使汽车产生减速度，达到降低其行驶速度以至停车的目的，这个外力叫作制动力。对于一定质量的汽车来说，制动力越大制动减速度越大，制动距离越短。所以制动力是从本质上评价汽车制动性能的参数。

> 制动力对汽车的制动性能具有决定性的影响。
> 制动力只能小于或等于附着力，不可能超过附着力。

（4）制动时间

制动过程所经历的时间即制动时间，很少作为单纯的评价指标。但是作为分析制动过程和评价制动效能时又是不可缺少的参数。例如，对于同一型号的两辆汽车产生同样制动力所经历的时间不同，则两辆汽车的制动距离就可能相差较大，对行驶安全将产生不同效果。因此通常把制动时间作为一辅助的评价指标。

2. 操纵轻便

指操纵制动系统所需的力不应过大。现代汽车多采用液压系统、气压系统或者电控系统进行操纵，使驾驶员操纵轻便，大大提高了安全性。

3. 制动稳定性好

制动时，前后车轮制动力分配合理，左右车轮上的制动力矩基本相等，使汽车制动过程中不跑偏、不甩尾。

4. 制动平顺性好

制动力矩能迅速而平稳的增加，也能迅速而彻底的解除，提高汽车的舒适性。

5. 散热性好

汽车在高速行驶或下长坡连续制动时制动效能保持的程度，称为抗热衰退性能。因汽车连续制动时，制动鼓和制动蹄上的摩擦片高温高（超过400℃），容易引起摩擦系数下降，此下降量要尽量小，即抗热衰退性能要强。

当汽车涉水时，水进入制动器，短时间内制动效能的降低称为水衰退。汽车应该在短时间内迅速恢复原有的制动效能，即抗水衰退性能要强。

6. 挂车的制动系统提前制动

要求挂车的制动作用略早于牵引车；挂车自行脱挂时能自动进行应急制动。

（三）制动系统的分类

制动系统按功能的不同可以分为行车制动系统、驻车制动系统以及应急制动、安全制动和辅助制动装置。

按照制动能源分类，汽车制动系统又可以分为人力制动系统、动力制动系统和伺服制动系统。人力制动系统是以驾驶员的肌体作为唯一制动能源的制动系统；动力制动系统是完全由发动机的动力转化而成的气压或液压形式的势能进行制动的制动系统；伺服制动系统是兼用人力和发动机动力进行制动的制动系统。

1. 行车制动系统

用于使行驶中的车辆减速或停车，制动器安装在每一个车轮上，通常由驾驶员用脚操纵。

2. 驻车制动系统

用于使停驶的汽车驻留原地，通常由驾驶员用手操纵。

3. 应急制动、安全制动和辅助制动装置

应急制动装置是用独立的管路控制车轮的制动器作为备用制动系统，其作用是当行车制动装置失效的情况下保证汽车仍能实现减速或停车。

安全制动装置是一种可以自动瞬时执行制动命令，使行驶中的汽车能自动瞬时制动的安全制动系统。

辅助制动装置是汽车下长坡时，为了减轻行车制动器的磨损而设的辅助装置，应用最广的方式是利用发动机排气制动。

（四）制动系统的基本组成

汽车上装有彼此独立的多套制动系统，它们起作用的时刻不同，但结构却是相似的，制动系统一般由供能装置、控制装置、传动装置和制动器4个部分组成。较为完善的制动系统还包括制动力调节装置以及报警装置、压力保护装置等。

① 供能装置。供给、调节制动所需能量以及改善传能介质状态的各种部件，如气压制动系中的空气压缩机、液压制动系中人的肌体。

② 控制装置。产生制动作和控制制动效果的各种部件，如制动踏板等。

③ 传动装置。将驾驶员及其他动力源的作用力传到制动器，同时控制制动器的工作，从而获得所需制动力矩的各种部件。它包括将制动能量传输到制动器的各个部件，如制动主缸、制动轮缸等。

④ 制动器。产生阻碍车辆的运动或运动趋势的力的部件。

旋转元件固定装在车轮或半轴上，将制动力矩直接分别作用于车轮上的制动器称为车轮制动器。车轮制动器一般为摩擦式制动器，根据摩擦副中旋转元件的结构形式不同，车轮制动器一般分为鼓式和盘式两种。它们的区别在于前者的摩擦副中旋转元件为制动鼓，其工作表面为圆柱面；后者的旋转元件为圆盘状的制动盘，其工作表面为圆盘的两个端面，如图3-1所示。

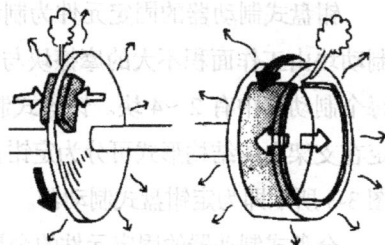

（a）盘式制动器 （b）鼓式制动器

图3-1 制动器的类型

（五）盘式车轮制动器

1. 基本结构和工作原理

（1）基本结构

钳盘式制动器的基本结构如图3-2所示，其旋转元件是制动盘，它和车轮固装在一起旋转，其端面为摩擦工作表面。其固定元件是制动块、导向支销和轮缸及活塞，它们均被安于制动盘两侧的钳体上，总称为制动钳。制动钳用螺栓与转向节或桥壳上的凸缘固装，并用调整垫片来调整钳与盘之间的相对位置。

（2）工作原理

如图3-2所示，制动时，制动主缸中的油液被压入内、外两轮缸中，经液压作用的活塞朝制动盘方向移动，推动制动块紧压制动盘，产生摩擦力矩，从而制动。在此过程中，轮缸槽内的矩形橡胶密封圈的刃边在摩擦力的作用下产生微量的弹性变形，如图3-3（a）所示。

放松制动时，液压系统压力消除，密封圈恢复到其初始位置，活塞和制动块依靠密封圈的弹力和回位弹簧的弹力回位，如图3-3（b）所示。由于矩形密封圈刃边的变形量很微小，这种弹性变形可以自动弥补摩擦片的磨损量，在不制动时，摩擦片与盘之间的间隙每边只有0.1mm左右，它足以保证制动的解除。

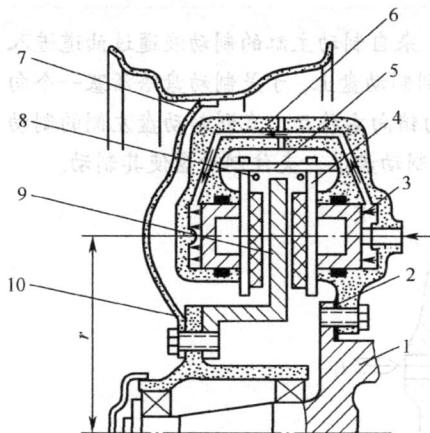

图3-2 钳盘式制动器基本结构

1—转向节或桥壳凸缘；2—调整垫片；3—活塞；
4—制动块；5—导向支撑销；6—钳体；7—轮辐；
8—回位弹簧；9—制动盘；10—轮毂凸缘

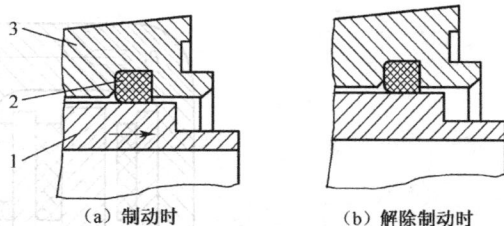

（a）制动时 （b）解除制动时

图3-3 活塞密封圈的工作情况

1—活塞；2—矩形橡胶密封圈；3—轮缸；

2. 盘式制动器的类型

盘式制动器根据其固定元件的结构不同可分为钳盘式制动器和全盘式制动器。

钳盘式制动器的固定元件为制动钳，制动钳中的制动块由工作面积不大的摩擦块与其金属背板组成，每个制动器中有 2～4 块。钳盘式制动器按制动钳固定在支架上的结构形式可分为定钳盘式和浮钳盘式，图 3-3 所示即为定钳盘式制动器。

全盘式制动器的固定元件的金属背板和摩擦片都做成圆盘形，因而其制动盘的全部工作面可同时与摩擦片接触。全盘式制动器由于制动钳的横向尺寸较大，主要应用在重型车上。

3. 典型盘式制动器

以桑塔纳乘用车前轮制动器为例进行介绍。

（1）制动器的结构

图 3-4 所示为桑塔纳乘用车前轮的盘式制动器，该制动器为浮钳盘式制动器。它由制动盘、内外摩擦块、制动钳壳体、制动钳支架、前制动轮缸等组成。

制动盘固定在轮毂上，夹在内外摩擦衬块中间，与前轮一起转动。制动钳通过螺栓（此螺栓兼作导向销）与制动钳支架相连（支架固定于转向节凸缘上），钳体可沿螺栓相对于制动盘作轴向移动。轮缸布置在制动钳的内侧。

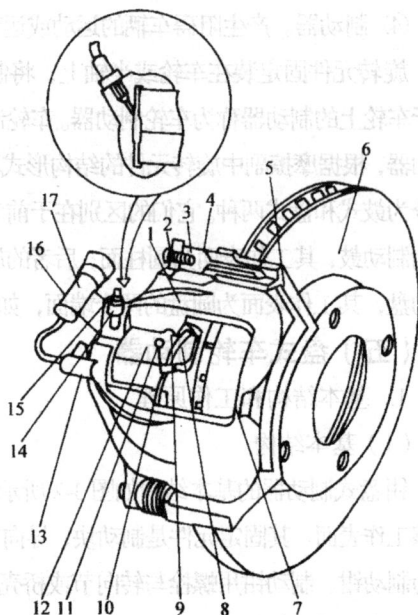

图3-4　桑塔纳乘用车前轮制动器
1—制动钳体；2—紧固螺栓；3—导向销；4—防护套；
5—制动钳支架；6—制动盘；7—固定制动块；
8—消声片；9—防尘套；10—活动制动块；
11—密封圈；12—活塞；13—电线导向夹；
14—放气螺钉；15—放气螺钉帽；
16—报警开关；17—电线夹

固定支架上有导轨，导轨上通过两根特制弹簧安装有内、外制动块，内、外制动块可沿导轨作轴向移动。

制动器的工作情况如图 3-5 所示。制动时，来自制动主缸的制动液通过油道进入制动轮缸，推动活塞及其制动块向左移动，并压到制动盘上，于是制动盘给活塞一个向右的反作用力 P_2，使得活塞连同制动钳体沿导向销向右移动，直到制动盘左侧的制动块也压到制动盘上。此时，两侧的制动块都压在制动盘上，夹住制动盘使其制动。

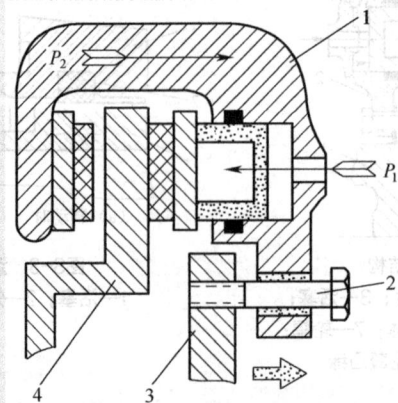

图3-5　浮钳盘式制动器工作原理
1—制动钳体；2—导向销；3—制动盘；4—制动块

（2）制动器的检修

① 制动盘厚度的检查。制动盘使用磨损会使其厚度减小，厚度过小会引起制动踏板震动、制动噪声及颤动。

检查制动盘厚度时，可用游标卡尺或千分尺直接测量，如图3-6所示。桑塔纳乘用车前制动盘标准厚度为10mm，使用极限为8mm，厚度低于极限尺寸时应更换制动盘。

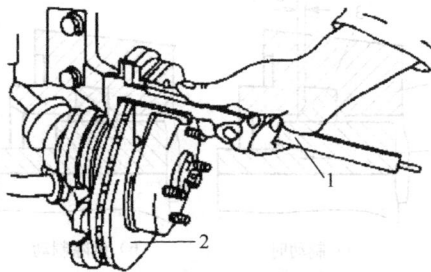

图3-6　制动盘厚度的检查
1—游标卡尺；2—制动盘

提示　　制动盘厚度的测量位置位于制动衬片与制动盘接触面的中心部位。

② 制动盘端面圆跳动的检查。制动盘端面圆跳动过大会使制动踏板抖动或使制动衬片磨损不均匀。

检查制动盘端面圆跳动可用百分表进行，如图3-7所示。轴向跳动量应不大于0.06mm。不符合要求可进行机加工修复（加工后制动盘的厚度不得小于8mm）或更换。

③ 制动块厚度的检查。制动块厚度的检查如图3-8所示。若制动块已拆下，可直接用游标卡尺测量。制动块摩擦片的厚度为14mm（不包括底板），使用极限为7mm。若车轮未拆下，可通过轮辐上的检视孔，借助手电筒对外侧的摩擦片进行目测检查。内侧摩擦片可利用反光镜进行目测检查。

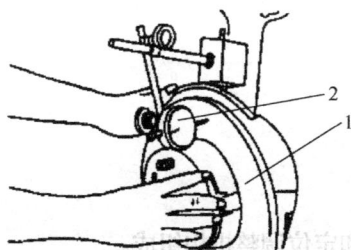

图3-7　制动盘端面圆跳动的检查
1—制动盘；2—百分表

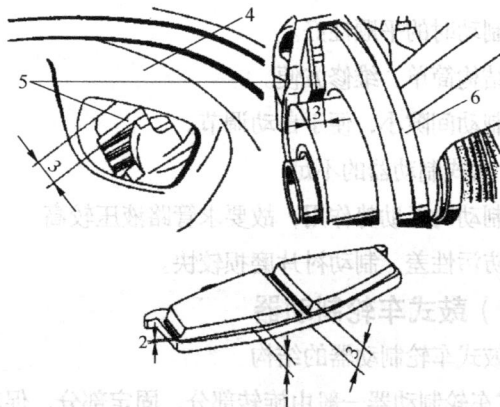

图3-8　制动块厚度的检查
1—制动块摩擦片厚度；2—制动块摩擦片磨损极限厚度；
3—制动块的总厚度；4—轮辐；5—外制动块；6—制动盘

④ 制动器间隙的调整。制动过程中，制动块与制动盘间存在摩擦运动，两者均有不同程度的磨损，制动盘、制动块磨损后，制动器的间隙会增大，制动时活塞的行程增加，制动器开始起作用的时间会滞后，造成制动效果下降。因此，制动器的间隙应及时调整。

提示

桑塔纳乘用车的前轮制动器制动间隙为自动调整，工作过程如图3-9所示。

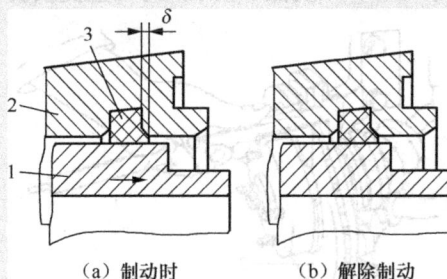

（a）制动时　　　　（b）解除制动

图3-9　桑塔纳乘用车前轮盘式制动器制动间隙的自动调整

1—活塞；2—轮缸；3—矩形密封圈

矩形密封圈3嵌在制动轮缸的矩形槽内，密封圈内圆与活塞外圆配合较紧，制动时活塞1被压向制动盘，密封圈发生了弹性变形；解除制动时，密封圈要恢复原状，于是将活塞拉回原位。当制动盘与制动块磨损后，制动器的制动间隙增大，若间隙大于活塞的设置行程δ时，活塞在制动液压力的作用下，克服密封圈的摩擦阻力而继续前移，直到实现完全制动为止。解除制动时，由于密封圈弹性变形量的限制，密封圈将活塞拉回的距离小于活塞前移的距离，则活塞与密封圈之间这一不可恢复的相对位移便补偿了过量的间隙。

4. 盘式制动器的特点

（1）盘式制动器的优点

① 散热能力强，热稳定性好。受热后，制动盘只径向膨胀，不会影响制动间隙。

② 抗水衰退能力强。受水浸后，在离心力作用下，制动盘被很快甩干，摩擦衬片上的水由于挤压很快排出，一般一到二次制动后即可恢复干燥。

③ 制动时的平顺性好。

④ 结构简单，维修方便。

⑤ 制动间隙小，便于自动调节。

（2）盘式制动器的不足

① 制动时无助势作用，故要求管路液压较高。

② 防污性差，制动衬片磨损较快。

（六）鼓式车轮制动器

1. 鼓式车轮制动器的结构

鼓式车轮制动器一般由旋转部分、固定部分、促动装置和定位调整机构组成。

（1）旋转部分

鼓式制动器旋转部分为制动鼓，如图3-10所示。制动鼓通常为浇铸件，小型制动鼓也可用钢板冲压而成。

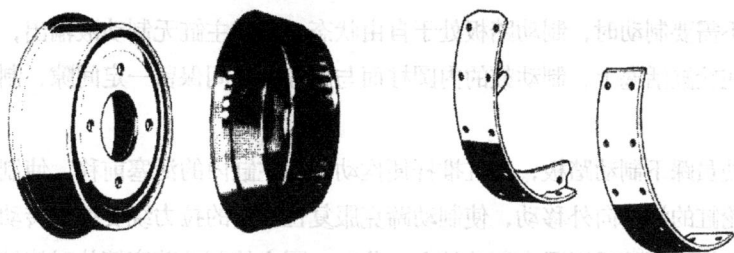

图3-10　制动鼓和制动蹄

（2）固定部分

鼓式制动器固定部分为制动底板和制动蹄。制动底板固装在车桥的凸缘盘上，制动蹄通过支撑销与制动底板相连，如图 3-11 所示。制动蹄常用钢板冲压后焊接而成或由铸铁或轻合金烧铸，采用 T 形截面，以增大刚度，摩擦片采用粘接或铆接的方式固定于制动蹄上。

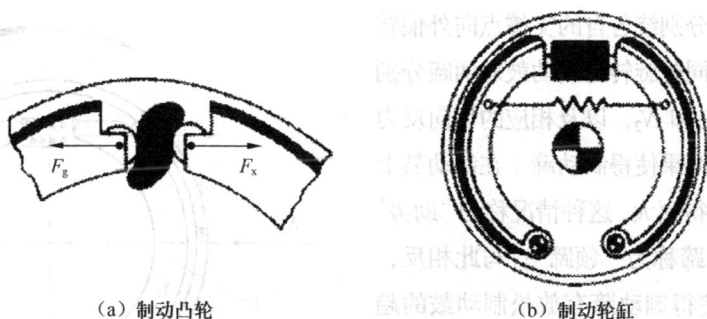

（a）制动凸轮　　　　　　　　　　　　（b）制动轮缸

图3-11　制动蹄的促动装置

（3）促动装置

促动装置的作用是对制动蹄施加力使其向外张开。常用的促动装置有制动凸轮和制动轮缸，如图 3-11 所示。

（4）定位调整装置

制动蹄在不工作时，其摩擦片与制动鼓之间应有合适的间隙，此间隙一般为 0.25～0.5mm。间隙过小易造成制动解除不彻底；但间隙过大又将使制动踏板行程过大，使驾驶员操作不便，同时也会推迟制动器起作用的时刻。但是在制动过程中，摩擦片的不断磨损必将导致此间隙逐渐增大。因此，各种形式的制动器均设有检查、调整此间隙的装置。

定位调整装置的作用是保持和调整制动蹄与制动鼓间正确的相对位置。

定位调整装置的结构、工作情况、调整方法及调整要求在部分典型制动器结构中介绍。

2. 鼓式制动器的工作原理

（1）制动器的工作过程

汽车行驶中不需要制动时，制动踏板处于自由状态，制动主缸无制动液输出，制动蹄在复位弹簧的作用下压靠在轮缸活塞上，制动鼓的内圆柱面与摩擦片之间保留一定间隙，制动鼓随车轮一起旋转。

制动时，驾驶员踩下制动踏板，主缸推杆便推动制动主缸内的活塞前移，使制动液经管路进入制动轮缸，推动轮缸的活塞向外移动，使制动蹄克服复位弹簧的拉力绕支撑销转动从而张开，消除制动蹄与制动鼓之间的间隙后压紧在制动鼓上。此时，固定的制动蹄摩擦片对旋转的制动鼓就产生一对摩擦力矩，其方向与车轮的旋转方向相反，从而使制动鼓减速，由于制动鼓与车轮均连接在半轴上，所以车轮也会同时减速，车辆就会减速直至停下。

放松制动踏板时，在复位弹簧的作用下，制动蹄回到原位，制动蹄与制动鼓的间隙又得以恢复，从而解除制动。

（2）制动蹄的增势和减势

如图 3-12 所示，汽车前进时制动鼓的旋转方向如箭头所示。在制动过程中，两制动蹄在相等的促动力 F_S 作用下，分别绕各自的支撑点向外偏转紧压在制动鼓上。同时旋转的制动鼓对两蹄分别作用着法向反力 N_1 和 N_2，以及相应的切向反力 T_1 和 T_2，T_1 作用的结果使得制动蹄 1 在制动鼓上压得更紧，则 N_1 变得更大，这种情况称为"助势"作用，相应的制动蹄称为"领蹄"；与此相反，T_2 作用的结果则使得制动蹄有放松制动鼓的趋势，即 N_2 有减小的趋势。这种情况称为"减势"作用，相应的制动蹄称为"从蹄"。

通过以上的分析，我们会得出这样的结论：虽然制动蹄 1、2 所受的促动力相等，但由于 T_1 和 T_2 的作用方向相反，使得两制动蹄所受到的法向反力 N_1 和 N_2 不相等，且 $N_1 > N_2$，相应的

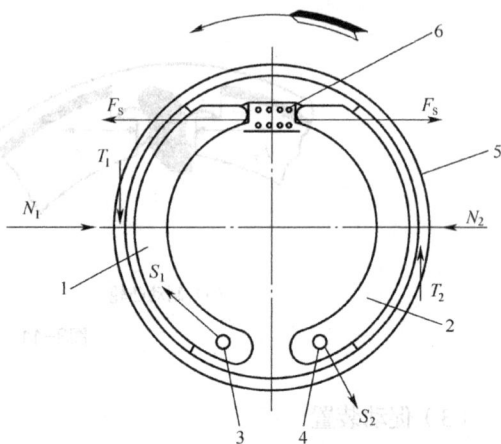

图3-12 领从蹄式制动器示意图
1—领蹄；2—从蹄；3、4—支撑点；
5—制动鼓；6—制动轮缸

$T_1 > T_2$。所以制动蹄作用到制动鼓上的法向力不相等；两制动蹄对制动鼓所施加的制动力矩也不相等。

制动蹄对制动鼓的作用力不相等，则两蹄法向力之和只能由车轮轮毂轴承的反力来平衡，这样对轮毂轴承造成了附加径向载荷，轴承的寿命缩短。为解决这个问题，出现了各种不同的鼓式制动器。

3. 鼓式车轮制动器类型

根据制动时两制动蹄对制动鼓的径向作用力之间的关系，鼓式制动器可分为简单非平衡式、平衡式和自增力式。

鼓式制动器按其制动蹄促动装置的形式可分为轮缸式制动器和凸轮式制动器。

（1）非平衡式制动器

制动鼓受来自两制动蹄的法向力不平衡的制动器称为非平衡式制动器。

非平衡式车轮制动器的工作过程如图 3-12 所示，其结构特点是：两制动蹄的支撑点都位于蹄的下端，而促动装置的作用点在蹄的上端，共用一个轮缸，且轮缸活塞直径相等；其性能特点是：汽车前进或倒车制动时，各有一个"领蹄"和"从蹄"。领、从蹄对制动鼓的法向作用力不相等，而这个不平衡的法向作用力只能由车轮的轮毂轴承来承担。

（2）平衡式制动器

制动鼓受来自两蹄的法向力互相平衡的制动器称为平衡式制动器。

① 单向平衡式制动器。单向平衡式制动器的结构如图 3-13 所示，其结构特点是：两制动蹄各用一个单向活塞制动轮缸，且前后制动蹄与其轮缸、调整凸轮零件在制动底板上的布置是中心对称的，两轮缸用一根油管连接；其性能特点是：前进制动时两蹄均为"领蹄"，有较强的制动增力，倒车制动时两蹄均为"从蹄"制动力较小。

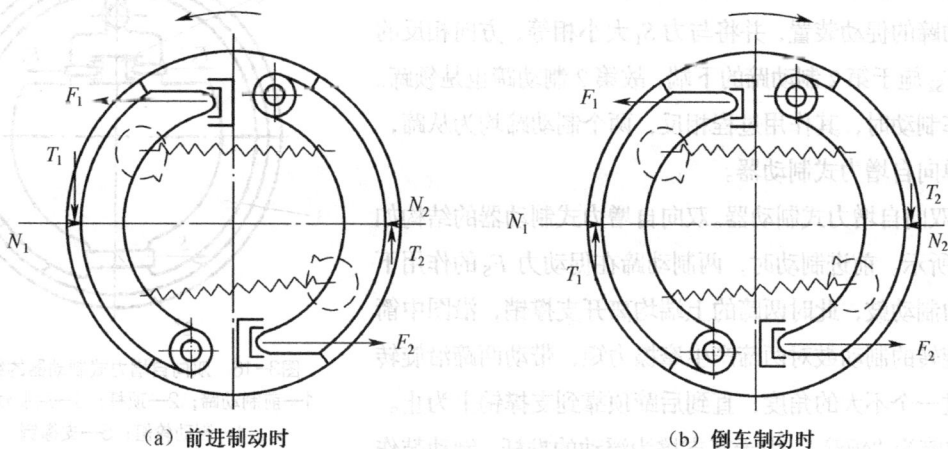

（a）前进制动时　　　　　　　　　　（b）倒车制动时

图3-13　单向平衡式车轮制动器的制动过程

② 双向平衡式制动器。双向平衡式制动器的结构如图 3-14 所示，其结构特点是：制动蹄、制动轮缸、回位弹簧均对称布置，制动蹄的两端采用浮式支撑，且支点在周向位置浮动，用复位弹簧拉紧；其性能特点是：汽车前进或倒车中制动时，两个制动蹄均为"领蹄"，均有较强的增力，制动效果好，蹄片磨损均匀。

（3）自增力式制动器

① 单向自增力式制动器。单向自增力式制动器的结构如图 3-15 所示。制动蹄 1 和制动蹄 2 的下端分别浮支在浮动的顶杆两端。制动器只在上方有一个支撑销 4。不制动时，两蹄上端均靠各自的复位弹簧拉靠在支撑销上。

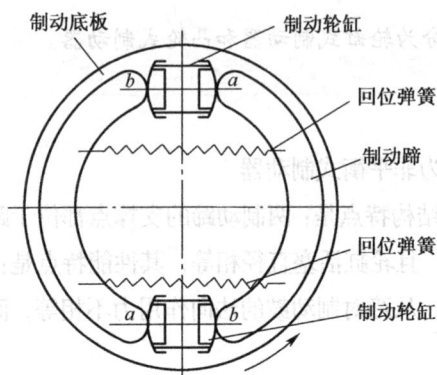

图3-14 双向平衡式车轮制动器的结构

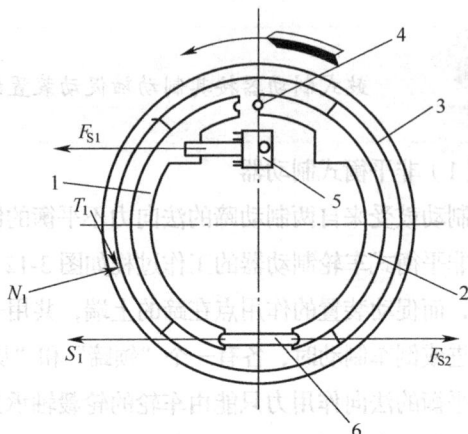

图3-15 单向自增力式制动器的结构
1—第1制动蹄；2—第2制动蹄；3—制动鼓；
4—支撑销；5—轮缸；6—顶杆

汽车前进制动时，单活塞式轮缸只将促动力 F_{S1} 加于第 1 制动蹄，使其上端离开支撑销，整个制动蹄绕顶杆左端支撑点旋转，并压靠在制动鼓上。显然，第 1 制动蹄是领蹄，并且在促动力 F_{S1}、法向合力 N_1、切向（摩擦）合力 T_1 和沿顶杆轴线方向的 S_1 作用下处于平衡状态。由于顶杆是浮动的，第 1 制动蹄成为第 2 制动蹄的促动装置，并将与力 S_1 大小相等、方向相反的促动力 F_{S2} 施于第 2 制动蹄的下端，故第 2 制动蹄也是领蹄。汽车倒车制动时，其作用过程相反，两个制动蹄均为从蹄，故称为单向自增力式制动器。

② 双向自增力式制动器。双向自增力式制动器的结构如图 3-16 所示。前进制动时，两制动蹄在促动力 F_S 的作用下张开压力制动鼓，此时两蹄的上端均离开支撑销，沿图中箭头方向旋转的制动鼓对两蹄产生摩擦力矩，带动两蹄沿旋转方向转过一个不大的角度，直到后蹄顶靠到支撑销上为止。此时，前蹄为"领蹄"，由于其支撑为浮动的推杆。制动鼓作

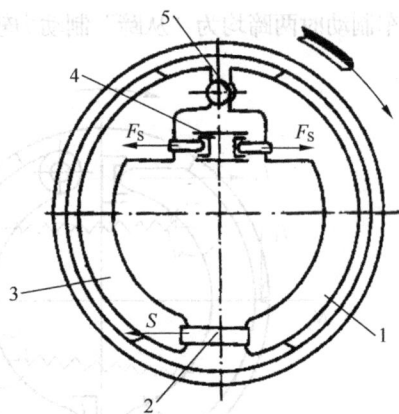

图3-16 双向自增力式制动器的结构
1—前制动蹄；2—顶杆；3—后制动蹄；
4—制动轮缸；5—支撑销

用在前蹄的摩擦力和法向力的一部分对推杆形成一个推力 S，推杆又将此推力完全传到后蹄的下端。后蹄在推力 S 的作用下也形成"领蹄"，并在轮缸液压促动力 F_S 的共同作用下进一步压紧制动鼓。推力 S 比促动力 F_S 大得多，从而使后蹄产生的制动力矩比前蹄更大。

倒车制动时，作用过程与此相似，与前进制动时具有同等的自增力作用。

以上介绍的各类型制动器各有利弊。就制动效能而言，在基本结构参数和轮缸工作压力相同的条件下，自增力式制动器制动力最大，以下依次为双向平衡式、单向平衡式、非平衡式；但就制动效能的稳定性而言，自增力式车轮制动器对摩擦片摩擦系数的依赖性最大，因而其制动效能的稳定性最差，非平衡式车轮制动器制动效能的稳定性居中，平衡式车轮制动器的制动效能稳定性最好。

4. 典型车轮制动器

本部分主要介绍在乘用车中常见的轮缸式车轮制动器。

（1）桑塔纳后轮制动器

桑塔纳后轮制动器为鼓式非平衡式车轮制动器，如图3-17所示。制动器的制动毂通过轴承支撑在后桥支撑短轴上，与车轮一起旋转。

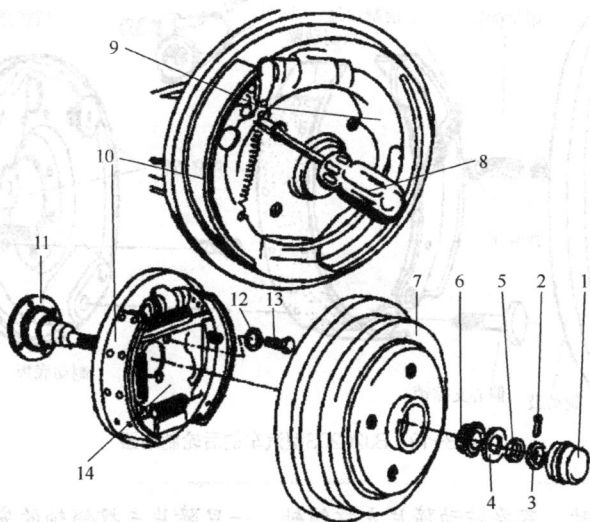

图3-17　桑塔纳后车轮制动器
1—轮毂盖；2—开口销；3—锁止环；4—止推垫圈；5—螺母；6—外圆锥滚子轴承内圈；7—制动鼓；8—螺钉旋具；
9—楔形调节板；10—制动蹄；11—短轴；12—碟形垫圈；13—螺栓；14—制动底板总成

制动器底板用螺栓固定在后桥轴端支撑座上，制动轮缸用螺钉固定在制动底板上方，其结构为双活塞内张型液压轮缸。支架、止挡板用螺钉紧固在底板的下方。下回位弹簧使制动蹄的下端嵌入固定板的切槽中。回位弹簧使两制动蹄的上端压靠到压力杆上，楔形件在其拉簧作用下，向下拉紧在制动蹄与压力杆之间。定位销、弹簧及弹簧座用以限制制动蹄的轴向移动，并保持蹄面与制动底板的垂直。

> 提示　制动时，轮缸活塞在制动液压力的作用下向外推动制动蹄，制动力克服回位弹簧的弹力使制动蹄向外张开，压向制动鼓，产生制动力矩使汽车制动。解除制动时，制动液压力消失，在回位弹簧的作用下制动蹄回位。

（2）BJ2020S汽车的后轮制动器

BJ2020S汽车的后轮制动器的结构如图3-18所示。冲压成形的制动底板用螺栓与驱动桥壳上的凸缘连接。制动蹄下端孔分别与支撑销上的偏心轴颈作间隙配合，上端顶靠在轮缸的活塞顶块上。制动鼓用螺栓固定在车轮轮毂的凸缘上，随同车轮旋转。促动装置为用螺钉固定在制动底板上的轮缸。定位调整机构包括安装在制动底板上的调整凸轮、限位杆及支撑制动蹄的偏心支撑销。转动调整凸轮可使制动蹄内外摆动；转动偏心支撑销可使制动蹄上下、内外移动。通过转动调整凸轮和偏心支撑销不仅能改变制动器的间隙，还能调整摩擦副的实际工作区域，有利于蹄鼓工作面全面贴合。

在偏心支撑销的尾端有轴线偏移标记，两标记相对时，为制动蹄收拢到最小位置。

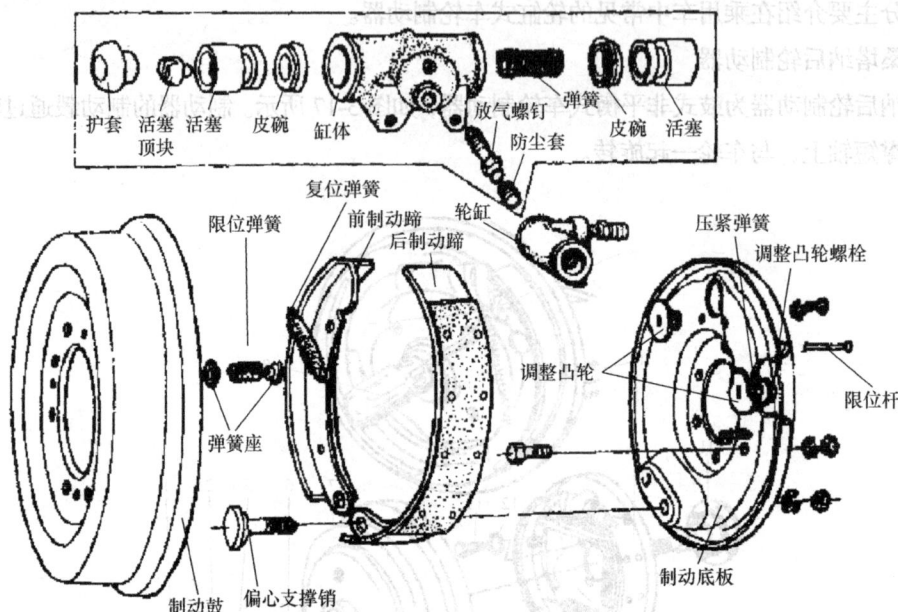

图3-18　BJ2020S型汽车的后轮制动器

> **提示**　局部调整时，不要拧动蹄片支撑销轴。一旦蹄片支撑销轴的安装位置发生改变，就必须重新进行全面调整。

（七）制动系统的工作原理

以一定速度行驶的汽车，具有一定的动能。要使它减速或停车，路面必须强制地对汽车车轮产生一个阻止汽车行驶的力——制动力。这个力的方向与汽车行驶的方向相反。制动就是将汽车的动能强制地转化为热能，扩散于大气中。

制动力是如何产生的呢？图3-19所示为制动系行车制动系的基本组成，我们就借这个图简要说明制动力的是如何产生的。

行车制动系由车轮制动器和液压传动机构两部分组成。

车轮制动器的旋转部分是制动鼓8，它固定于轮毂上，与车轮一起旋转。固定部分是制动蹄10和制动底板11等。制动蹄上铆有摩擦片，其下端套在支撑销上，上端用回位弹簧拉紧压靠在制动轮缸6内的活塞上。支撑销和轮缸都固定在制动底板上，

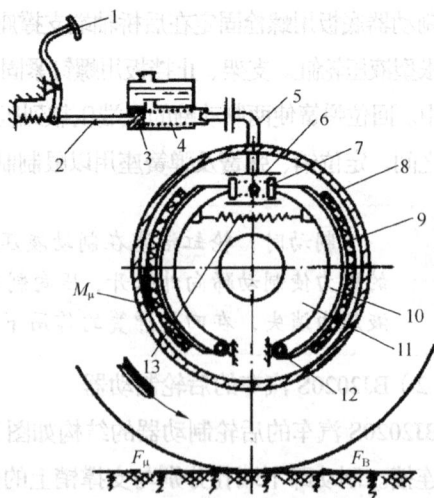

图3-19　制动系的组成及工作原理
1—制动踏板；2—主缸推杆；3—主缸活塞；4—制动主缸；
5—油管；6—制动轮缸；7—轮缸活塞；8—制动鼓；
9—摩擦片；10—制动蹄；11—制动底板；
12—支撑销；13—制动蹄回位弹簧

制动底板用螺钉与转向节凸缘（前桥）或桥壳凸缘（后桥）固定在一起。制动蹄靠液压轮缸使其张开。

> **提示**　不制动时，制动鼓的内圆柱面与摩擦片之间保留一定间隙，制动鼓可以随车轮一起旋转。

制动时，驾驶员踩下制动踏板，主缸推杆便推动制动主缸内的转缸活塞 7 前移，迫使制动液经管路进入轮缸，推动轮缸的活塞向外移动，使制动蹄克服回位弹簧的拉力绕支撑销转动而张开，消除制动蹄与制动鼓之间的间隙后压紧在制动鼓上。此时，不旋转的制动蹄摩擦片对旋转的制动鼓就产生一个摩擦矩，其方向与车轮的旋转方向相反。制动鼓将此力矩传到车轮后，由于车轮与路面的附着作用，车轮即对路面作用一个向前的圆周力 F_μ，与此相反，路面会给车轮一个向后的反作用力，这个力就是车轮受到的制动力 F_B。各车轮受到的制动力的总和就是汽车受到的总的制动力。

放松制动踏板，在回位弹簧的作用下，制动蹄与制动鼓的间隙又得以恢复，从而解除制动。

三、任务实施

（一）制动器的检修

1. 制动踏板自由行程检查

检查时，可用手轻压踏板，测量从开始压下至手感变重时的踏板行程，其行程应≤45mm。测量制动踏板从手感变重至压到底端的有效行程，其行程应达到 135mm。制动踏板的总行程应≥180mm。如果检查不合格，可通过调整推杆长度的方法修正，具体方法如图 3-20 所示。

富康乘用车制动踏板的自由行程是制动总泵活塞与真空助力器推杆之间的间隙在踏板上的反映，如图 3-21 所示。此间隙为 2～3mm，反映在制动踏板上的自由行程为 6～10mm。该车制动踏板的总行程

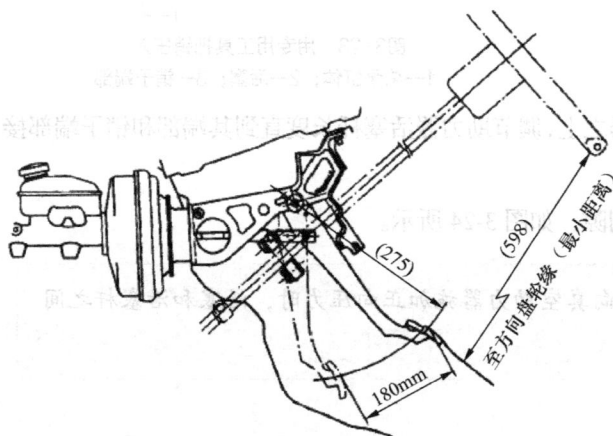

图3-20　桑塔纳乘用车制动踏板行程　　　　图3-21　富康乘用车制动踏板行程

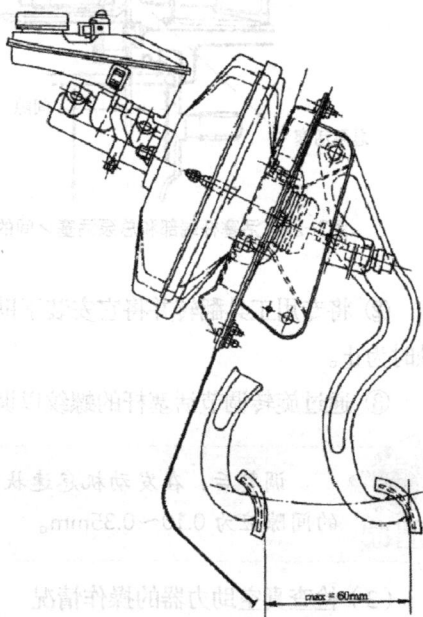

为60mm。在检查时为保证测量精度，应在发动机熄火状态下，反复踩下制动踏板后再进行检查。

2. 真空助力器的检查

（1）检查助力器内部零件

　　总成被拆开后，应将所有金属零部件浸泡在酒精中，并用干净布擦拭橡胶皮膜和塑料零件。可用蘸有酒精的布擦除厚积尘垢，要特别注意不要使橡胶件接触酒精。

擦净橡胶件并注意检查每个橡胶件是否有切痕、裂口以及其他损伤。这些零件关系到气流的控制，所以如存在任何有问题的橡胶件，应立即更换。

修复非常费事、费时的零件或损坏严重的零件应予以更换。对怀疑有问题的零件也应及时更换。

（2）检查、调整助力器活塞杆和总泵活塞之间的间隙

调整助力器活塞杆的长度以使活塞杆端部和总泵活塞之间的间隙在限值以内，如图3-22所示。

　　在测量间隙以前，反复推拉几次活塞杆以确认阻尼垫位于正确位置。助力器内部气压应等于大气压。

① 利用总泵专用工具将销压入，直到和活塞接触为止，如图3-23所示。

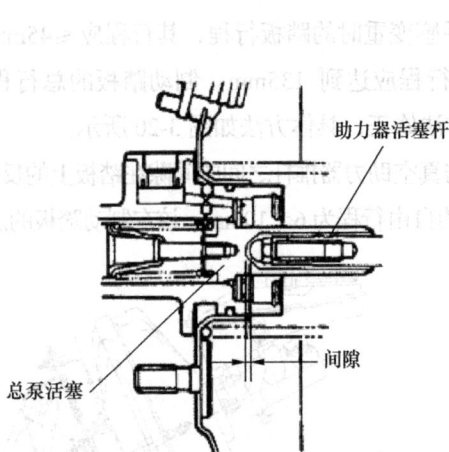

图3-22　活塞杆端部和总泵活塞之间的间隙

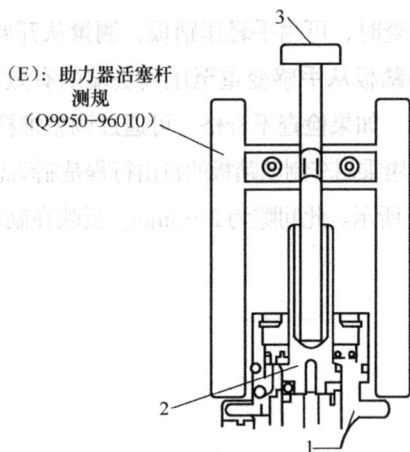

图3-23　用专用工具把销压入
1—总泵缸体；2—活塞；3—销子端部

② 将专用工具翻转并将它安装于助力器之上，调节助力器活塞杆长度直到其端部和销子端部接触时为止。

③ 通过旋转调节活塞杆的螺纹以调节间隙，如图3-24所示。

　　调整后，在发动机怠速状态时向真空助力器施加正向压力时，活塞和活塞杆之间的间隙应为0.10～0.35mm。

（3）检查真空助力器的操作情况

可以采用两种检查方法，一种是利用试验设备测量，另一种则由检修人员根据经验人工测试。

一般不需要利用试验设备就可大致地确定其操作是否正常。

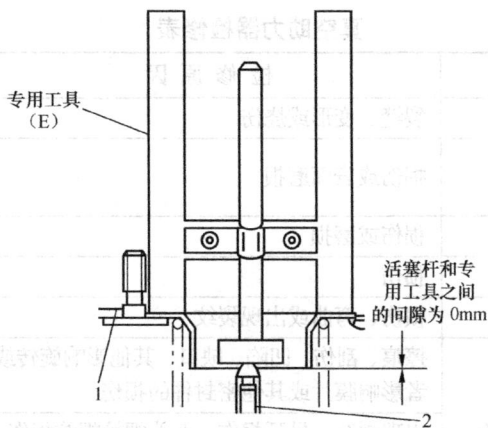

图3-24　调节间隙
1—助力器本体；2—活塞杆

专用工具
（E）

活塞杆和专
用工具之间
的间隙为 0mm

2

注意 检查时，要确保液压管中不存在空气。

不用试验设备，检查空气阻尼情况，需按照以下步骤操作。

① 起动发动机。

② 发动机起动后运行 1～2min。

③ 以相同的力反复踩几下制动器踏板，并观察踏板的行程。如第 1 次踩时行程大，随后再踩时，其行程逐渐减少，即说明气阻已建立，真空助力器工作良好，如图 3-25 所示。

④ 如踏板行程未变化，即说明气阻未建立，真空助力器无法正常工作，如图 3-26 所示。

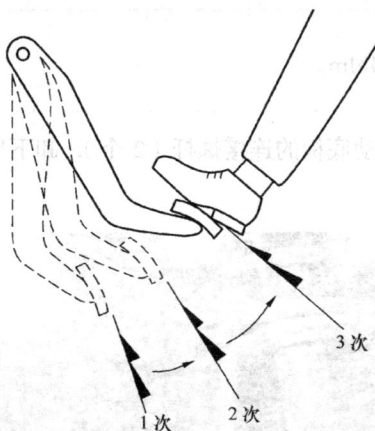

图3-25　踏板的行程

3 次

1 次　2 次

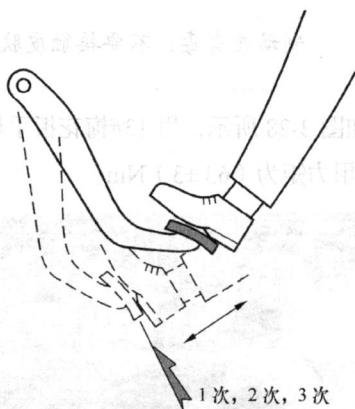

图3-26　踏板的行程不变

1 次，2 次，3 次

提示 如存在效率，则需检查真空管和密封零件，并更换失效零件。更换后，应重复所有的试验步骤以确保故障排除。

（4）真空助力器检修，如表 3-1 所示。

表 3-1　　　　　　　　　　　真空助力器检修表

序号	零　件	检 修 原 因	处 理 方 法
1	助力器活塞	裂缝、变形或烧伤	更换
2	空气阀总成 （控制阀和弹簧）	损伤或表面磨损	更换
3	阻尼垫	损伤或磨损	更换
4	防尘橡胶膜	损伤	更换
5	活塞杆和座圈	损伤、弯曲或出现裂纹	更换
6	助力器 1 号及 2 号壳体	擦痕、刮伤、凹陷、缺口、其他影响旋转或者影响膜片或其他密封件的损伤	除非容易修理，否则更换
		出现裂纹，吊耳损伤，双头螺栓螺纹损伤	除非修理，否则更换
		锁耳弯曲或出现缺口	除非容易修理，否则更换
		双头螺栓松动	更换
7	空气滤清器和隔离器	尘垢	更换

（二）盘式制动器的拆装与调整

1. 所需工具

棘轮，棘杆，8#、13#、15#、20#套筒，13#、14#、17#、30#梅花扳手，虎钳，扭力扳手，平口起子。

2. 拆卸步骤

① 旋下轮胎紧固螺母，拆下轮胎。注意：在拆卸轮胎时先将 4 个紧固螺母分别旋松 1～2 扣后再将螺母旋下，不要弄伤螺杆。拆螺母许用力矩为（110±10）Nm。

② 如图 3-27 所示，用 13#梅花扳手旋下制动油管与制动钳的连接螺母，放出制动液。

> **注意**　　　制动液有毒，不要接触皮肤。力矩：11～14Nm。

③ 如图 3-28 所示，用 13#梅花扳手松开制动钳与制动底板的连接螺杆（2 个），卸下后制动钳总成。许用力矩为（63±3）Nm。

图3-27　制动油管与制动钳的连接螺母

图3-28　制动钳与制动底板的连贯接螺杆

④ 如图 3-29 所示，用 30#梅花扳手旋下后轮毂轴承单元紧固螺母。许用力矩为（78±5）Nm。

⑤ 如图 3-30 所示，一个 M8 的螺栓用 8#套筒扳手旋进图示的螺栓孔中，顶出制动盘。

图3-29 后轮毂轴承单元紧固螺母

图3-30 顶出制动盘

更换制动盘时请成对更换。不能用锤子或类似物件敲击摩擦片。如有必要，用橡胶锤小心地敲击制动盘的盘体。

⑥ 如图 3-31 所示，取出后轮制动盘。检测制动盘的厚度，如果低于最小厚度则更换。

⑦ 如图 3-32 所示，用拉码拉出后轮毂轴承单元。

图3-31 取出后轮制动盘

图3-32 拉码拉出后轮毂轴承单元

⑧ 如图 3-33 所示，用虎钳旋转手刹制动蹄片上定位销钉，取出限位弹簧座（制动领蹄和制动从蹄上各有一个）。

⑨ 取下手刹制动蹄片上的回位弹簧和手制动拉线，取下手刹制动蹄片。

⑩ 如图 3-34 所示，用 15#套筒扳手旋松制动底板固定螺栓（4 个），取出制动底板。许用力矩为 7～14Nm。

3. 安装步骤

按照与拆卸步骤相反的顺序安装后制动器总成，相关部位的力矩必须严格执行标准要求。

4. 制动盘厚度的检查

除检查制动盘 2 表面的磨损外，可用卡尺 1 检查制动盘 2 的厚度，如图 3-35 所示。富康乘用车制动盘的标准厚度为 10mm（实体），使用极限为 8mm。通风型制动盘的标准厚度为 20.4mm，使用极限为 18.4mm。

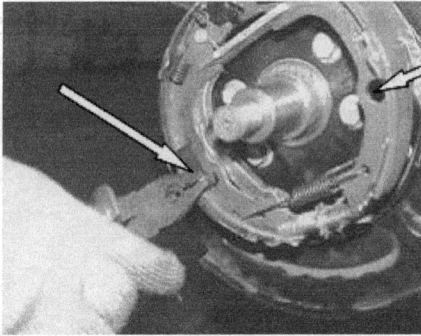

图3-33　取出限位弹簧座

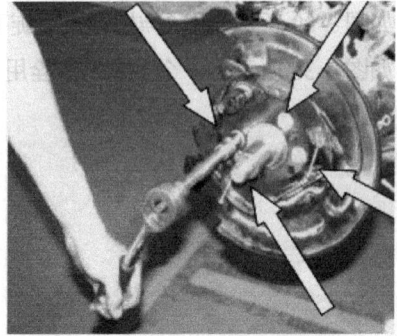

图3-34　取出制动底板

5. 制动盘端面圆跳动的检查

如图 3-36 所示，用百分表 2 检查制动盘 1 端面跳动量，规定跳动量不超过 0.08mm。

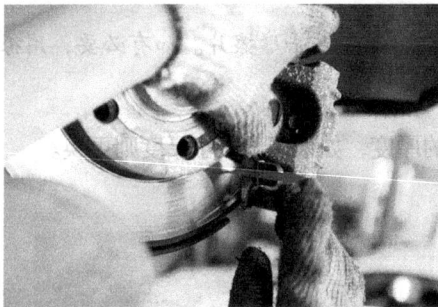

图3-35　检查制动盘厚度

图3-36　检查制动盘端面跳动量

6. 制动块厚度的检查

制动衬片的总厚度标准值为 14mm，使用极限为 7mm。制动衬片摩擦片厚度磨损极限的残余厚度应不小于 0.8mm，如图 3-37 所示。在未拆下时外制动衬片可通过轮辐 4 上的孔检查其厚度。

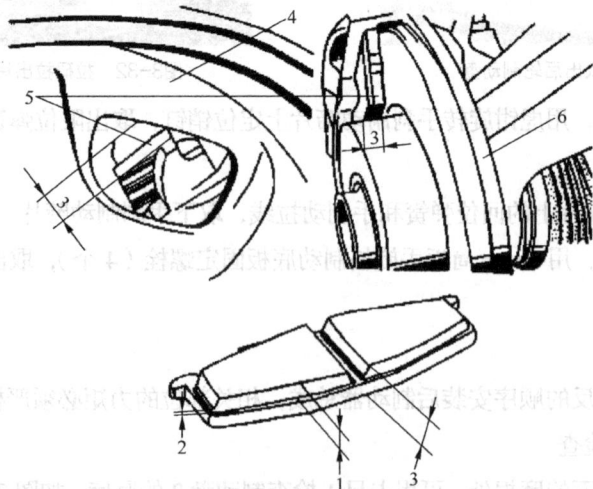

图3-37　制动块厚度的检查
1—制动衬片摩擦片厚度；2—制动衬片摩擦片磨损极限的残余厚度；3—制动衬片的总厚度；
4—轮辐；5—外制动衬片；6—制动盘

（三）鼓式制动器的拆装与调整

1. 制动鼓的拆装步骤

① 提升车辆，拆下车轮。

② 卸下制动鼓螺钉（2 个），如图 3-38 所示。

③ 脱开驻车制动操纵杆。

④ 拆下驻车制动操纵杆罩盖螺钉，拧松驻车制动器拉索锁紧螺母，如图 3-39 所示。

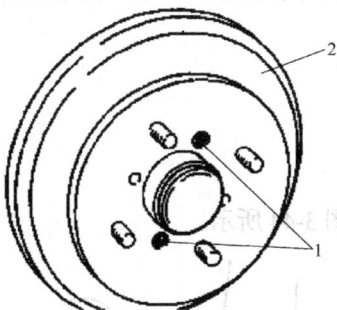

图3-38 制动鼓
1—螺钉；2—制动鼓

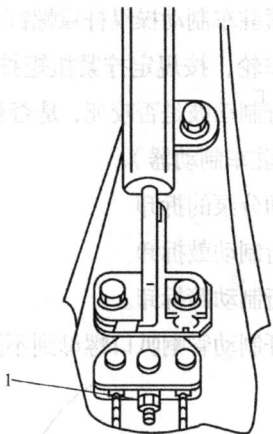

图3-39 拧松驻车制动器拉索锁紧螺母
1—驻车制动器拉索锁紧螺母

⑤ 拆下制动器底板后侧的胶塞，以便调整制动蹄与制动鼓的间隙。将螺丝刀插入塞孔内，直到螺丝刀头部与压紧弹簧接触后，沿箭头方向推入螺丝刀并将压紧弹簧往上推，使驻车制动蹄拉杆与压紧弹簧脱开，得到较大拆装间隙。

⑥ 用两个 M8 螺栓将制动鼓取出，如图 3-40 所示。

2. 制动鼓的安装步骤

① 安装制动鼓前，为了使制动蹄与制动鼓间的间隙最大，将螺丝刀插到杆与棘轮之间，将棘轮往下推，如图 3-41 所示。

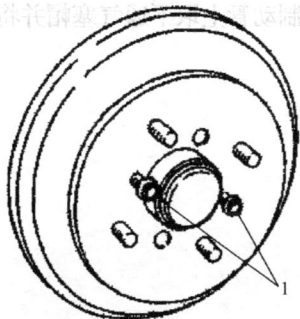

图3-40 取出M8螺栓
1—M8螺栓

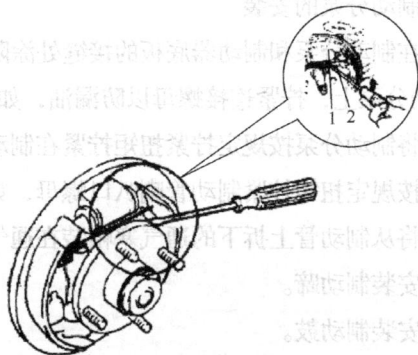

图3-41 制动间隙最大时的棘轮位置
1—杆；2—棘轮

② 使制动蹄压紧弹簧回到原位，如图 3-42 所示。移动制动蹄拉杆，以使制动拉杆在制动蹄压

紧弹簧侧，这就使制动蹄压紧弹簧回到原位。

③ 在检查制动鼓内侧和制动蹄上无脏物和油污后，装制动鼓。

④ 拧紧制动鼓螺钉。

⑤ 以30kg的力踩动制动踏板3～5次，以获得制动蹄与制动鼓间的正常间隙。调整驻车制动拉索。

⑥ 拧紧驻车制动操纵杆罩螺钉。

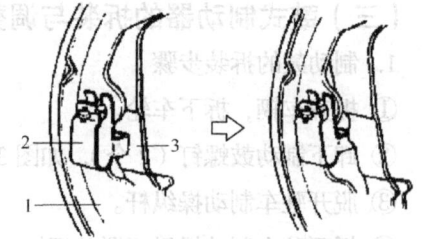

图3-42　制动蹄压紧弹簧回到原位
1—制动蹄；2—制动蹄压紧弹簧；3—驻车制动蹄拉杆

⑦ 装车轮，按规定拧紧扭矩拧紧车轮螺母，如图3-43所示。

⑧ 检查制动鼓是否咬死，是否获得正常的制动。然后从提升器降下车辆，并进行制动试验（行车制动器和驻车制动器）。

3. 制动分泵的拆卸

① 进行制动鼓拆卸。

② 进行制动蹄拆卸。

③ 松开制动管喇叭口螺母到不漏制动液的程度，如图3-44所示。

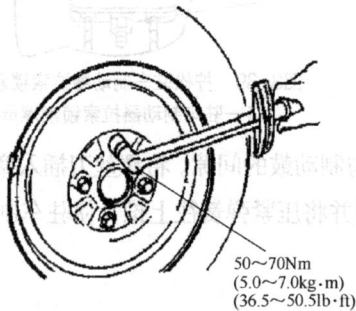

50～70Nm
(5.0～7.0kg·m)
(36.5～50.5lb·ft)

图3-43　按规定拧紧扭矩拧紧车轮螺母

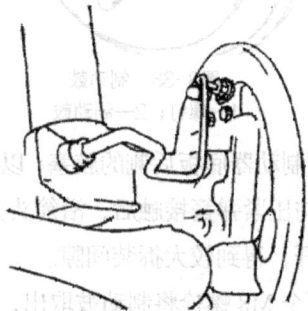

图3-44　松开制动管喇叭口螺母

④ 拆下制动分泵安装螺栓。从制动分泵上拆下制动管，并在制动管上戴上制动分泵通气塞帽，以防止制动液溢出，如图3-45所示。

4. 制动分泵的安装

① 在制动分泵和制动器底板的接缝处涂防水密封胶。然后从制动管上取下通气塞帽并将制动管接到制动分泵上，拧紧连接螺母以防漏油，如图3-46所示。

② 将制动分泵按规定拧紧扭矩拧紧在制动器底板上。

③ 按规定扭矩拧紧制动管喇叭口螺母，如图3-47所示。

④ 将从制动管上拆下的通气塞帽装在通气塞上。

⑤ 安装制动蹄。

⑥ 安装制动鼓。

⑦ 向储液筒中加注制动液，并进行制动系统的排气。

⑧ 然后以约30kg的力踩动制动踏板3～5次，以获得制动蹄与制动鼓间的正常间隙。调整驻车制动拉索。

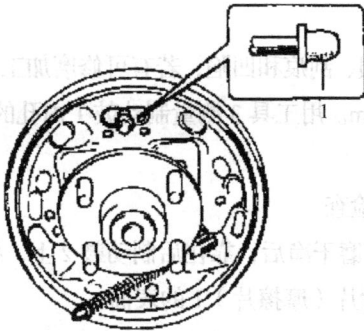

图3-45 拆下制动分泵安装螺栓
1—通气塞帽

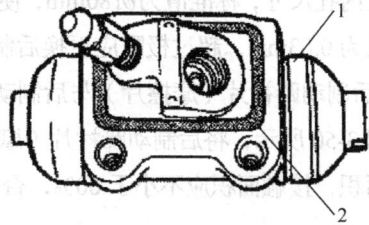

图3-46 制动分泵和制动器底板的接缝处涂防水密封胶
1—制动分泵；2—涂防水密封胶（密封胶366E99000—31090）

⑨ 拧紧驻车制动操纵杆罩螺钉。

⑩ 安装车轮并按规定扭矩拧紧车轮螺母。

⑪ 检查制动鼓是否咬死，是否达到正确的制动性能，然后从举升机上降下车辆，进行制动试验（分别检查行车制动器和驻车制动器）。

⑫ 检查各安装部位是否漏液。

5. 后制动蹄衬片（摩擦片）的厚度检查

如图 3-48 所示，用卡尺 1 测量后制动蹄衬片（摩擦片）2 的厚度，标准值为 5mm，使用极限为 2.5mm，其铆钉头 3 与摩擦片 2 表面的深度不得小于 1mm，以免铆钉头刮伤制动鼓内表面。在未拆下车轮时，后制动蹄摩擦片的厚度可从制动底板 6 的观察孔 4 中检查。

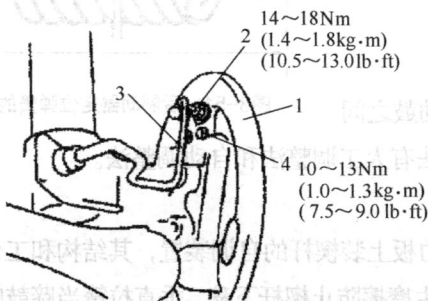

图3-47 按规定扭矩拧紧制动管喇叭口螺母
1—制动器底板；2—制动管喇叭口螺母；
3—制动管；4—制动分泵螺栓

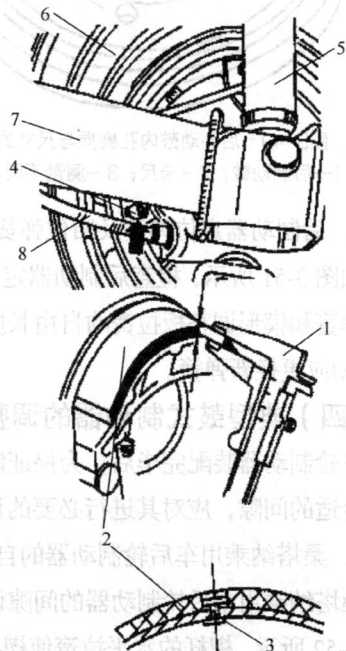

图3-48 后制动蹄衬片（摩擦片）的厚度检查
1—卡尺；2—摩擦片；3—铆钉；4—观察孔；5—后减震器；
6—制动底板；7—后桥体；8—驻车制动钢索

6. 后制动鼓内孔磨损与尺寸的检查

如图 3-49 所示，应首先检查后制动鼓 1 内孔有无烧损、刮痕和凹陷，若有可修磨加工，并用卡尺 2 检查内孔尺寸，标准值为 ϕ180mm，使用极限为 181mm。用工具 3 测量制动鼓 1 内孔的不圆度，使用极限为 0.03mm，超过极限应更换后制动鼓 1。

7. 后制动蹄衬片（摩擦片）与后制动鼓接触面积的检查

如图 3-50 所示，将后制动蹄衬片（摩擦片）1 表面打磨干净后，靠在后制动鼓 2 上，检查二者的接触面积，接触面积应不小于 60%，否则应继续打磨衬片（摩擦片）1 的表面。

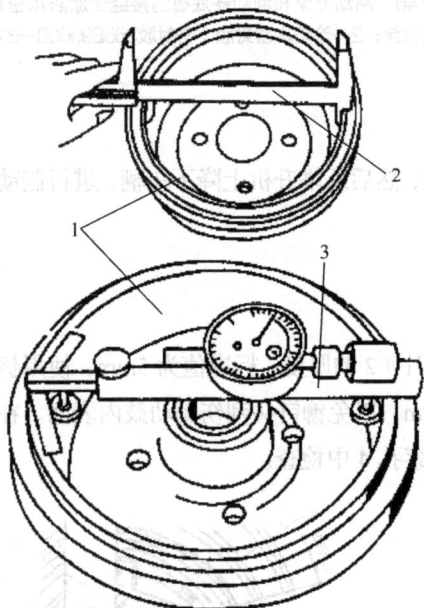

图3-49　后制动鼓内孔磨损与尺寸的检查
1—后制动鼓；2—卡尺；3—测量不圆度工具

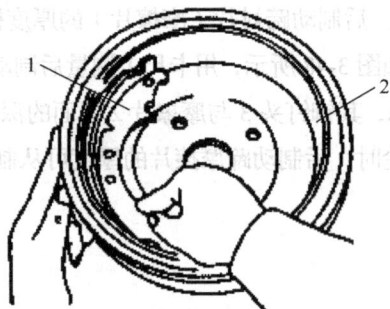

图3-50　后制动蹄衬片（摩擦片）与后制动鼓接触面积的检查
1—后制动蹄衬片（摩擦片）；2—制动鼓

8. 后制动器定位弹簧及回位弹簧的检查

如图 3-51 所示，检查后制动器定位弹簧、上回位弹簧、下回位弹簧和模形调整板拉簧的自由长度，若自由长度增加超过 5%，则应更换新弹簧。

（四）典型鼓式制动器的调整

车轮制动器装配完毕后，为保证制动蹄衬片与制动鼓之间具有合适的间隙，应对其进行必要的调整，调整的方法有人工调整法和自动调整法。

图3-51　后制动器定位弹簧的检查

1. 桑塔纳乘用车后轮制动器的自动调整装置

桑塔纳乘用车后轮制动器的间隙调整装置为在推力板上装楔杆的自调装置，其结构和工作过程如图 3-52 所示，楔杆的水平拉簧使楔杆与推力板间产生摩擦防止楔杆下移，垂直拉簧当蹄鼓间隙正常时，楔杆静止；当蹄鼓间隙大于规定值时，蹄片张开的行程被加大，垂直拉簧的力 F_2 增大，$F_2 > F_1$，楔杆下移，楔杆的下移使得水平拉簧的力也被加大，摩擦力 F_1 相应加大，则楔杆在新的平衡位置静

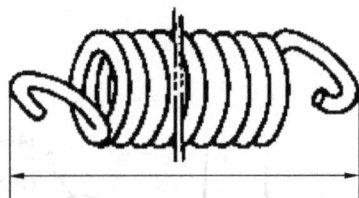

止，间隙自动减小。

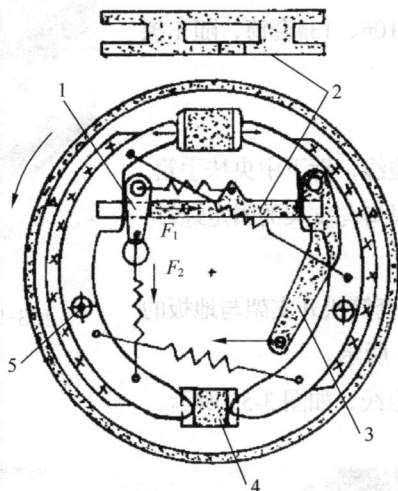

图3-52　在推力板上装楔杆的自调装置
1—楔杆；2—推力板；3—驻车制动杠杆；4—浮式支撑座；5—定位件；
F_1—水平拉簧的摩擦力；F_2—楔形杆的垂直拉簧力

> **提示**　放松制动后，制动蹄在回位弹簧的作用下收拢。由于推力板已变长，只能被顶靠在新的位置，从而保持规定的制动间隙值。

此类自调装置属于一次性调准的结构，前进或倒车制动均能自调。

2. BJ2020S 汽车后轮制动器的人工调整

该车轮制动器的调整分为局部调整和全面调整。

（1）全面调整的方法

架起车桥，使制动鼓能自由转动；松开蹄片的偏心支撑销轴锁紧螺母；转动支撑销使轴端标记位相互靠近的位置；转动上端调整凸轮，使蹄片压向制动鼓，从动鼓的检查孔用厚薄规检查每个蹄片两端与制动鼓是否贴紧。如果蹄片轴端发现间隙，则用转动蹄片支撑销的方法消除；反向转动调整凸轮，使蹄片上端与鼓脱离接触，直到产生合适的间隙为止。

（2）局部调整的方法

架起车桥，使制动鼓能自由转动，用规定厚度的厚薄规通过制动鼓上的检查孔，检查蹄片上、下端的间隙；转动上端的调整凸轮，使制动鼓与制动蹄的间隙增大或减小，调整时用规定厚度的厚薄规反复测量，当拉动时感到稍有阻力，即为合适。间隙调好后，如果有轻微摩擦声，可将间隙稍许放大一些。

> **提示**　局部调整时，不要拧动蹄片支撑销轴。一旦蹄片支撑销轴的安装位置发生改变，就必须重新进行全面调整。

（五）驻车制动器的拆装与调整

1. 所需工具

口起子，棘轮扳手，棘杆，10#、13#套筒，随车扳手，扭力扳手，虎钳。

2. 拆卸步骤

① 用起子撬起中央扶手箱边缘，拆下中央扶手箱。

② 用十字起松开空调后出风口与支架的固定螺钉，如图 3-53 所示。

③ 用棘轮扳手和 10#、13#套筒松开支架与地板的紧固螺栓，卸下支架，如图 3-54 所示。

④ 从拉线连接处取出制动拉线，如图 3-55 所示。

图3-53　用十字起松开空调后出风口与支架的固定螺钉

图3-54　卸下支架

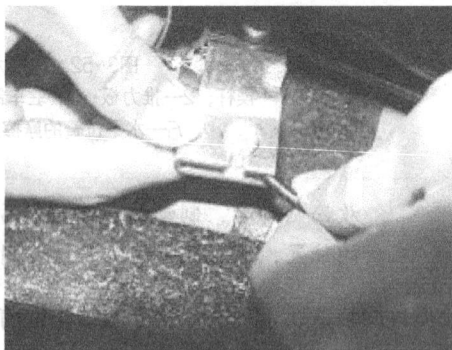

图3-55　取出制动拉线

⑤ 向上掀开后座，揭开地毯。

注意　在揭开地毯的时候如果门槛压板碍事，请先拆门槛压板，如图 3-56 所示。

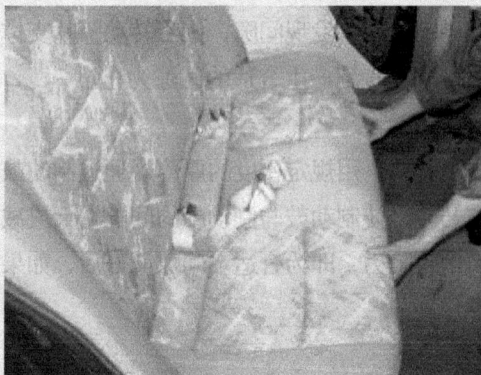

图3-56　拆门槛压板

⑥ 拆开制动拉线支架与地板的紧固螺母，制动拉线从支架上取出，如图 3-57 所示。

⑦ 拆下后轮胎，后制动器总成拆开后，如图 3-58 所示（具体拆卸步骤见"后轮制动器总成的拆卸"），并用虎钳卸下鼓式制动器下回位弹簧，然后取出如图 3-58 中箭头所示的推杆。

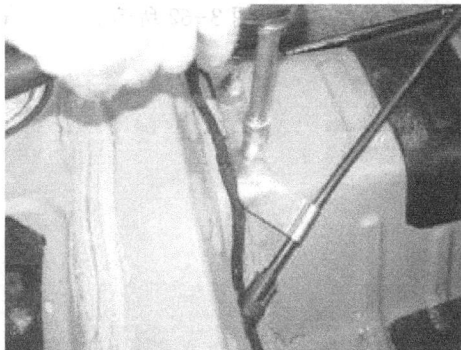

图3-57　取出制动拉线

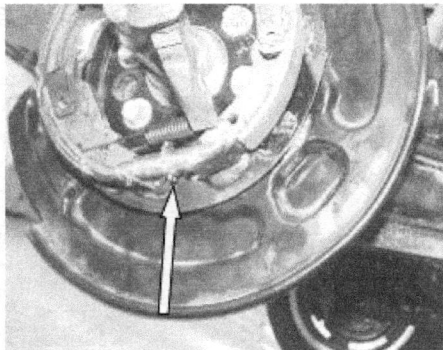

图3-58　拆下后轮胎

⑧ 从制动拉臂中取出制动拉线，如图 3-59 所示。

⑨ 升起汽车，用平口起子从制动底板中撬出制动拉线，如图 3-60 所示。

图3-59　取出制动拉线

图3-60　撬出制动拉线

⑩ 用棘轮扳手和 15#套筒卸下图中的螺栓，此时就可将制动拉线拉出了，如图 3-61 所示。

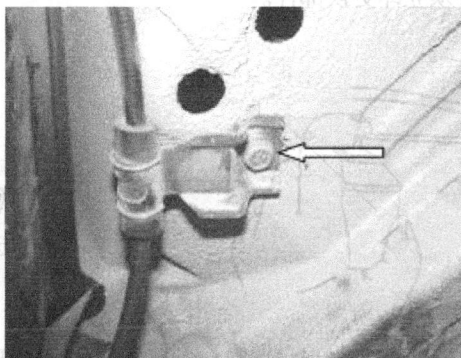

图3-61　拉出制动拉线

3. 安装步骤

以拆卸步骤相反的顺序进行安装。

更换制动器蹄片或手制动拉线后需要调整驻车制动器，如图 3-62 所示。

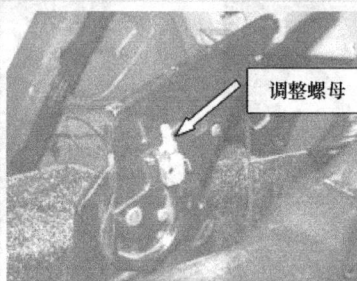

调整螺母

图3-62　调整驻车制动器

4. 驻车制动器的调整

① 松开驻车制动器手柄。

② 用力踩下制动器踏板一次。

③ 驻车制动器手柄拉起 4 个齿。

④ 拧紧调整螺母，直到两个车轮用手转不动为止。

⑤ 完成上述步骤后，松开驻车制动器检查两个后轮是否可以自由地转动。如果不能则重复上述调整步骤。

5. 驻车制动器钢索的检查

如图 3-63 所示，驻车制动器钢索 3 的内线应在外皮内能自由地滑动且无断线和脱焊现象，用钢索润滑器 2 进行润滑。其方法是用润滑油壶 4 注入润滑油的同时，不断旋动钢索润滑器 2 上的螺栓 1，即可将润滑油压入驻车制动钢索 3 中。

6. 驻车制动器棘爪与棘齿板的检查

如图 3-64 所示，检查棘爪 2 与棘齿板 1 的齿部的磨损与损坏情况，为保证车辆驻车的可靠性，若发现磨损和损坏的情况，必须立即更换部件。

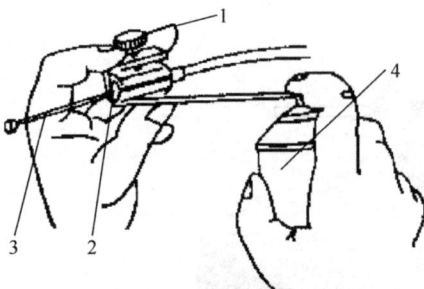

图3-63　驻车制动器钢索的检查
1—钢索润滑器螺栓；2—钢索润滑器；
3—驻车制动钢索；4—润滑油壶

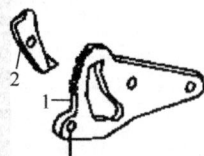

图3-64　驻车制动器棘爪与棘齿板的检查
1—棘齿板；2—棘爪

任务二　液压制动系统检修

一、任务导入

制动系统中的操纵机构在选择传递介质时，由于液体的可靠性和经济性都比较好，因此汽车上广泛采用液压制动系统。液压制动系统因其制动作用滞后时间较短（0.1～0.3s）；工作压力高（可达10～20MPa），因而轮缸尺寸小，可以安装在制动器内部，直接作为制动蹄的张开机构（或制动块的压紧机构），而不需要制动臂等传动件，使之结构简单，质量小；机械效率较高（液压系统有自润滑作用），即使现在新的智能控制的制动系统中仍然采用液压系统作为制动系统的基本组成。

二、相关知识

（一）制动传动装置

1. 功用

制动传动装置的功用是将驾驶员及其他动力源的作用传到制动器，同时控制制动器的工作，从而获得所需要的制动力矩。

2. 分类

制动传动装置按传力介质的不同可分为液压式、气压式和气—液综合式；按制动管路的套数可分为单管路制动传动装置和双管路制动传动装置。按照交通法规的要求，现代汽车的行车制动系必须采用双管路制动传动装置，单管路制动传动装置已被淘汰。

液压式制动传动装置是利用制动液将制动踏板力转换为制动液压力，通过管路传至车轮制动器，再将制动液压力转变为制动蹄张开的机械推力。

（二）液压制动系统的组成

如图3-65所示，液压制动传动装置由制动踏板、主缸推杆、制动主缸、储液罐、制动轮缸、油管、制动灯开关、指示灯、比例阀等组成。

传统的液压制动系统主要包括制动液、传动装置、制动器、操纵机构等组成。根据传动管路布置可分为单管路和双管路，根据操纵机构中的助力方式可分为人力助力、真空助力和电动助力等。

（三）液压制动系统的工作原理

如图3-66所示，液压制动系统以帕斯卡定律为理论基础，在传力过程中对驾驶员的踏板力进行了放大，使传递到制动轮缸及制动蹄上的制动力大于踏板力。

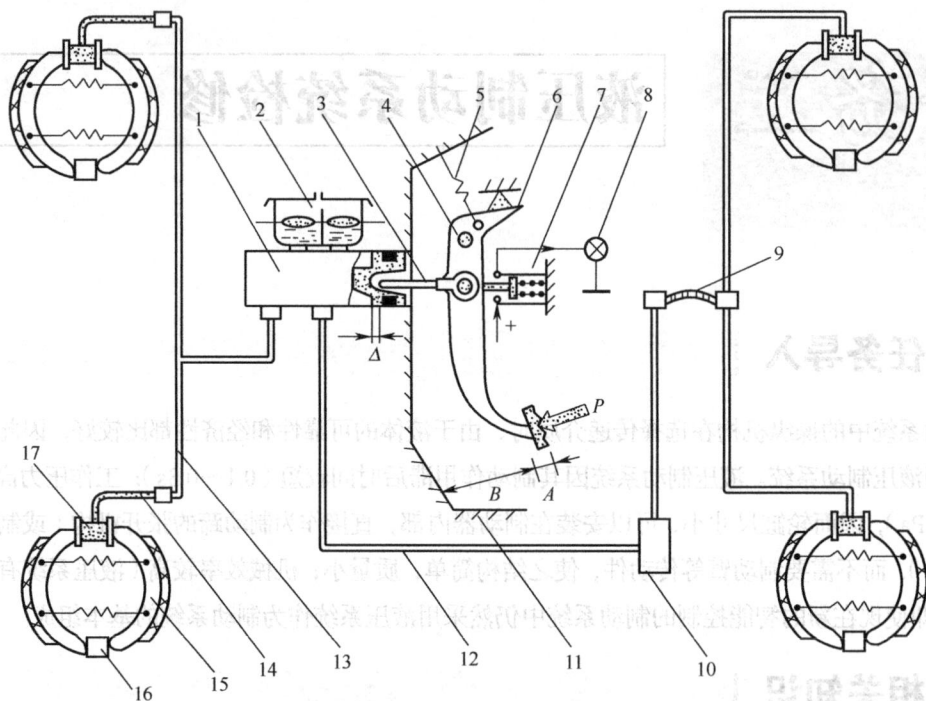

图3-65　液压制动传动装置的组成

1—制动主缸；2—储液罐；3—主缸推杆；4—支撑销；5—复位弹簧；6—制动踏板；7—制动灯开关；

8—指示灯；9—软管；10—比例阀；11—地板；12—后桥油管；13—前桥油管；14—软管；

15—制动蹄；16—支撑座；17—制动轮缸；*Δ*—自由间隙；*A*—自由行程；*B*—有效行程

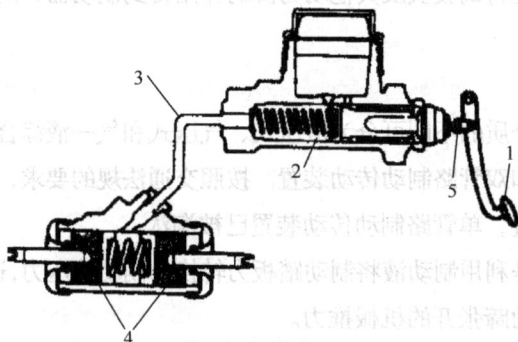

图3-66　踏板力的放大

1—制动踏板；2—主缸活塞；3—制动管路及制动液；4—轮缸活塞；5—制动蹄推杆

> **提示**　帕斯卡定律揭示了在封闭的系统中，液体朝各个方向传递的压力相等。如果以100N脚踏力踩制动踏板，踏板与支点力臂相当于主缸活塞与支点力臂的3倍，则作用到制动主缸活塞上的力为300N。如果主缸活塞的截面积为2cm²，而轮缸活塞的截面积为4cm²，那么，推动车轮制动蹄的力可达600N。

（四）液压制动系统的类型

双管路液压制动系统是利用彼此独立的双腔制动主缸，通过两套独立管路，分别控制两桥或三桥的车轮制动器。其特点是若其中一套管路发生故障而失效时，另一套管路仍能继续起制动作用，从而提高了汽车制动的可靠性和行车的安全性。

双管路的布置方案在各型汽车上各有不同，常见的有前后独立式和交叉式两种。

1. 前后独立式

如图 3-67 所示，前后独立式双管路液压制动传动装置由双腔制动主缸通过两套独立的管路分别控制前桥和后桥的车轮制动器。这种布置方式结构简单，如果其中一套管路损坏漏油，另一套仍能起作用，但会改变前后桥制动力分配的比例，前后独立式双管路液压制动传动装置主要用于发动机前置后轮驱动的汽车，如南京依维柯等。

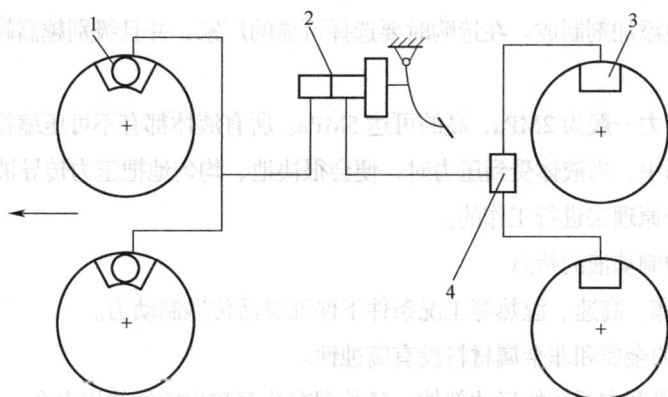

图3-67　前后独立式的双管路液压制动传动装置
1—盘式制动器；2—双腔制动主缸；3—鼓式制动器；4—制动力调节器

2. 交叉式

如图 3-68 所示，交叉式（也称为对角线式）双管路液压制动传动装置由双腔制动主缸通过两套独立的管路分别控制前后桥对角线方向的两个车轮制动器。这种布置方式在任一管路失效时，仍能保持一半的制动力，且前后桥制动力分配比例保持不变，有利于提高制动方向稳定性。它主要用于发动机前置前轮驱动的乘用车。

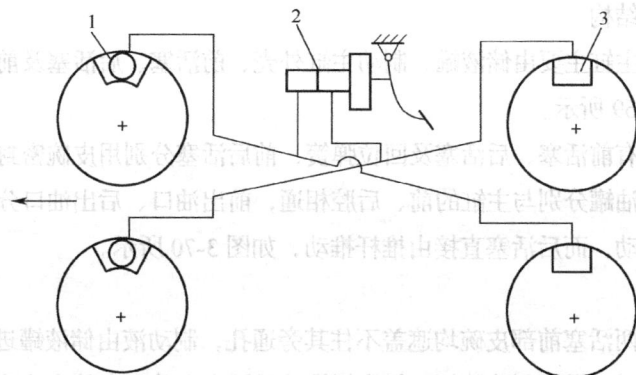

图3-68　交叉式的双管路液压制动传动装置
1—盘式制动器；2—双腔制动主缸；3—鼓式制动器

（五）液压制动系统主要部件

1. 制动液

（1）功用

汽车制动液又称刹车油，是用于汽车液压制动系统中传递压力的液体。由于其优劣直接关系刹车的可靠程度，因此绝不可掉以轻心。

（2）分类

制动液有三种类型，包括醇型（蓖麻油）、合成型、矿油型。醇型由精制的蓖麻油 45%～55% 和低碳醇（乙醇或丁醇）55%～45%调配而成,经沉淀获得无色或浅黄色清彻透明的液体。合成型是用醚、醇、酯等掺入润滑、抗氧化、防锈、抗橡胶溶胀等添加剂制成。矿油型是用精制的轻柴油馏分加入稠化剂和其他添加剂制成。在选购时要选择可靠的厂家，并且级别越高越好。

（3）工作原理

制动液的工作压力一般为 2MPa，高的可达 5MPa。所有液体都有不可压缩特性，在密封的容器中或充满液体的管路中，当液体受到压力时，便会很快地、均匀地把压力传导液体的各个部分。液压制动便是利用这个原理来进行工作的。

（4）合格达标的制动液的特点

① 在高温、严寒、高速、湿热等工况条件下保证灵活传递制动力。

② 对刹车系统的金属和非金属材料没有腐蚀性。

③ 能够有效润滑刹车系统的运动部件，延长刹车分泵和皮碗的使用寿命。

（5）对制动液的性能要求

① 粘温性好，凝固点低，低温流动性好。

② 沸点高，高温下不产生气阻。

③ 使用过程中品质变化小，并不引起金属件和橡胶件的腐蚀和变质。

2. 制动主缸

制动主缸又称为制动总泵，它位于处于制动踏板与管路之间，其功用是将制动踏板输入的机械力转换成液压力。

（1）制动主缸的结构

串联式双腔制动主缸主要由储液罐、制动主缸外壳、前活塞、后活塞及前后活塞弹簧、推杆、皮碗等组成，如图 3-69 所示。

主缸的壳体内装有前活塞、后活塞及回位弹簧，前后活塞分别用皮碗密封，前活塞用限位螺钉保证其正确位置。储油罐分别与主缸的前、后腔相通，前出油口、后出油口分别与轮缸相通，前活塞靠后活塞的液力推动，而后活塞直接由推杆推动，如图 3-70 所示。

（2）工作原理

汽车不制动时，两活塞前部皮碗均遮盖不住其旁通孔，制动液由储液罐进入主缸。

正常状态下制动时，操纵制动踏板，经推杆推动后活塞左移，在其皮碗遮盖住旁通孔之后，后腔制动液压力升高，制动液一方面经出油阀流入制动管路，一方面推动前活塞左移。在后腔液压和弹簧弹力的作用下，前活塞向左移动，前腔制动液压力也随之升高，制动液推开出油阀流入管路。于是两制动管路在相同的制动压力下对汽车制动。

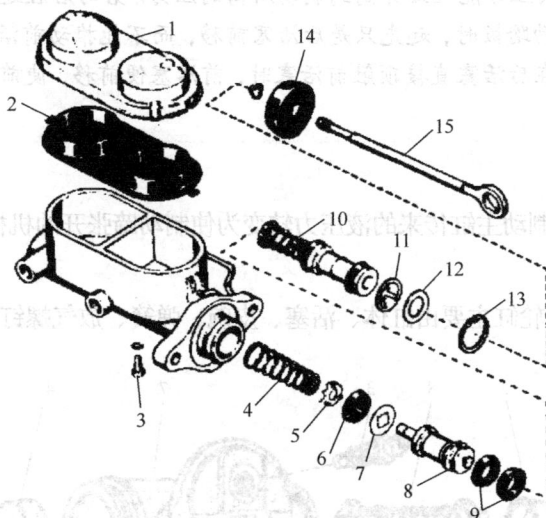

图3-69 串联式双腔制动主缸的分解图
1—储液罐盖；2—膜片；3—限位螺钉；4—弹簧；5—皮碗护圈；6—前皮碗；7—垫圈；
8—前活塞；9—后皮碗；10—后活塞；11—推杆座；12—垫圈；
13—锁圈；14—防尘套；15—推杆

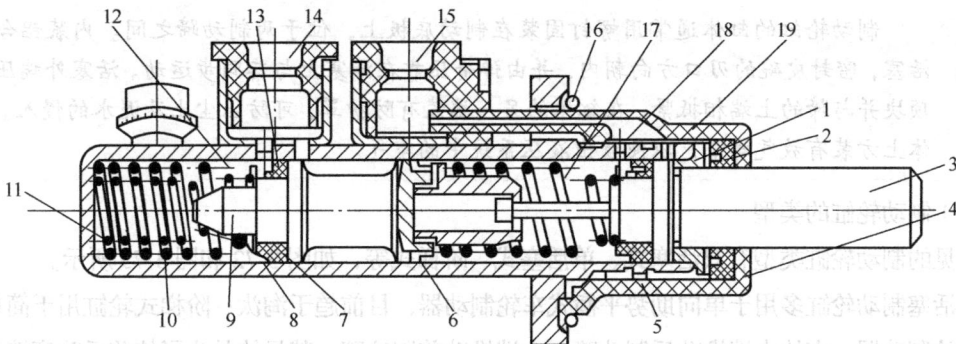

图3-70 串联式双腔制动主缸
1—隔套；2—密封圈；3—第一活塞（带推杆）；4—防尘罩；5—防动圈；6、13—密封圈；7—垫圈；
8—皮碗护圈；9—前活塞；10—前活塞弹簧；11—缸体；12—前腔；14、15—进油孔；
16—定位圈；17—后腔；18—补偿孔；19—回油孔

　　解除制动时，抬起制动踏板，活塞在回位弹簧作用下复位，高压制动液自制动管路流回制动主缸。如活塞复位过快，工作腔容积迅速增大，而制动管路中的制动液由于管路阻力的影响，来不及充分流回工作腔，使工作腔内油压快速下降，便形成一定的真空度，此时储液罐中的油液会经补偿孔和活塞上的轴向小孔推开垫片及皮碗进入工作腔。当活塞完全复位时，旁通孔开放，制动管路中流回工作腔的多余油液经补偿孔流回储液罐。

> 若与前腔连接的制动管路损坏漏油，则在踩下制动踏板时只有后腔中能建立液压，前腔中无压力。此时，在压力差的作用下，前活塞迅速移到其前端顶到主缸缸体上。此后，后工作腔中液压方能继续升高到制动所需的压力。若与后腔连接的制动管路损坏漏油，则在踩下制动踏板时，起先只是后活塞前移，而不能推动前活塞，因而后腔制动液压不能建立。但在后活塞直接顶触前活塞时，前活塞便前移，使前腔建立必要的制动液压而制动。

3. 制动轮缸

制动轮缸的作用是将制动主缸传来的液压力转变为使制动蹄张开的机械推力。

（1）制动轮缸的结构

如图 3-71 所示，制动轮缸主要由缸体、活塞、皮碗、弹簧、放气螺钉等组成。

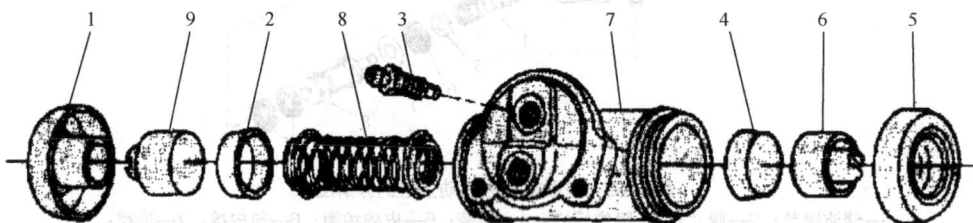

图3-71 双活塞制动轮缸的分解图
1、5—防尘罩；2、4—皮碗；3—放气螺钉；6、9—活塞；7—轮缸体；8—回位弹簧总成

> 制动轮缸的缸体通常用螺钉固装在制动底板上，位于两制动蹄之间。内装铝合金活塞，密封皮碗的刃口方向朝内，并由弹簧压靠在活塞上与其同步运动。活塞外端压有顶块并与蹄的上端相抵紧。在缸体的另一端装有防护罩，可防止尘土及泥水的侵入。缸体上方装有放气螺塞，以便放出液压系统中的空气。

（2）制动轮缸的类型

常见的制动轮缸类型有双活塞式、单活塞式、阶梯式等，如图 3-72 和图 3-73 所示。

单活塞制动轮缸多用于单向助势平衡式车轮制动器，目前趋于淘汰；阶梯式轮缸用于简单非平衡式车轮制动器，它的大端推动后制动蹄，小端推动前制动蹄，其目的是为了使前后蹄摩擦片磨损均匀。

（3）制动轮缸的工作情况

如图 3-75 所示，制动轮缸受到液压作用后，顶出活塞，使制动蹄扩张。松开制动踏板，液压力消失，靠制动蹄回位弹簧的拉力，使活塞回位。

（六）液力制动系统的特点

液压制动系统柔和灵敏，结构简单，使用方便，不消耗发动机功率。但操纵较费力，制动力不很大，制动液流动性差，高温时易产生气阻，例如，有空气侵入或漏油时，会降低制动效能甚至制动失效。

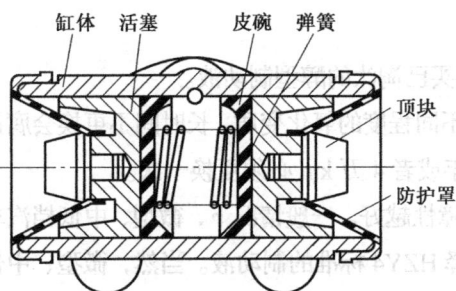

图3-72 双活塞式制动轮缸

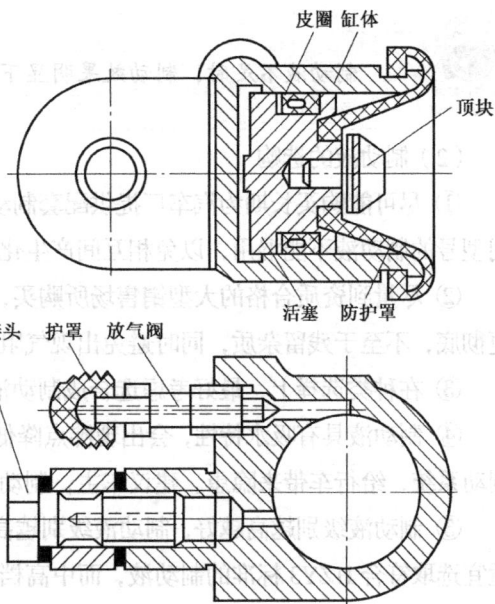

图3-73 单活塞式制动轮缸

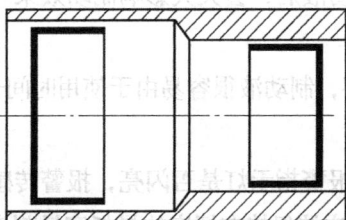

图3-74 阶梯式制动轮缸

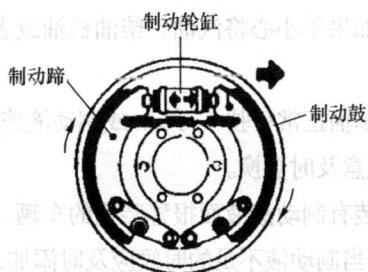

图3-75 制动轮缸工作情况

三、任务实施

（一）制动液的检查

（1）制动液液面高度检查

检查制动液量是否位于制动液箱MAX（上限）与MIN（下限）之间，如图3-76所示。

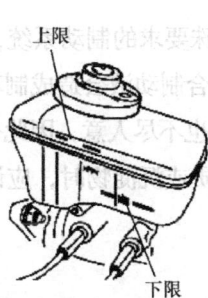

图3-76 制动液液面高度检查

提示

制动液不足时，制动效果明显下降，很容易发生意外事故。

（2）制动液的选购

① 尽可能购买长期为汽车厂提供配套制动液的生产厂家的产品，确保质量可靠，性能稳定；不同型号的制动液不能混用，以免相互间产生化学反应，影响制动效果。

② 尽量到资质合格的大型销售场所购买，以防伪劣产品；最好使用专业设备进行更换，这样才更彻底，不至于残留杂质，同时避免出现气阻。

③ 在种类选择上，最好考虑选合成制动液，不要购买已淘汰的醇型制动液。

④ 制动液具有吸水特性，会出现沸点降低、污染及不同程度的氧化变质，长时间不更换会腐蚀制动系统，给行车带来隐患。建议车主，制动液一般两年或者4万km必须更换一次。

⑤ 制动液级别越高越好，制动液级别越高，安全保障性越好。一般情况下，微型、中低档汽车适宜选取符合HZY3标准的制动液，而中高档车建议选择HZY4标准的制动液。当然，微型、中低档汽车选择HZY4也没有任何问题，而且更好。

（3）更换要求

① 如果不小心将汽油、柴油机油或者玻璃水混入制动液后，会大大影响制动效果。应该及时更换。

② 车辆正常行驶4万km或制动液连续使用超过2年，制动液很容易由于使用时间长而变质，所以要注意及时更换。

③ 装有制动液液面报警装置的车辆，应该随时观察报警指示灯是否闪亮，报警传感器性能是否良好，当制动液不足的时候应及时添加，储存的制动液应该保持在标定的最低容量刻度和最高容量刻度之间。

④ 车辆在正常行驶中，若出现制动忽轻忽重时，要对制动液及时更换，在更换之前先用酒精将制动系统清洗干净。

⑤ 车辆制动出现跑偏时，要对制动系统进行全面检查。若发现分泵皮碗膨胀过大，就说明制动液质量可能存在问题。这时应选择质量比较好的制动液予以更换，同时更换皮碗。

⑥ 换季时，尤其在冬季，要是发现制动效果下降，则有可能是制动液的级别不适应冬季气候，此时更换新制动液，就要选择在低温下粘度偏小的制动液。

⑦ 不同类型和不同品牌的制动液不要混合使用，对有特殊要求的制动系统，应加注特定牌号的制动液。由于不同品牌和不同类型的制动液的配方不同，混合制动液会造成制动液指标下降。即使是那些互溶性比较好，标明能混用或可替代的品牌，使用中也不尽人意，因此也不要长期使用。

⑧ 当制动液中混入或吸入水分，或者是发现制动液有杂质或沉淀物时，应该及时更换或者认真过滤，否则会造成制动压力不足，从而影响制动效果。

（4）制动液的更换与补充

① 先将新制动液加至储液室的最高液位标记处。

② 如果需要对制动系统中的空气进行排除，应按规定的程序进行空气排除。

③ 将点火开关置于点火位置，反复踩下和放松制动踏板，直到电动泵开始运转为止。

④ 待电动泵停止运转后，再对储液室中的液位进行检查。

⑤ 如果储液室中的制动液液位在最高液位标记以上，先不要泄放过多的制动液，而应重复以上的③和④过程。

⑥ 如果储液室中的制动液液位在最高液位标记以下，应向储液室再次补充新的制动液，使储液室中的制动液液位达到最高标记处，但切不可将制动液加注到超过储液室的最高标记，否则，当蓄能器中的制动液排出时，制动液可能会溢出储液室。

（二）制动主缸的检查

① 检查储液罐是否破损，出现破损应更换。

② 如图 3-77 所示，检查泵体 2 内孔和活塞 4 的表面，其表面不得有划伤和腐蚀；用内径表 1 检查泵体内孔的直径 B，用千分尺 3 检查活塞的外径 C，并计算出内孔与活塞之间的间隙值 A，间隙 A 的标准值为 $0\sim0.106$mm，使用极限为 0.15mm，超过极限应更换制动主缸。

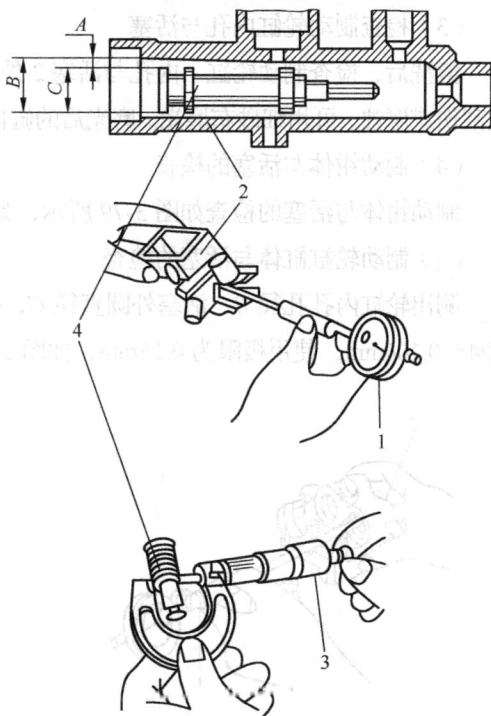

图3-77 制动主缸的检查
1—内径表；2—制动主缸泵体；3—千分尺；4—主缸活塞；
A—泵体与活塞的间隙；B—泵体内孔的直径；C—活塞的外径

③ 检查制动主缸皮碗、密封圈是否老化、损坏或磨损，如果有异常应及时更换。

（三）制动轮缸的检修

（1）轮缸泄漏检查

检查轮缸有无制动液泄露。检查缸体有无磨损、裂纹和松弛。如果发现任何异常，应更换轮缸，如图 3-78 所示。

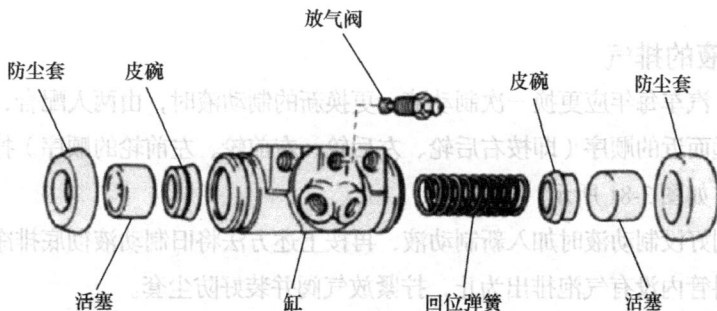

防尘套　皮碗　　放气阀　　　　皮碗　　防尘套

活塞　　　　缸　　回位弹簧　活塞

图3-78 轮缸泄漏检查

（2）清洗轮缸零件

制动轮缸分解后，用清洗液清洗轮缸零件。

（3）检查制动轮缸内孔与活塞

清洗后，检查制动轮缸 1 内孔与活塞 2 外圆表面的烧蚀、刮伤和磨损情况。如果轮缸内孔有轻微刮伤或腐蚀，可用细砂布磨光。磨光后的缸内孔应用清洗液清洗后，用无润滑油的压缩空气吹干。

（4）制动钳体与活塞的检查

制动钳体与活塞的检查如图 3-79 所示，如果检查发现任何异常，应更换部件。

（5）制动轮缸缸体与活塞的检查

测出轮缸内孔孔径 B，活塞外圆直径 C，并计算出内孔与活塞的间隙值 A，间隙 A 的标准值为 0.04～0.106mm，使用极限为 0.15mm，如图 3-80 所示。

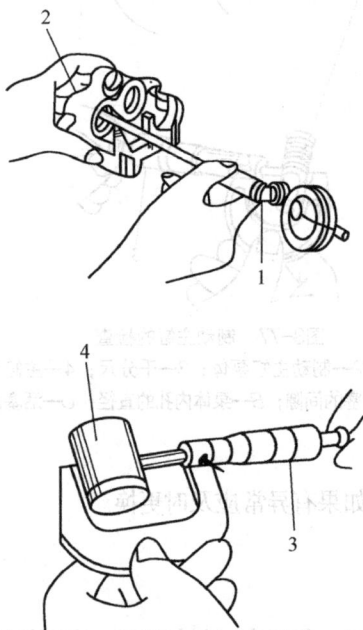

图3-79　制动钳体与活塞的检查
1—内径表；2—制动钳体；3—千分尺；4—活塞

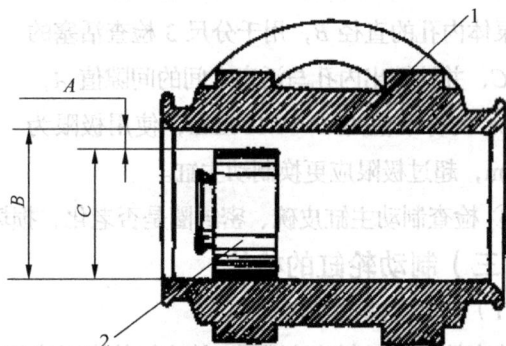

图3-80　制动分泵缸体与活塞的检查
1—后制动分泵泵体；2—后制动分泵活塞；
A—活塞与泵体间隙；B—泵体内孔孔径；C—活塞外圆直径

（四）制动液的排气

正常情况下，汽车每年应更换一次制动液。更换新的制动液时，由两人配合，一人踏住制动踏板，另一人按由远而近的顺序（即按右后轮、左后轮、右前轮、左前轮的顺序）拧松制动分泵的放气螺钉进行排液，如图 3-81 所示。

当储液罐内刚好没制动液时加入新制动液，再按上述方法将旧制动液彻底排净，直到新制动液流出，且直到塑料管内没有气泡排出为止，拧紧放气阀并装好防尘套。

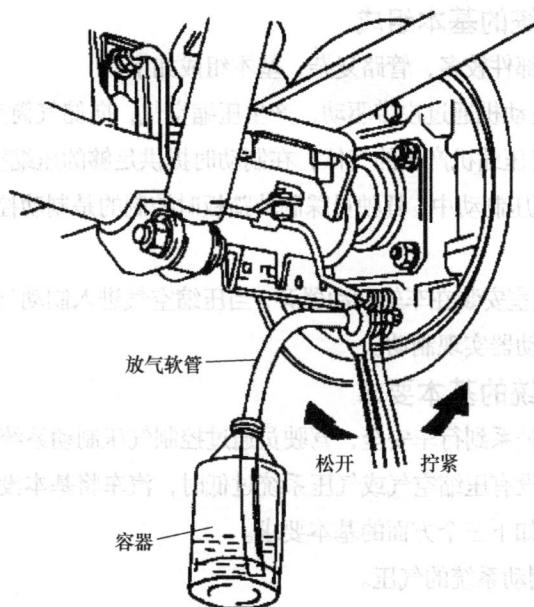

放气软管

松开　拧紧

容器

图3-81　制动液的排气

任务三　气压制动系统检修

一、任务导入

汽车气压制动系统在使用过程中，由于机件磨损或损坏，制动效能会下降，下降超过限度，将危及行车安全。气压制动系统常见故障有制动不灵、制动跑偏、制动拖滞、制动不稳和制动失效等。

二、相关知识

（一）气压制动系统的特点

气压制动系统是将压缩空气的压力作为机械推力，使车轮产生制动。气压制动制动力大，制动灵敏，广泛用于中型、重型载货汽车和大型客车。

驾驶员只须按不同的制动强度要求，控制制动踏板的行程，便可控制制动气压的大小，获得所需要的制动力。

气压制动系统按制动回路的布置形式可分为单回路和双回路，单回路已趋于淘汰，目前汽车上几乎都采用双回路或多回路气压制动传动装置。

（二）气压制动系统的基本组成

气压制动系统的组成部件较多，管路复杂，基本组成如下。

① 空气压缩机。由发动机通过皮带驱动，产生压缩空气，向储气筒充气。

② 储气筒。储存空气压缩机产生的气体，在制动时提供足够的压缩空气。

③ 制动控制阀。在气压制动中，驾驶员踩制动踏板时控制的是制动控制阀，由制动控制阀控制进入制动气室的气压。

④ 制动气室。制动气室安装在车轮制动器旁，当压缩空气进入制动气室时，推动制动气室的膜片移动，从而控制车轮制动器实现制动。

（三）气压制动系统的基本要求

制动系统的性能直接关系到行车安全，驾驶员通过控制气压制动系统的制动控制阀，控制压缩空气进入制动气室，如果没有压缩空气或气压系统过低时，汽车将基本没有制动能力。因此气压制动系统必须在设计上达到如下三个方面的基本要求。

① 严格的调节监控制动系统的气压。

② 采用双管路制动系统设计，当一套管路因故失效时，由另一套管路提供制动。

③ 制动控制阀必须有随动作用，即根据驾驶员踩制动控制阀的力度控制气压的高低。同时，制动控制阀对驾驶员脚的反作用力能精确地反映制动气压的高低。

（四）各部件的功用与原理

1. 气压制动回路

空压机将压缩空气经单向阀首先输入湿储气筒，经油水分离后再经单向阀进入储气筒前后腔。再由制动阀控制向控制气室充气，实现制动，结构如图 3-82 所示。

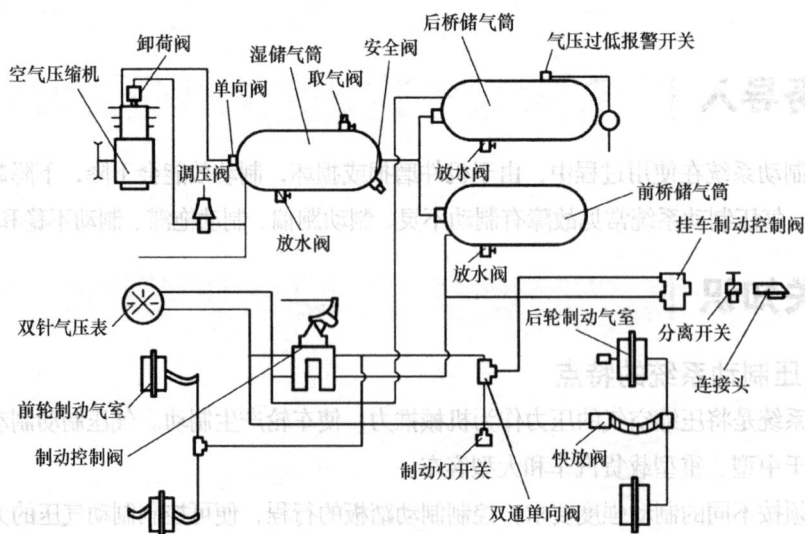

图3-82　东风EQ1092型汽车双回路气压制动传动装置

该回路包含两个回路：一个回路经储气罐、双腔制动阀的后腔通向前制动气室，另一个回路经储气罐、双腔制动阀的前腔和快放阀通向后制动气室。当其中一个回路发生故障失效时，另一个回路仍能继续工作，以维持汽车具有一定的制动能力，提高了汽车行驶的安全性。

2. 供能装置

（1）空气压缩机

空气压缩机的结构原理如图3-83所示。

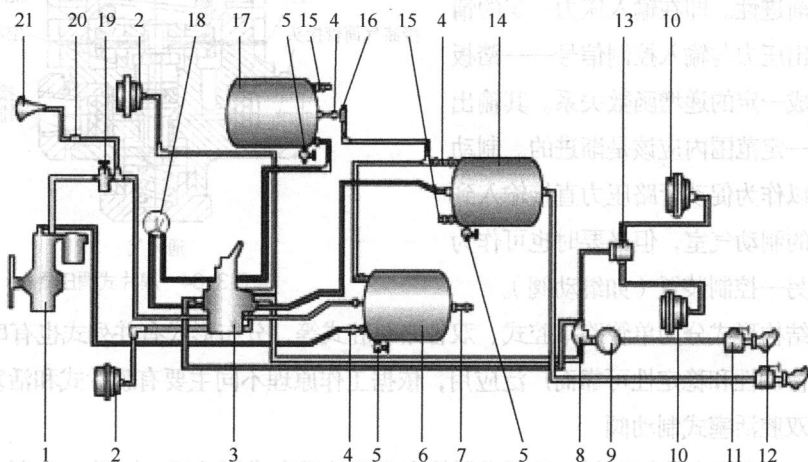

图3-83 空气压缩机结构图

1—空气压缩机（也称为气泵）；2—前制动气室；3—双腔制动控制阀；4—储气筒单向阀；5—油水放出阀；
6—湿储气罐；7—安全阀（也称为限压阀）；8—梭阀；9—挂车制动控制阀；10—后制动气室；
11—挂车分离开关；12—接头；13—快放阀；14—主储气罐（供前制动器）；
15—低压报警器；16—取气阀；17—主储气罐（供后制动器）；18—双针气压表；
19—调压器； 20—气喇叭开关；21—气喇叭

> 空压机：产生气压能；储气室：积储气压能；调压阀及安全阀：将气压限定在安全范围内；各种滤清器、油水分离器、空气干燥器、防冻器：改善传动介质；多回路压力保护阀：在一个回路失效时用以保护其他回路，使其中的气压能不损失。

（2）调压器

① 功用。储气室气压达到规定值时，调压器控制空压机上的卸荷阀开启使空压机空转，减少发动机损失。

② 滤气调压阀。油水分离器与调压阀组合成一部分，称为滤气调压阀，如图3-84所示。

③ 工作原理。当储气筒气压升高到规定值时，膜片受气压作用力克服弹簧预紧力向上拱曲，空心臂和排气阀也随之上移，直到排气阀压靠在阀座上，切断空气压缩机卸荷室与大气的通路，并且空心管下端面也离开排气阀，出现一相应间隙。此时，卸荷室经空心管的径向孔、轴向孔与储气筒相通，压缩空气进入卸荷室，迫使卸荷柱塞克服弹簧预紧力而下移，将空气压缩机进气阀门关闭，使之保持在开启位置不动。这样，空气压缩机便卸荷空转，不产生压缩空气。

（3）多回路压力保护阀

多回路制动系中，来自空压机的压缩空气可经多回路压力保护阀分别向各回路储气筒充气；当有一回路损坏漏气时，压力保护阀能保证其余完好回路继续充气。

3. 控制装置

（1）制动阀

制动阀是气压制动系统的主要控制元件，用以起随动作用并保证有足够强的踏板感，从而保证制动的渐进性。即在输入压力一定的情况下，使其输出压力与输入控制信号——踏板行程和踏板力成一定的递增函数关系。其输出压力的变化在一定范围内应该是渐进的。制动阀输出压力可以作为促动管路压力直接输入到作为传动装置的制动气室，但必要时也可作为控制信号输入另一控制装置（如继动阀）。

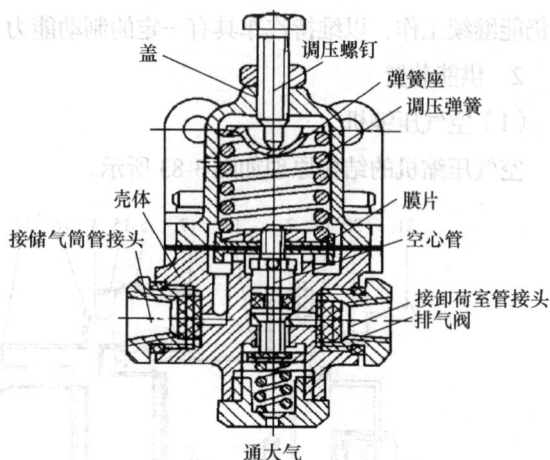

图3-84 膜片式调压器

制动阀的结构形式分为单管路单腔式、双管路双腔式等，分布形式有并列式也有串联式，其中双腔串联式因协调性和稳定性可靠而广泛应用，依据工作原理不同主要有膜片式和活塞式两种。

（2）串联双腔活塞式制动阀

解放 CA1092 型汽车的气压制动系所采用的串联双腔活塞式制动阀，如图 3-85 所示。上下两腔的工作都由制动踏板控制，并能保证当一个回路漏气时，另一回路仍能工作。

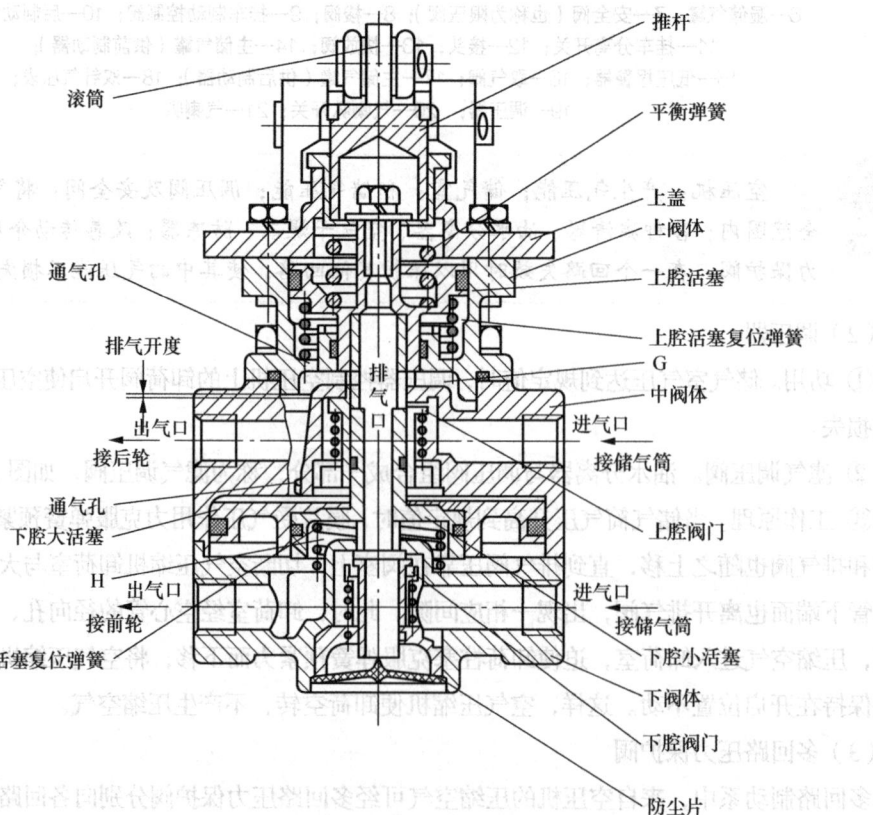

图3-85 串联双腔活塞式制动阀

整个制动阀固定于车架上，由上盖、上壳体、中壳体、下壳体、上活塞总成、小活塞总成等组成。上盖与上、中、下壳体通过螺钉连接在一起，其间设有密封垫，构成两个独立的阀腔。中壳体上的进气口和出气口分别接后储气筒和后轮制动气室，下壳体上的进气口和出气口分别接前储气筒和前轮制动气室。

推杆与芯管之间是依靠平衡弹簧来传力，而平衡弹簧的工作长度和作用力随自制动阀到制动气室的促动管路的压力而变化。因此只要自踏板传到推杆的力大于平衡弹簧预紧力，不论踏板停留在哪一个工作位置，制动阀都能自动达到并保持以进气阀和排气阀二者都关闭为特征的平衡状态。

4．手动制动阀

手动制动阀用以控制汽车的驻车制动和第 2 制动力（应急制动），以及挂车的驻车制动，因为对驻车制动没有渐进控制的要求，所以实际上是一个气开关，如图 3-86 所示。结构上无平衡弹簧和由膜片或活塞形成的平衡气室。

当操纵杆处于Ⅰ所示位置时，进气阀关闭，排气阀开启，制动气室通过芯管与大气相通。当操纵杆处于Ⅱ所示位置时，进气阀开启，排气阀关闭，制动气室通高压空气。

5．快放阀与继动阀（加速阀）

功用：解决制动气室、储气筒与制动阀相距较远的情况，有迂回充气和排气导致制动和解除制动的滞后时间过长所造成不利于汽车疾驶制动和制动过后及时加速。

① 快放阀。用来保证解除制动力时制动气室迅速排气。

快放阀布置在制动阀与制动气室之间的管路上，靠近制动气室，由于离制动气室近，制动气室排气所经过的回路短，放气速度较快。如图 3-87 所示的状态是进气口关闭，排气口开启。

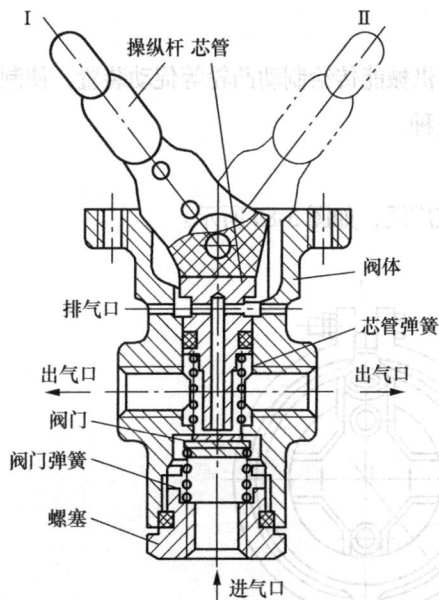

图3-86　手动制动阀

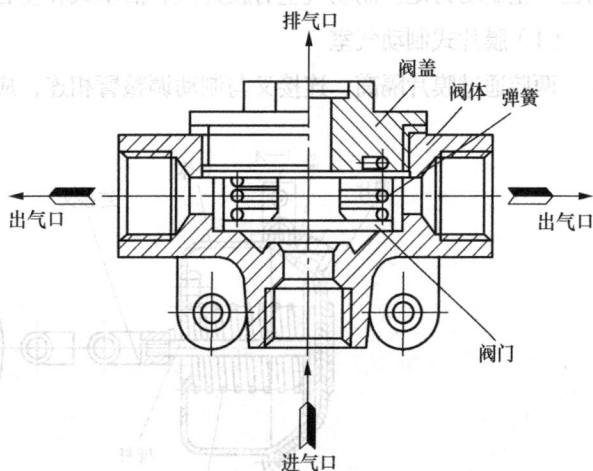

图3-87　快放阀

制动时，由制动阀输来的压缩空气由进气口后，推动膜片将排气口切断，同时压下膜片使之弯曲，压缩空气沿下壳体的径向沟槽，经出气口分别通往左、右制动气室。

解除制动时，制动气室的压缩空气经出气口流回，将膜片顶起，关闭进气口，打开排气口，压缩空气直接从排气口排入大气，无需迂回流经制动阀。

② 加速阀（继动阀）如图3-88所示。加速阀的作用是使压缩空气不流经制动阀，而是通过继动阀直接充入制动气室，以缩短供气路线，减少制动滞后时间。下图所示的状态下，阀门既靠在阀体的阀座上，又靠在芯管上，进气阀和排气阀都是关闭的。加速阀（继动阀）可大大缩短制动气室的充气管路，加速气室充气过程。

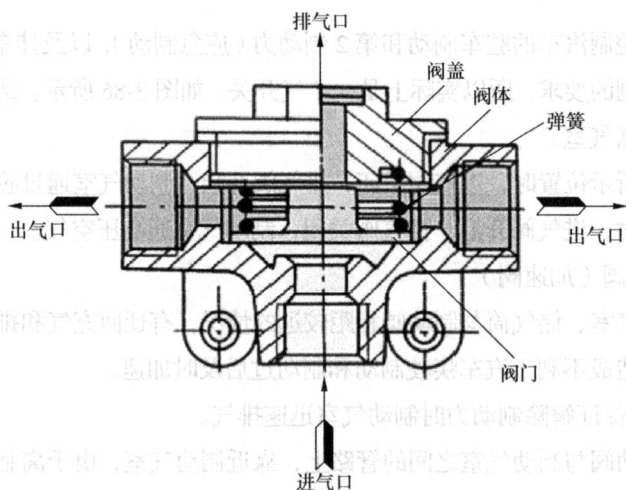

图3-88　加速阀

6. 制动气室

制动气室的作用是将气压能转换成机械能输出，输出的机械能传给制动凸轮等促动装置，使制动器产生制动力矩。制动气室有膜片式、活塞式和复合式三种。

（1）膜片式制动气室

两腔通过膜片隔离，连接叉与制动调整臂相连，应用较广泛，如图3-89所示。

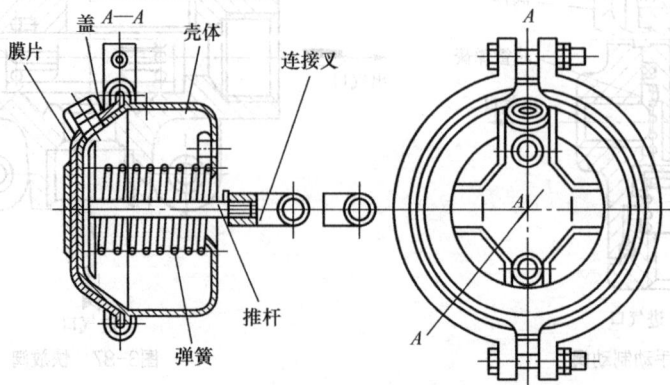

图3-89　膜片式制动气室

（2）活塞式制动气室

推杆行程较大，其活塞工作寿命也比膜片长，但结构较复杂，成本较高，常用于重型货车。

（3）复合制动气室

制动气室由行车制动气室和驻车制动气室两部分组成，兼起行车制动和驻车制动的作用。

三、任务实施

（一）储气筒气压的检查

① 检查制动踏板自由行程。首先松开制动阀上自由行程的调整螺丝的固定螺母，慢慢地把调整螺丝往内拧，拧到能听到泄气声时停止，然后将螺丝退回到听不到泄气声时，再退回 1/4 圈，使顶杆与调整螺丝之间保持适当的间隙，将锁紧螺母拧紧。最后进行试车检查，如果出现制动拖滞，可将调整螺丝再后退少许；如果通过调整螺丝调不好时，可调整拉长杆的长度，拉杆伸长，间隙增大。不同型号汽车的踏板自由行程不尽相同，调整时要根据维修手册而定。

② 若踏板自由行程合适，应起动发动机查看气压表压力是否合适。如气压表读数不低，将制动踏板踩到底，看气压表读数能否瞬时下降 49kPa 左右，如图 3-90 所示。

③ 若发动机运转数分钟后，压力指示仍然很低，应熄火检查气压。

图3-90　气压检测表

④ 若气压不断下降，说明有漏气处。通过听声音可以查出漏气部位。

⑤ 如果没有漏气，应接着检查风扇皮带和压缩机传动带是否过松或破裂老化而打滑。

• 皮带松紧度检查。以 29.4～49N 的力垂直压下皮带，皮带扰度应为 15～20mm，如过松应进行调整。

• 皮带松紧度的调整。将空气压缩机的固定螺栓松开，拧动调整螺钉，待皮带达到合适松紧度后，将固定螺栓紧固即可。

⑥ 如果风扇皮带和压缩机传动带正常，应拆下空气压缩机出气管进行试验。如果出气孔泵气有力，表明管路堵塞；若无泵气压力，则表明空气压缩机有故障，需要维修压缩机。

（二）复合式制动阀的检修调整

东风 EQl090 型汽车装有主车制动阀与挂车制动阀组成一体的复合式制动阀，踩下制动踏板时，挂车制动阀和主车制动阀先后起作用。为保证主挂车产生良好制动效果，在二级维护时，对复合制动阀必须进行拆检与调整。

① 调整主车制动阀的排气间隙。拆开主车阀下体后盖，取出阀门，用深度尺测量排气间隙，其值应为 1.6～1.8mm，若偏大，则制动踏板自由行程太大；若偏小，则制动解除缓慢。排气间隙可通过制动阀前端下面的调整螺栓进行调整，调好后拧紧固定螺母，然后再复查一次。

② 调整挂车制动阀的排气间隙，即制动阀前端上面的调整螺钉与拉臂之间的间隙，此间隙应为

（1.2 ± 0.1）mm。在调整此间隙时，储气筒的气压必须在（690 ± 50）kPa 的范围内，挂车制动阀通向挂车通气管的气压为 470～520kPa。当汽车不带挂车时，挂车制动阀不起作用，将此间隙调至"0"即可。

③ 挂车制动阀上的调整螺套可调整通入挂车通气管所产生的最高工作气压，螺栓的拧入使气压调高，拧出调低，该气压应为 470～520kPa。

④ 调整主车制动阀的最高工作气压，可通过制动阀前盖中间的调整螺钉进行，拧入时，工作气压增高；反之，工作气压下降。最高工作气压应为 540～590kPa。

⑤ 在储气筒气压为 540～590kPa 时，拧动支板上的调整螺钉，使它与拉臂的上端头相接触，再将螺母锁紧。这项调整，在于尽量减小制动踏板自由间隙（正确的踏板自由行程为踏板转动 8° 左右），并可抵消踏板回位弹簧的拉力，使主挂车联接管路气压维持在 470～520kPa。

⑥ 如发现制动阀放气迟缓，解除制动不及时，应检查阀门的硫化橡胶面，如果有老化、变形、脱落，应更换。

（三）气压制动器的调整

（1）局部调整

由于制动蹄摩擦片的磨损，制动室推杆行程如果超过 40mm，需进行局部调整时，以减少制动间隙。调整时，拧动调整臂上的蜗杆，在推杆长度不改变的前提下，使凸轮轴转过一定的角度，以改变制动间隙。

为使两侧制动器有合适一样的制动间隙，调整时，首先通过转动螺杆将制动间隙调为零，面向调整臂蜗杆，前轮以顺时针方向拧蜗杆为紧，间隙减小，反之则大。后轮以反时针方向拧为紧，间隙减小，反之则松。然后，反方向拧动两侧蜗杆相同的角度，使两侧制动器出现制动间隙，并且制动间隙一样。

不可转动支承销，以免破坏原来的良好接触状态。

（2）全面调整

在二级维护、更换摩擦片以及拆卸制动器后，应对制动器进行全面调整，调整步骤如下。

① 将车桥支起，车轮离地。

② 取下制动器上的检视孔盖。

③ 松开制动蹄支承销的固定螺母，转动制动蹄支承销，使两个销端的标记朝内相对，即两制动蹄支承端互相靠近。

④ 分别向外旋转两支承销，使两制动蹄完全与制动鼓贴合，车轮转不动为止。

⑤ 拧紧制动蹄支承销固定螺母，并将锁母锁紧。

⑥ 将蜗杆轴拧松 3～4 响（1/2 转～2/3 转），制动鼓应能转动而无摩擦、拖滞现象。

⑦ 检查制动间隙。制动器间隙在支承销一端为 0.25～0.40mm，在凸轮一端为 0.40～0.55mm，同一端两蹄之差不应大于 0.1mm。

⑧ 通入压缩空气后，制动气室推杆的行程应为 25 ± 5mm。

若上述检查不符合规定，应重新调整。应一个车轮一个车轮调整，直至全部调完。

（3）两蹄间隙相差较大时调整

若两蹄制动间隙相差过大时，应将凸轮轴支架紧固螺钉松开，采用下面方法进行调整。

① 直接在旋转支承销时，利用制动蹄顶动凸轮轴，使其达到合适位置。

② 踩下制动踏板，凸轮张开，利用制动蹄反作用力而使凸轮轴达到合适位置。

（4）制动跑偏时调整

发生前轮制动跑偏时，可以用加大跑偏另一侧制动间隙（或减小跑偏侧制动间隙）的方法来调整，这样做，可以相对增大跑偏另一侧的推杆行程，使皮膜有效面积增大，制动力也增大，从而消除跑偏现象。

增大制动间隙时，会使制动力下降，因而只有当皮膜有效面积带来的制动力增大，超过由于制动间隙增大而使制动力下降时，才能使用该方法。因此，当左、右两制动器的制动间隙相差过大时，此法并不适用。

（四）制动蹄厚度及制动间隙的测量

制动间隙与制动蹄摩擦片厚度都是通过制动鼓上的检视孔测量的。制动间隙检测时，将车桥支起，车轮悬空，利用塞尺来测出制动蹄各处与制动鼓之间的间隙。

制动蹄摩擦片厚度也应定期测量，当摩擦片过薄时，会铆钉外露，使制动力下降。过薄的制动蹄片，还会使制动间隙调整困难。尤其对于间隙自调的制动器来说，当蹄片过薄时，将不能自动调整出合适的制动间隙。

（五）故障检修

1. 故障现象

经过技术人员试车后发现汽车在减速或停车踩制动时，减速程度明显不足。紧急制动时，不能很快停车，制动时间和距离太长。停车察看时，地面没有轮胎拖擦印迹或拖擦印迹很短。

2. 故障原因

① 制动踏板自由行程过大。

② 储气筒气压不足。

③ 制动系漏气或管路堵塞。

④ 制动阀调整不当或工作不良。

⑤ 车轮制动器调整不当或工作不良。

3. 诊断与排除

① 首先，检查制动踏板的自由行程是否合适（一般为 10～15mm），若过大，应按规定值进行调整。

② 若踏板自由行程合适，应起动发动机查看气压表压力是否合适。若发动机运转数分钟气后，压力指示仍然很低，应熄火检查气压。若气压不断下降，说明有漏气处。听声音可以查出漏气部位。没有漏气，再检查风扇皮带和压缩机传动带是否因过松或破裂老化而打滑。若正常，应拆下空气压缩机出气管试验，如果出气孔泵气有力，表明管路堵塞，若无泵气压力，则表明空气压缩机有故障。

③ 如气压表读数不低，将制动踏板踩到底，看气压表读数能否瞬时下降49kPa左右，若下降太少，说明制动阀调整不当或其工作不良。在将制动踏板踏住时，气压表读数下降并有漏气声，说明制动阀至制动气泵间的管路有漏气处。

④ 若踏下制动踏板气压表读数下降正常，说明车轮制动工作不正常。此时应重新调整车轮制动器，若故障排除，说明车轮制动器调整不当；若调整后故障仍未排除，则进一步检查是否制动气室的推杆伸张行程太小、制动凸轮缺油或锈死、制动蹄摩擦片工作不良、制动鼓不圆或起槽等。

任务四　ABS 制动系统检修

一、任务导入

ABS 防抱死制动系统由汽车微电脑控制，当车辆制动时，它能使车轮保持转动，从而帮助驾驶员控制车辆达到安全的停车。这种防抱死制动系统是用速度传感器检测车轮速度，然后把车轮速度信号传送到微电脑里，微电脑根据输入车轮速度，通过重复地减少或增加在轮子上的制动压力来控制车轮的打滑，保持车轮转动。在制动过程中保持车轮转动，不但可保证控制行驶方向的能力，而且，在大部分路面情况下，与抱死（锁死）车轮相比，能提供更高的制动力量。

二、相关知识

（一）防抱死制动系统（ABS）

目前，ABS 已经成为乘用车及客车的标准配置。那么什么是 ABS？ABS 是英文 Anti-lock Braking System 的缩写，意思为防抱死制动系统。

当对行驶中车辆进行适当制动时，如果制动力左右对称产生，车辆能够在行驶方向上停止下来。但当左右制动力不对称时，就会发生车辆绕重心旋转的力矩。此时，如果轮胎与地面的侧向反力能阻止旋转力矩的作用，则车辆仍能保持直线行驶，如果轮胎与地面的侧向反力很小，则车辆就有可能出现如图 3-91 所示的不规则运动。

如图 3-91（a）所示，当车辆直线行驶车轮抱死时，车辆出现了制动跑偏或甩尾侧滑的现象。如图 3-91（b）所示，当车辆弯道行驶仅前轮抱死时，车辆出现了失去转向能力的现象。如图 3-91（c）所示，当车辆弯道行驶仅后轮抱死时，车辆出现了甩尾侧滑的现象。

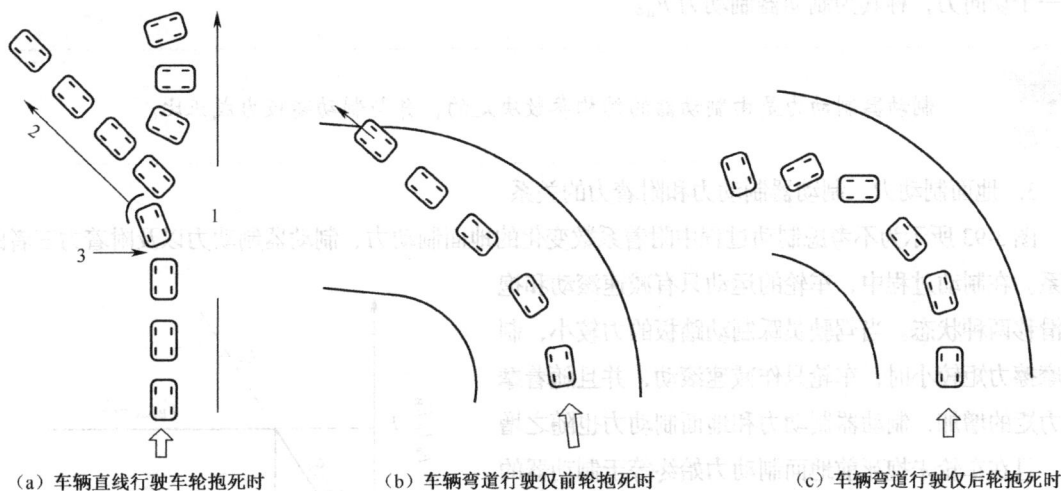

（a）车辆直线行驶车轮抱死时　　　　（b）车辆弯道行驶仅前轮抱死时　　　　（c）车辆弯道行驶仅后轮抱死时

图3-91　车轮抱死后车辆的运动情况

（二）制动时车轮的受力分析

1. 地面制动力（F_B）

图 3-92 所示为汽车在良好的路面上制动时，车轮的受力情况。图中忽略了滚动阻力矩和减速时的惯性力矩。

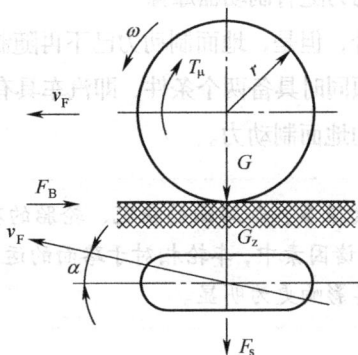

图3-92　制动时车轮受力分析

T_μ—制动中的摩擦力矩；v_f—汽车瞬时速度；F_B—地面制动力；G—车轮垂直载荷；G_z—地面对车轮的反作用力；
r—车轮的滚动半径；v_k—车轮的圆周速度；F_s—侧向力；ω—车轮的角速度；α—侧偏角

汽车制动时，由于制动鼓（盘）与制动蹄摩擦片之间的摩擦作用，形成了摩擦力 T_μ，此力矩与车轮转动方向相反。车轮在 T_μ 的作用下给地面一个向前的作用力，与此同时地面给车轮一个与行驶方向相反的切向反作用力 F_B，这个力就是地面制动力，它是迫使汽车减速或停车的外力。

> 地面制动力的大小取决于制动器制动力的大小和轮胎与地面之间的附着力。

2. 制动器制动力

当汽车制动时，阻止车轮转动的是制动器摩擦力矩 T_μ。将制动器的摩擦力矩 T_μ 转化为车轮周缘的一个切向力，称其为制动器制动力 F_μ。

> 制动器制动力是由制动器的结构参数决定的，并与制动踏板力成正比。

3. 地面制动力、制动器制动力和附着力的关系

图 3-93 所示为不考虑制动过程中附着系数变化的地面制动力、制动器制动力以及附着力三者的关系。在制动过程中，车轮的运动只有减速滚动和抱死滑移两种状态。当驾驶员踩制动踏板的力较小，制动摩擦力矩较小时，车轮只作减速滚动，并且随着摩擦力矩的增加，制动器制动力和地面制动力也随之增长，且在车轮未抱死前地面制动力始终等于制动器的制动力。此时，制动器的制动力可全部转化为地面制动力。但地面制动力不可能超过附着力。

当制动系液压力（制动踏板力）增大到某一值，地面制动力达到附着力，即地面制动力达到最大值。此时，车轮即开始抱死不转而出现拖滑的现象。当再加大制动系液压力时，制动器制动力随着制动器摩擦

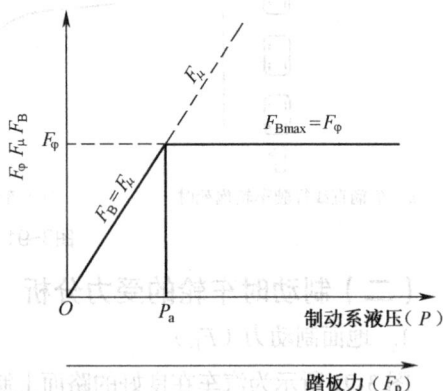

图3-93 地面制动力、制动器制动力和
附着力的关系

力矩的增长仍按直线关系继续上升，但是，地面制动力已不再随制动器制动力的增加而增加。

要想获得好的制动效果，必须同时具备两个条件，即汽车具有足够的制动器制动力，同时又要有附着系数较高的路面提供足够的地面制动力。

> 影响附着系数的因素很多，如路面的状况、轮胎的花纹、车辆的行驶速度、轮胎与路面的运动状态等。在诸因素中，车轮相对于路面的运动状态对附着力有着重要的影响，特别是在湿路面上其影响更为明显。

（三）滑移率

1. 滑移率的定义

汽车匀速行驶时，汽车的实际车速与车轮滚动的圆周速度（也称车轮速度）是相同的。在驾驶员踩制动踏板使车轮的轮速降低时，车轮滚动的圆周速度（轮胎胎面在路面上移动的速度）也随之降低了，但由于汽车自身的惯性，汽车的实际车速与车轮的速度不再相等，使车速与轮速之间产生一个速度差。此时，轮胎与路面之间产生相对滑移现象，其滑移程度用滑称率表示。

滑移率是指车轮在制动过程中滑移成分在车轮纵向运动中所占的比例，用 "S" 表示。其定义表达式为

$$S = (v - \omega r)/v \times 100\%$$

式中，S——车轮的滑移率；

r——车轮的滚动半径；

ω——车轮的转动角速度；

v——车轮中心的纵向速度。

由上式可知：当汽车的实际车速等于车轮滚动时的圆周速度时，滑移率为零，车轮为纯滚动；当汽车制动时，逐渐踩下制动踏板，车轮边滚动边滑动，滑移率为 0～100%；当制动踏板完全踩到底，车轮处于抱死状态，而车身又具有一定的速度时，车轮滚动圆周的速度为零，则滑移率为 100%。

2. 附着系数与滑移率的关系

大量的实验证明，在汽车的制动过程中，附着系数的大小随着滑移率的变化而变化。图 3-94 所示为在干路面上时附着系数与滑移率的关系。对于纵向附着系数，随着滑移率的迅速增加，并在 $S=20\%$ 左右时，纵向附着系数最大；然后随着滑移率的进一步增加，当 $S=100\%$，即车轮抱死时，纵向附着系数有所下降，制动距离会增加，制动效能下降。对于横向附着系数，$S=0$ 时，横向附着系数最大；然后随着滑移率的增加，横向附着系数逐渐下降，并在 $S=100\%$，即车轮抱死时横向附着系数下降为零左右。此时车轮将完全丧失抵抗外界侧向力作用的能力。稍有侧向力干扰（如路面不平产生的侧向力、汽车重力的侧向分力、侧向风力等），汽车就会产生侧滑而失去稳定性。而转向轮抱死后将失去转向能力。因此，车轮抱死将导致制动时汽车的方向稳定性变差。

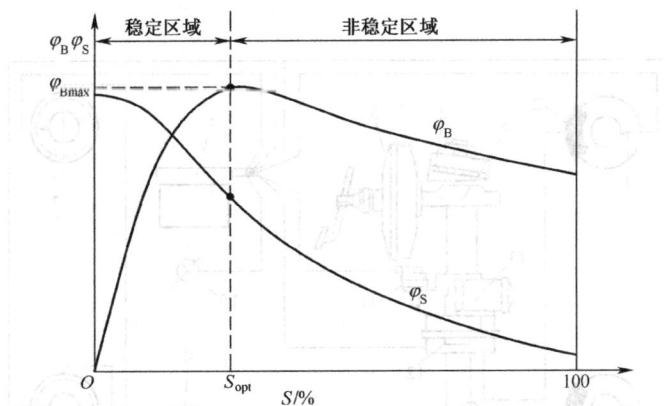

图3-94 附着系数与滑移率的关系曲线

从以上分析可知，制动时车轮抱死，制动效能和制动方向稳定性都将变坏。而如果制动时将车轮的滑移率 S 控制在 15%～30% 左右，即如图 3-94 所示的 S_{opt} 处，此时纵向附着系数最大，可得到最好的制动效能；同时横向附着系数也保持较大值，使汽车也具有较好的制动方向稳定性。

在汽车的制动过程中，若能将滑移率控制在最大附着系数所对应的滑移率范围，汽车将处于最佳制动状态。但如何才能控制滑移率呢？

要控制滑移率就要对作用于车轮上的力矩进行瞬时的自适应调节。防抱死制动系统就是通过电子控制单元、车轮转速传感器和制动压力调节器，对作用于制动轮缸内的制动液压力进行瞬时的自动控制（每秒约 10 次），从而控制制动车轮上的制动器压力，使制动车轮尽可能保持在最佳的滑移率范围内运动，从而使汽车的实际制动过程接近于最佳制动状态成为可能。

汽车制动时，前后轮同步滑移的条件是前后轮制动力之比等于前后轮对路面的垂直载荷之比。

（四）ABS 的优点

1. 缩短制动距离

ABS 可以将滑移率控制在最大附着系数范围内，从而可获得最大的纵向制动力。

2. 改善了轮胎的磨损状况

ABS 可以防止车轮抱死，从而避免了因制动车轮抱死造成的轮胎局部异常磨损，延长了轮胎的使用寿命。

3. 提高了汽车制动时稳定性

配备有 ABS 的汽车可防止车轮在制动时完全抱死，能将车轮侧向附着系数控制在较大的范围内，使车轮具有较强的承受侧向力的能力，以保证汽车制动时的稳定性。

4. 使用方便、工作可靠

ABS 的运用与常规制动系统的运用几乎没有区别，制动时驾驶员踩下制动踏板，ABS 就根据车轮的实际转速自动进入工作状态，制动效能保持在最佳工作状态。

（五）ABS 的基本组成和工作原理

如图 3-95 所示，ABS 通常由轮速传感器、制动压力调节器、电子控制单元（ECU）和 ABS 警示装置等组成。

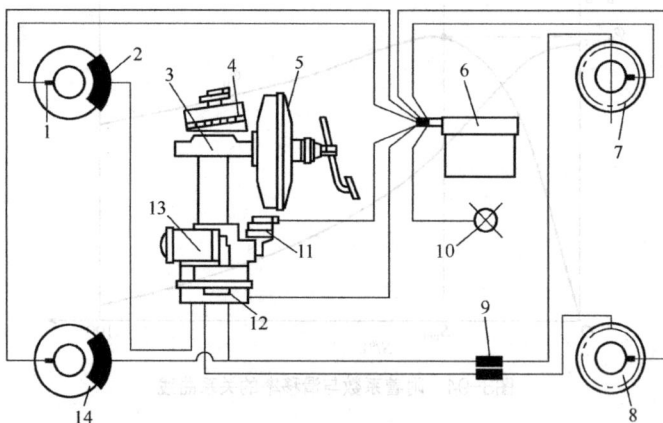

图3-95　ABS的基本组成

1—轮速传感器；2—右前轮制动器；3—制动主缸；4—储液罐；5—真空助力器；6—电子控制单元；
7—右后轮制动器；8—左后轮制动器；9—比例阀；10—ABS警告灯；11—储液器；
12—调压电磁阀总成；13—电动泵总成；14—左前轮制动器

每个车轮上安置有轮速传感器，它们将各车轮的转速信号及时地输入电子控制单元（ECU）；电子控制单元（ECU）是 ABS 的控制中心，它根据各个车轮轮速传感器输入的信号对各个车轮的运动状态进行监测和判定，并形成相应的控制指令，再适时发出控制指令给制动压力调节器；制动压力调节器是 ABS 中的执行器，它是由调压电磁阀总成、电动泵总成和储液器等组成的一个独立整体，并通过制动管路与制动主缸和各制动轮缸相连，制动压力调节器受电子控制单元（ECU）的控制，对各制动轮缸的制动压力进行调节；警示装置包括仪表板上的制动警告灯和 ABS 警告灯。制动警告灯为红色，通常用"BRAKE"作标识，由制动液面开关、手制动开关及制动液压力开关并联控制；ABS 警告灯为黄色，由 ABS 电子控制单元控制，通常用 "ABS" 或 "ANTILOCK" 作标识。ABS 具有失效保护和自诊断功能，当电子控制单元（ECU）监测到系统出现故障时，将自动关闭 ABS，仅保留常规制动系；同时存贮故障信息，并将 ABS 警告灯点亮，提示驾驶员尽快进行修理。

（六）ABS 的分类

1. 按控制方式分类

（1）预测控制方式

预测控制方式是预先规定控制参数和设定值等条件，然后根据检测的实际参数与设定值进行比较，对制动过程进行控制。

控制参数有车轮减速度、车轮加速度及车轮滑移率。根据控制参数不同，预测控制可分为以车轮减速度、以车轮滑移率、以车轮减速度和车轮加速度为控制参数的控制方式。

（2）模仿控制方式

模仿控制方式是在控制过程中，记录前一控制周期的各种参数，再按照这些参数值规定出下一个控制周期的控制条件。此类控制方式在控制时需要准确和实时测定汽车瞬时速度，其成本较高，技术复杂，已较少使用。

2. 按控制通道及传感器数目分类

根据控制通道数可分为四通道、三通道、二通道和一通道 4 种；根据传感器数主要可分为四传感器和三传感器两种。控制通道是指能够独立进行制动压力调节的制动管路。如果一个车轮的制动压力占用一个控制通道，可以进行单独调节，称为独立控制；如果两个车轮的制动压力是一同调节的，称为一同控制；两个车轮一同控制时有两种方式：如果以保证附着系数较小车轮不发生抱死为原则进行制动压力调节，则称这两个车轮按低选原则一同控制；如果以保证附着系数较大车轮不发生抱死为原则进行制动压力调节，则称这两个车轮按高选原则一同控制。按低选原则一同控制较常见。

> **提示**　目前汽车上应用较多的为三通道（前轮独立控制、后轮低选控制）四传感器式、三通道三传感器式和四通道四传感器式。

（1）三通道三传感器式

三通道三传感器 ABS 如图 3-96 所示，一般采用两个前轮独立控制，两个后轮按低选原则进行一同控制。与三通道四传感器 ABS 的不同是后桥只有一个轮速传感器，装在差速器附近。这种形式的 ABS 制动方向稳定性较好，但制动效能稍差。

图3-96　三通道三传感器ABS
■—控制通道；✚—轮速传感器

（2）三通道四传感器式

三通道四传感器 ABS 如图 3-97 所示，也是采用两个前轮独立控制，两个后轮按低选原则进行一同控制。对两个前轮进行独立控制，主要是考虑乘用车，特别是前轮驱动的汽车，前轮制动力在汽车总制动力中所占的比例较大（可达 70%左右），可以充分利用两前轮的附着力。这种形式的 ABS 制动方向稳定性较好，但制动效能稍差。

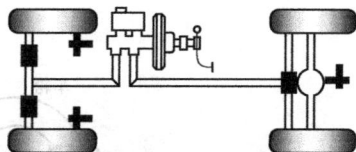

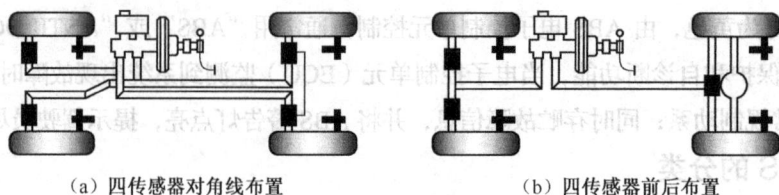

（a）四传感器对角线布置　　　　　　　　（b）四传感器前后布置

图3-97　三通道四传感器ABS

■—控制通道；　┿—轮速传感器

（3）四通道四传感器式

四通道四传感器 ABS 如图 3-98 所示，每个车轮都有一个轮速传感器，且每个车轮的制动压力都是独立控制。这种形式的 ABS 制动效能好，但在不对称路面上制动时的方向稳定性差。

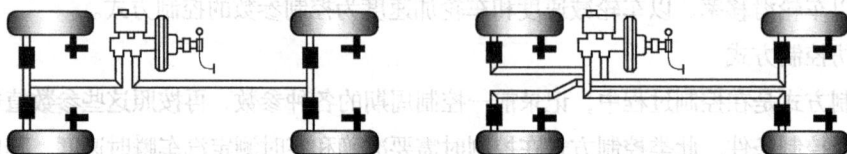

（a）前后布置　　　　　　　　　　　　（b）对角线布置

图3-98　四通道四传感器ABS

■—控制通道；　┿—轮速传感器

（七）ABS 的工作过程

1. 常规制动过程

如图 3-99 所示，电磁线圈中无电流通过，电磁阀柱塞在回位弹簧作用下使柱塞处于"左端"位

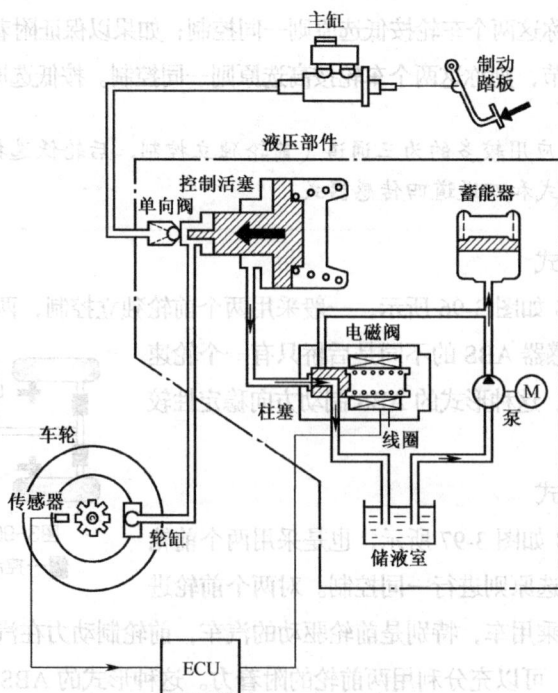

图3-99　可变容积式制动压力调节器的常规制动过程

置,将控制活塞的工作腔与回油管路接通,控制活塞在弹簧的作用下被推至最左端,活塞顶端推杆将单向阀打开,使制动主缸与制动轮缸的制动管路接通,制动主缸的制动液直接进入制动轮缸,制动轮缸内制动液的压力随制动主缸的压力升高而升高。

2. 减压制动过程

如图 3-100 所示,当电子控制单元向电磁线圈输入一大电流时,电磁阀内的柱塞在电磁力作用下克服弹簧弹力移到右边,将蓄能器与控制活塞的工作腔管路接通,制动液进入控制活塞工作腔推动活塞右移,单向阀关闭,制动主缸与制动轮缸之间的通路被切断。同时,由于控制活塞右移使制动轮缸侧容积增大,制动压力减小。

3. 保压制动过程

如图 3-101 所示,当电子控制单元向电磁线圈输入一小电流时,由于电磁线圈的电磁力减小,柱塞在弹簧力的作用下左移,将蓄能器、回油管及控制活塞工作腔管路相互关闭。此时,控制活塞左侧的油压保持一定,控制活塞在油压和强力弹簧的共同作用下保持在一定的位置,而此时单向阀仍处于关闭状态,制动轮缸的容积也不发生变化,制动压力保持一定。

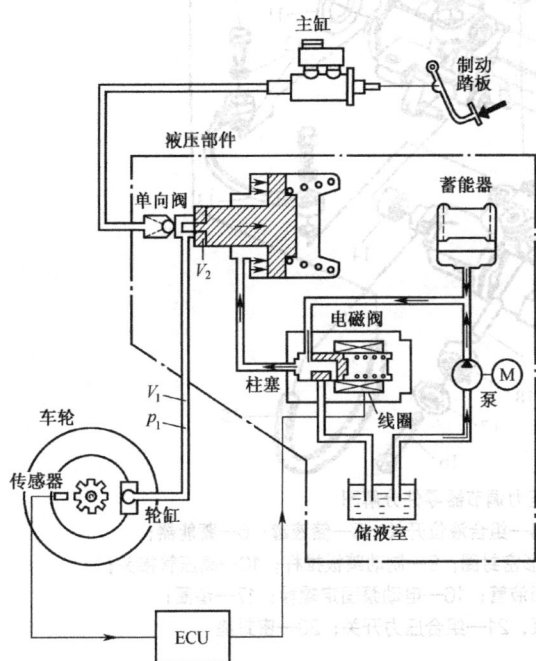

图3-100 可变容积式制动压力调节器的减压制动过程　　图3-101 可变容积式制动压力调节器的保压制动过程

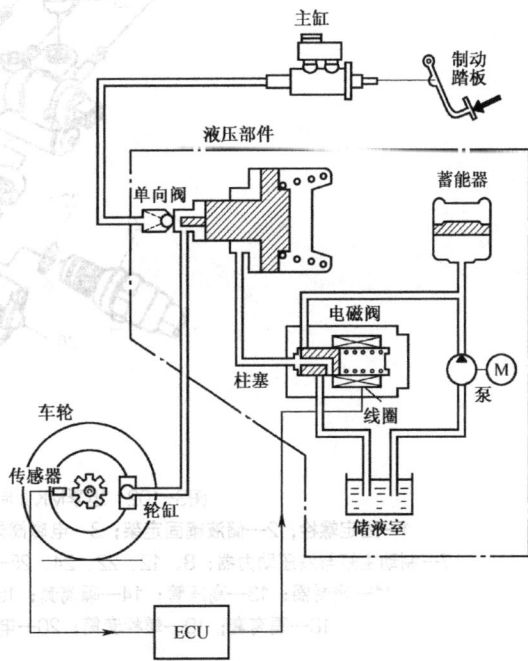

4. 增压制动过程

需要增压时,电子控制单元切断电磁线圈中的电流,柱塞回到左端的初始位置,控制活塞工作腔与回油管路接通,控制活塞左侧控制油压解除,控制活塞左移至最左端时,单向阀被打开,制动轮缸内的制动液压力将随制动轮缸的压力增大而增大。

(八)制动压力调节器的结构

图 3-102 所示为整体式液压调节器的零件分解图,主要由电磁阀体、制动液储液罐、蓄能器、

双腔制动主缸与液压助力器、电动泵等组成。

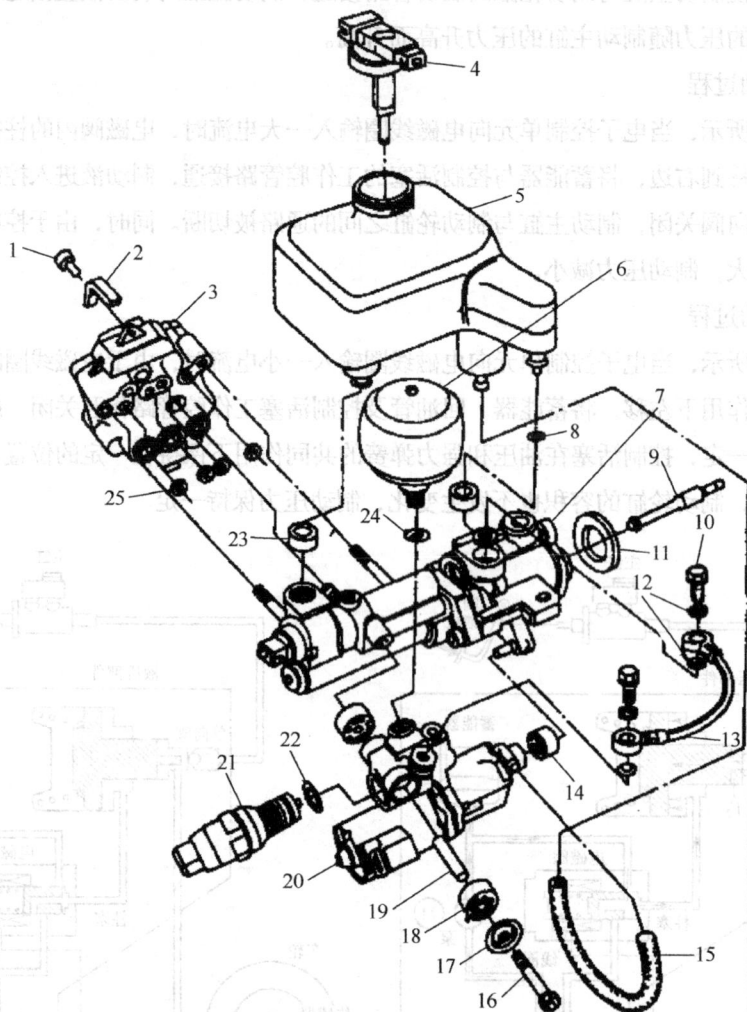

图3-102　坦孚MKⅡ制动压力调节器零件分解图

1—固定螺栓；2—储液罐固定架；3—电磁阀体；4—组合液位开关；5—储液罐；6—蓄能器；
7—制动主缸与液压助力器；8、12、22、24、25—O形密封圈；9—制动踏板推杆；10—高压管接头；
11—密封圈；13—高压管；14—隔离套；15—回液管；16—电动泵固定螺栓；17—垫圈；
18—隔离套；19—螺栓套筒；20—电动泵；21—组合压力开关；23—密封垫

1. 制动主缸与液压助力器

制动主缸与液压助力器组成为一体，它是常规制动系统的液压部件。双腔制动主缸分别向左右两前轮的制动轮缸提供制动液，液压助力器一是向两后轮的制动轮缸提供制动液，二是对双腔制动主缸提供制动助力。

2. 电动液压泵

电压液压泵的功用是提高液压制动系统内的制动液压力，为 ABS 系统正常工作提供基础压力。

提示　电动液压泵通常是直流电动机和柱塞泵的组合体，如图 3-103 所示。其中直流电动机的工作由安装在柱塞泵出液口处的压力控制开关控制。当出液口处的压力低于设定的控制压力（14MPa）时，压力开关触点闭合，电动机即通电转动带动柱塞泵运转，将制动液泵送到蓄能器中；当出液口处的压力高于设定的控制压力时，开关触点断开，电动机及柱塞泵因断电而停止工作。如此往复，将柱塞泵出液口和蓄能器处的制动液压力控制在设定的标准值之内。

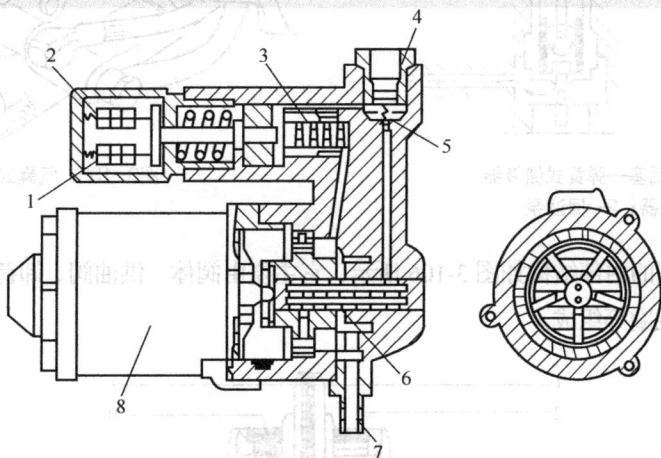

图3-103　电动液压泵结构

1—压力控制开关；2—压力警告开关；3—限压阀；4—出油口；5—单向阀；6—滤芯；7—进油口；8—电动机

3. 储液器和蓄能器

（1）储液器

图 3-104 所示为常见的活塞—弹簧式储液器，该储液器位于电磁阀和回油泵之间，由制动轮缸来的制动液进入储液器，进而压缩弹簧使储液器液压腔容积变大，以暂时储存制动液，使压力较低。

（2）蓄能器

蓄能器的功用是向车轮制动轮缸、制动助力装置供给高压制动液，作为制动能源。

图 3-105 所示为气囊式蓄能器，其内部用隔膜分成上下两腔室，上腔室充满氮气，下腔室与电动液柱塞泵出液口相通，电动液压泵将制动液泵入蓄能器下腔室，使隔膜上移。蓄能器上腔室的氮气被压缩后产生压力，反过来推动隔膜下移，使下控室制动液在平时始终保持14～18MPa 的压力。在常规制动和防抱死制动系统工作时，均可提供较大压力的制动液。

提示　蓄能器中的氮气压力在平时有较大的压力（8MPa 左右），因此禁止拆卸和分解。

4. 电磁阀

电磁阀是制动压力调节器的重要部件。常用的电磁阀为二位二通阀和三位三通阀。

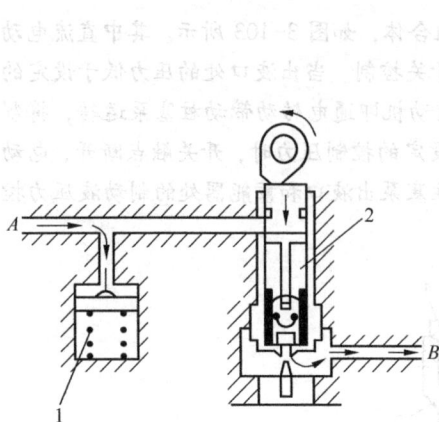

图3-104　活塞—弹簧式储液器
1—储液器；2—回油泵

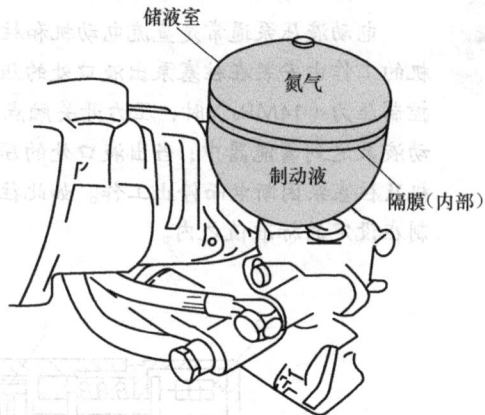

图3-105　气囊式蓄能器

　　三位三通电磁阀的内部结构如图 3-106 所示，它主要由阀体、供油阀、卸荷阀、单向阀、弹簧、无磁支撑环、电磁线圈等组成。

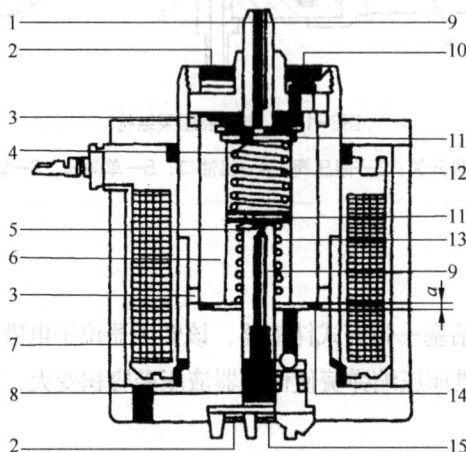

图3-106　三位三通电磁阀

1—回油口接口；2—滤芯；3—无磁支撑环；4—卸荷环；5—进油阀；6—柱塞；7—电磁线圈；8—限压阀；
9—阀座；10—出油口；11—承接盘；12—副弹簧；13—主弹簧；14—凹槽；15—进油口

　　如图 3-107 所示，当电磁线圈中无电流通过时，由于主弹簧弹力大于副弹簧弹力，进油阀被打开，卸荷阀关闭，制动主缸与轮缸油路相通；当向电磁线圈输入 1/2 最大电流时（保持电流），电磁力使柱塞向上移动一定距离将进油阀关闭。此时，电磁力不足以克服两个弹簧的弹力，柱塞便保持在中间位置，卸荷阀仍处于关闭状态。此状态时，三孔间相互密封，轮缸压力保持一定值；当电子控制单元向电磁线圈输入最大工作电流时，电磁力足以克服主、副弹簧的弹力使柱塞继续上移将卸荷阀打开，此时轮缸通过卸荷阀与储液器相通，轮缸中制动液流入储液器，压力降低。

　　5. 压力控制、压力警告和液位指示开关

　　压力控制开关和压力警告开关安装在压力调节器的电动液压泵一侧。

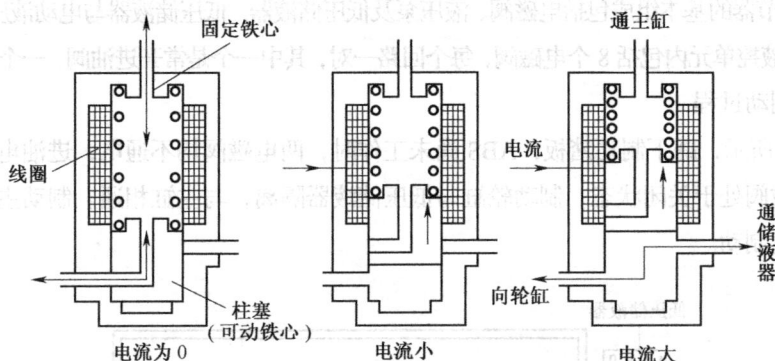

图3-107　三位三通电磁阀的工作原理

压力控制开关的功用是监视蓄能器下腔的压力。它由一组触点组成，且独立于 ABS 电子控制单元（ECU）而工作。当液压压力下降到约 14MPa 时，开关闭合，使电动液压泵继电器通电，触点闭合，电源通过继电器触点向液压泵直流电动机供电，电动液压泵运转工作。

压力警告开关的功用是当压力下降到一定值（14MPa 以下）时，先点亮红色制动系统故障指示灯，紧接着点亮琥珀色或黄色 ABS 故障指示灯，同时 ABS 电子控制单元停止防抱死制动系统的工作。

> 液位指示开关位于制动储液室的盖上。它通常有两对触点，当制动液面下降到一定程度时，上面的触点闭合，下面的触点打开。此时，红色制动系统故障指示灯亮，它提醒驾驶员要对车辆的制动液进行检查。而断开的下触点切断了通向 ABS 电子控制单元的电路，发出使电子控制单元停止防抱死制动控制的信号，同时点亮琥珀色 ABS 故障指示灯。

（九）桑塔纳 2000 俊杰乘用车 ABS 制动压力调节器

桑塔纳 2000 俊杰乘用车 ABS 制动压力调节器采用整体式结构、循环式调压。它与 ABS 的电子控制单元（ECU）组合为一体后安装于制动主缸与制动轮缸之间，其外形如图 3-108 所示。

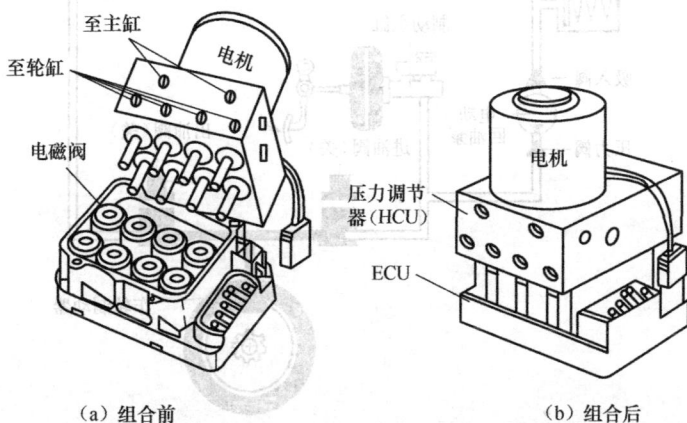

（a）组合前　　　　　　　　　（b）组合后

图3-108　桑塔纳2000俊杰乘用车ABS制动压力调节器

制动压力调节器的基本组成包括电磁阀、液压泵及低压储液器。低压储液器与电动液压泵合为一体装于液控单元上，液控单元内包括8个电磁阀，每个回路一对，其中一个是常开进油阀，一个是常闭出油阀。

（1）常规制动过程

如图3-109所示，踩下制动踏板，ABS尚未工作时，两电磁阀均不通电，进油电磁阀处于开启状态，出油电磁阀处于关闭状态，制动轮缸与低压储液器隔离，与主缸相通。制动主缸里的制动液被推入轮缸产生制动。

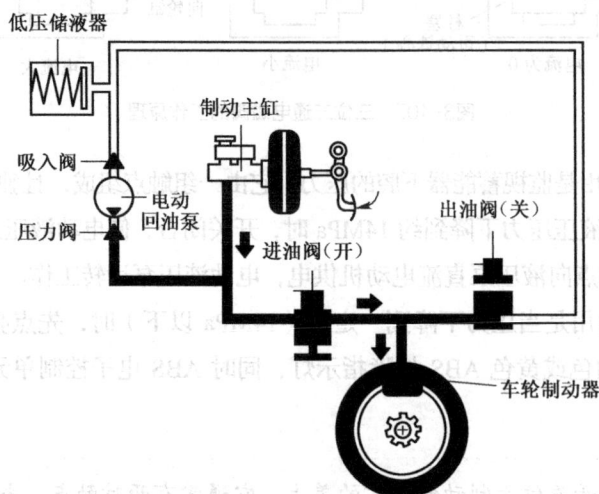

图3-109　常规制动过程

（2）保压制动过程

如图3-110所示，当ABS的电子控制单元（ECU）通过轮速传感器检测到车轮的减速度达到设定值时，使进油电磁阀通电关闭，出油电磁阀仍处于断电关闭状态，轮缸里的制动液处于不流通状态，制动压力保持。

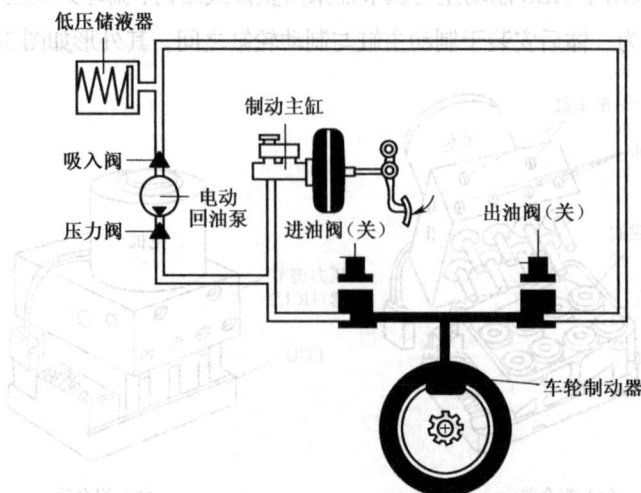

图3-110　保压制动过程

（3）减压制动过程

如图3-111所示，当ABS的电子控制单元（ECU）通过轮速传感器检测到车轮趋于抱死时，进、出油电磁阀均通电，轮缸与低压储液器相通，轮缸里的制动液在制动蹄回位弹簧作用下流到低压储液器，制动压力减小。同时电动回油泵通电运转及时将制动液泵回主缸，踏板有回弹感。当制动压力减小到车轮的滑移率在设定范围内时，进油阀通电，出油阀断电，压力保持。

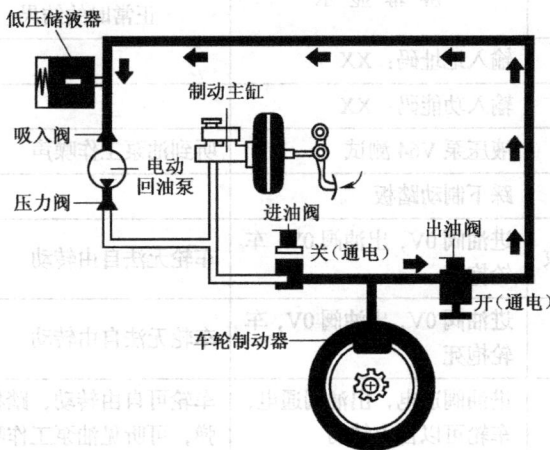

图3-111 减压制动过程

（4）增压制动过程

如图3-112所示，当ABS的电子控制单元（ECU）通过轮速传感器检测到车轮的加速度达到设定值时，进、出油电磁阀均断电，进油阀开启，出油阀关闭，同时回油泵通电，将低压储液器里的制动液泵到轮缸，制动压力增高。

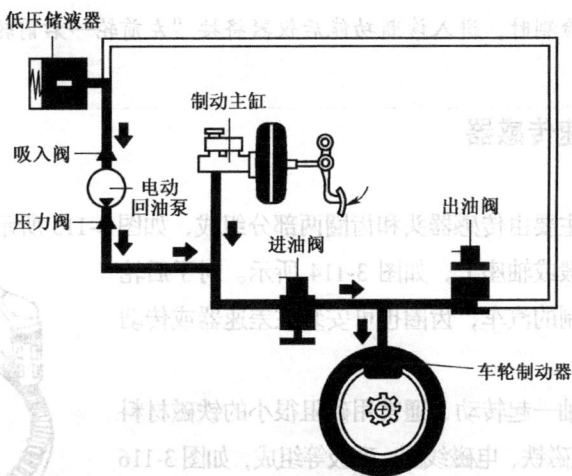

图3-112 增压制动过程

ABS制动压力调节器以5~6次/s的频率按上述"增压制动—保压制动—减压制动—保压制动—增压制动"的循环对制动压力进行调节，直到停车。

制动压力调节器的检测包括电磁阀、电动液压泵及继电器的检测。

对桑塔纳 2000 俊杰乘用车制动压力调节器的可用 V.A.G1552 仪器进行检测，操作步骤及项目如表 3-2 所示。

表 3-2　　桑塔纳 2000 俊杰乘用车制动压力调节器的电磁阀、油泵测试操作步骤及项目

步骤	操　　作	屏　幕　显　示	电磁阀、油泵动作正常时的结果	电磁阀密封性测试结果
1	连接诊断线	输入地址码：XX		
2	输入"03"，确认	输入功能码：XX		
3	输入"03"，确认	液压泵 V64 测试	听到油泵工作噪声	
4	按"→"键	踩下制动踏板		
5	踩住制动踏板不放	进油阀 0V，出油阀 0V，车轮抱死	车轮无法自由转动	踏板不下沉，出油阀良好
6		进油阀 0V，出油阀 0V，车轮抱死	车轮无法自由转动	
7		进油阀通电，出油阀通电，车轮可以自由转动	车轮可自由转动，踏板回弹，可听见油泵工作噪声	踏板不下沉，进油阀良好
8		进油阀通电，出油阀通电，车轮可以自由转动	车轮可以自由转动	
9		进油阀 0V，出油阀 0V，车轮抱死	车轮无法自由转动，踏板自动微微下沉	
10	松开制动踏板			

提示　　使用仪器检测时，进入诊断功能后仪器将按"左前轮→右前轮→左后轮→右后轮"的顺序进行。

（十）电磁式轮速传感器

1. 结构

电磁式轮速传感器主要由传感器头和齿圈两部分组成，如图 3-113 所示。

齿圈一般安装在轮毂或轴座上，如图 3-114 所示。对于后轮驱动且后轮采用同时控制的汽车，齿圈也可安装在差速器或传动轴上，如图 3-115 所示。

齿圈随车轮或传动轴一起转动，通常用磁阻很小的铁磁材料制成。传感头通常由永久磁铁、电磁线圈、磁极等组成，如图 3-116 所示。它对应安装在靠近齿圈而又不随齿圈转动的部件上，如转向节、制动底板、驱动轴套管或差速器、变速器壳体等固定件上。传感头与齿圈的端面有一空气间隙，此间隙一般为 0.7～1.5mm，通常可移动传感头的位置来调整间隙。

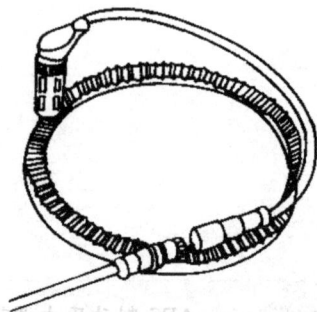

图3-113　轮速传感器外形

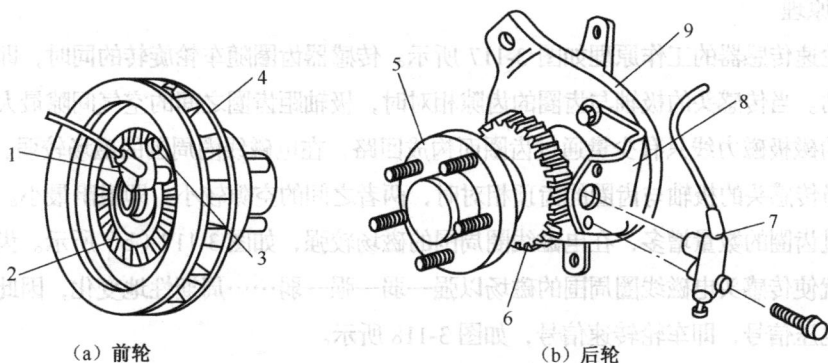

（a）前轮　　　　　　　　　　　　　　（b）后轮

图3-114　轮速传感器在车轮处的安装位置

1、7—传感器；2、6—传感器齿圈；3—定位螺钉；4—轮毂和组件；5—半轴；
8—传感器支架；9—后制动器连接装置

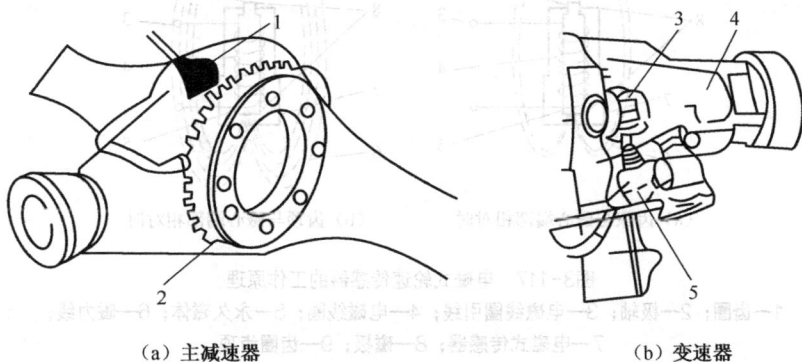

（a）主减速器　　　　　　　　　　　　（b）变速器

图3-115　轮速传感器在传动系中的安装位置

1—传感器头；2—主减速器从动齿轮；3—齿圈；4—变速器输出部位；5—传感器头

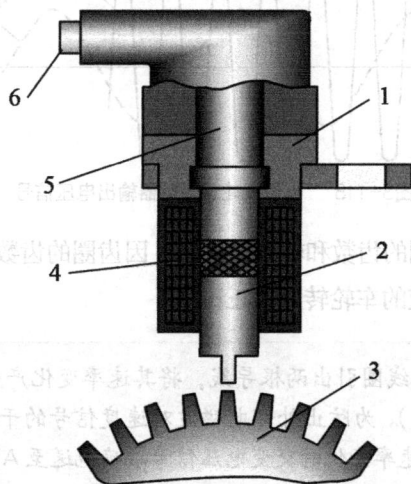

图3-116　电磁式轮速传感器的结构

1—传感器外壳；2—极轴；3—齿圈；4—电磁线圈；5—永久磁铁；6—导线

2. 工作原理

电磁式轮速传感器的工作原理如图 3-117 所示。传感器齿圈随车轮旋转的同时，即与传感头极轴作相对运动。当传感头的极轴与齿圈的齿隙相对时，极轴距齿圈之间的空气间隙最大，即磁阻最大。传感头的磁极磁力线只有少量通过齿圈而构成回路，在电磁线圈周围的磁场较弱，如图 3-117（a）所示；当传感头的极轴与齿圈的齿顶相对时，两者之间的空隙较小，即磁阻最小。传感头的磁极磁力线通过齿圈的数量增多，在电磁线圈周围的磁场较强，如图 3-117（b）所示。齿圈随车轮不停地旋转，就使传感头电磁线圈周围的磁场以强—弱—强—弱……周期性地变化，因此电磁线圈就感应出交变电压信号，即车轮转速信号，如图 3-118 所示。

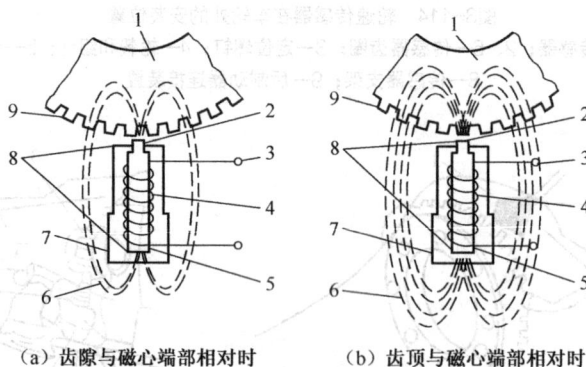

（a）齿隙与磁心端部相对时　　　（b）齿顶与磁心端部相对时

图3-117　电磁式轮速传感器的工作原理

1—齿圈；2—极轴；3—电磁线圈引线；4—电磁线圈；5—永久磁体；6—磁力线；
7—电磁式传感器；8—磁极；9—齿圈齿顶

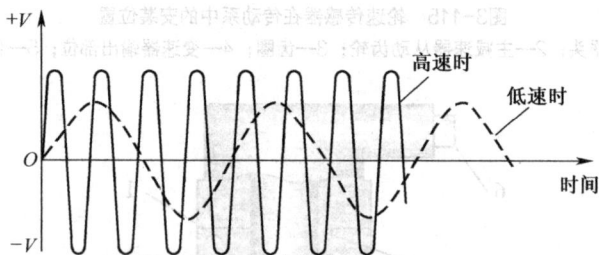

图3-118　电磁式轮速传感器输出电压信号

交变电压信号的频率与齿圈的齿数和转速成正比，因齿圈的齿数一定，因而车轮转速传感器输出的交流电压信号频率只与相应的车轮转速成正比。

> **提示**　轮速传感器由电磁线圈引出两根导线，将其速率变化产生的交变电压信号送至 ABS 的电子控制单元（ECU）。为防止外部电磁波对速度信号的干扰，传感器的引出线采用屏蔽线，以保证反映车轮速率变化的交变电压信号准确地送至 ABS 的电子控制单元（ECU）。

3. 传感器的检测

轮速传感器损坏后，电子控制单元接收不到转速信号，不能控制制动压力调节器工作，ABS 将停止工作，车辆维持常规制动。

轮速传感器的导线、插接器或传感头松动，电磁线圈等出现接触不良、断路、短路或脏污、间隙不正常，都会影响轮速传感器的工作，从而造成 ABS 工作异常。

传感器的检测方法如下。

（1）传感器的外观检查

检查传感器外观时，应注意以下内容：传感器安装有无松动；传感头和齿圈是否吸有磁性物质和污垢；传感器导线是否破损、老化；插接器是否连接牢固和接触良好，如有锈蚀、脏污，应清除，并涂少量防护剂，然后重新将导线插入连接器，再进行检测。

（2）传感头与齿圈齿顶端面之间间隙的检查

传感头与齿圈齿顶端面之间间隙可用无磁性厚薄规或合适的硬纸片检查，检查方法如图 3-119 所示。

将齿圈上的一个齿正对着传感器的头部，选择规定厚度的厚薄规片或合适的硬纸片，将放入轮齿与传感器的头部之间，来回拉动厚薄规片，其阻力应合适。若阻力较小，说明间隙过大；若阻力较大，说明间隙过小。传感头与齿圈的间隙大小标准范围应参考各车型的维修资料。

（3）传感器电磁线圈及其电路检测

使点火开关处于"OFF"位置，将 ABS 电子控制单元插接器插头拆下，查出各传感器与电子控制单元

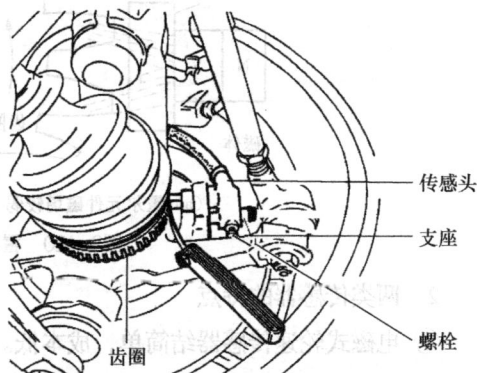

图3-119　传感头与齿顶端面间隙的检查

（图中标注：传感头、支座、螺栓、齿圈）

连接的相应端子，在相应端子上用万用表电阻挡检测传感器线圈与其连接电路的电阻值是否正常。

桑塔纳 2000 俊杰乘用车 ABS 轮速传感器电磁线圈的电阻正常值应为 1.0～1.2kΩ。

若阻值无穷大，表明传感器线圈或连接电路有断路故障；若电阻值很小，表明有短路故障。为了区分故障是在电磁线圈或在连接电路，应拆下传感器插接器插头，用万用表电阻挡直接测试电磁线圈的阻值。若所测阻值正常，表明传感器连接电路或插接器有故障，应修复或更换。

（4）模拟检查

为进一步证实传感器是否能产生正常的转速信号，可用示波器检测传感器的信号电压及其波形。其方法是：使车轮离开地面，将示波器测试线接于 ABS 电子控制单元（ECU）插接器插头的被测传感器对应端子上，用手转动被测车轮（传感器装在差速器上则应挂上前进挡起动发动机低速运转），观察信号电压及其波形是否与车轮转速相当，以及波形是否残缺变形，以判定传感头或齿圈是否脏污或损坏。

桑塔纳 2000 俊杰乘用车车轮以约 1r/s 的速度转动时，ABS 轮速传感器应输出 190～1 140mV 的交流电压。经测试，若信号电压值或波形不正常，则应更换和修理传感头或齿圈。

（十一）霍尔式轮速传感器

1. 霍尔式轮速传感器的组成和工作原理

霍尔式轮速传感器也是由传感头和齿圈组成。其齿圈的结构及安装方式与电磁式轮速传感器的齿圈相同，传感头由永磁体、霍尔元件和电子电路等组成。

传感器的工作原理如图 3-120 所示，永磁体的磁力线穿过霍尔元件通向齿圈，齿圈相当于一个集磁器。当齿圈位于图 3-120（a）所示位置时，穿过霍尔元件的磁力线分散，磁场相对较弱；而当齿圈位于图 3-120（b）所示位置时，穿过霍尔元件的磁力线集中，磁场相对较强。齿圈转动时，使得穿过霍尔元件的磁力线密度发生变化，因而引起霍尔元件电压的变化，霍尔元件将输出一毫伏级的准正弦波电压。此信号由电子电路转化成标准的脉冲电压。

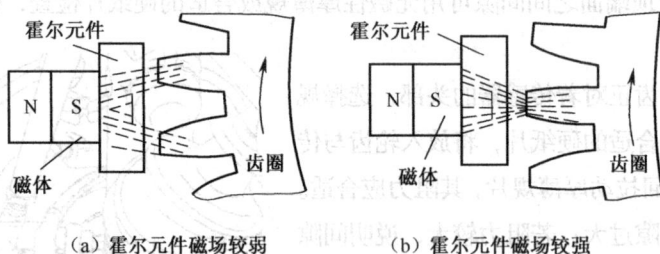

（a）霍尔元件磁场较弱　　　　（b）霍尔元件磁场较强

图3-120　霍尔式轮速传感器控测原理图

2. 两类传感器的特点

① 电磁式轮速传感器结简单，成本低。但存在以下缺点：

● 其输出信号的幅值是随转速变化而变化的。在规定的转速范围内，其输出信号的幅值一般为 1～15V，若车速过低，其输出信号低于 1V，电子控制单元无法检测。

● 频率相应不高。当转速过高时，传感器的频率响应跟不上，容易产生误信号。

● 抗电磁波干扰能力差。

② 霍尔式车轮转速传感器克服了电磁式传感器的缺点，其输出信号电压幅值不受转速的影响，频率响应高，抗电磁波干扰能力强。因而，霍尔传感器在 ABS 系统中应用越来越广泛。

三、任务实施

（一）轮速传感器的检测

轮速传感器的检测，如图 3-121 所示。

（1）外观检查

检查传感器安装有无松动；传感头和齿圈是否吸有磁性物质和污垢；传感器导线是否破损、老化；插接器是否连接牢固和接触良好，如果有锈蚀、脏污应清除，并涂少量防护剂，然后重新将导线插入插接器，再进行检测。调整摇臂与凸轮的相对位置将驻车制动杆向前放松至极限位置；将摇臂从凸轮轴上取下，反时针方向错开一个或数个齿后，再将摇臂装于凸轮轴上，并将夹紧螺栓紧固；重新调整拉杆上的调整螺母，直到有合适的驻车制动拉杆行程为止。调好后，制动间隙应为 0.2～0.4mm；驻车制动器调好后，完全放松驻车制动杆时，制动器蹄鼓间隙为 0.2～0.4mm。向后拉驻车制动杆时，应有两"响"的自由行程，从第 3"响"时应开始产生制动，第 5"响"时汽车应能在规定的坡道上停住。

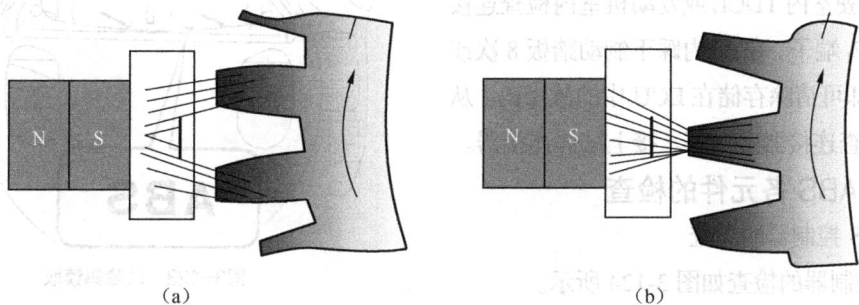

(a)　　　　　　　　　　(b)

图3-121　轮速传感器

（2）间隙检查

选择规定厚度的无磁性厚薄规，放入齿圈与传感头之间，来回拉动厚薄规，其阻力应合适。若阻力较小，说明间隙过大；若阻力较大，说明间隙过小。

（3）电器检查

使点火开关处于"OFF"位置，将 ABS 电子控制单元插接器插头拆下，查出各传感器与电子控制单元连接的相应端子，在相应端子上用万用表电阻挡检测传感器线圈与其连接电路的电阻值是否正常。若阻值无穷大，表明传感器线圈或连接电路有断路故障；若电阻值很小，表明有短路故障。为了区分故障是在电磁线圈还是连接电路，应拆下传感器插接器插头，用万用表电阻挡直接测试电磁线圈的阻值。若所测阻值正常，表明传感器连接电路或插接器有故障，应修复或更换。

（4）模拟检查

使车轮离开地面，将示波器测试线接于 ABS 电子控制单元（ECU）插接器插头的被测传感器对应端子上，用手转动被测车轮（传感器装在差速器上则应挂上前进挡起动发动机低速运转），观察信号电压及其波形是否与车轮转速相当，以及波形是否残缺变形，以判定传感头或齿圈是否脏污或损坏。

（二）ECU 的检测

ECU 的检测，如图 3-122 所示。

① 熔断丝完好。

② 关闭用电设备，如大灯、空调和风扇等。

③ 拔下 ABS 电子控制单元上的线束插头，使其与检测箱V.A.G1598/21 的插座相连接。

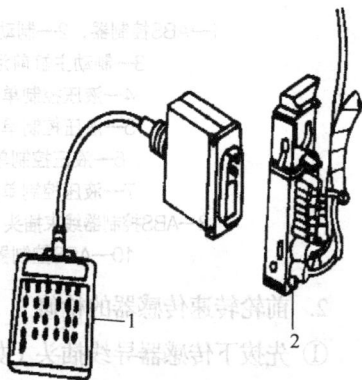

图3-122　ECU的检测
1—诊断端子；2—诊断接口

（三）故障码的读取与清除

（1）故障码的读取

把点火开关置于"ON"位置，检查 ABS 警告灯，应点亮

3s。如果不正常，应检查 ABS 警告灯电路并排除故障。脱开发动机室内的维修连接器。跨接驾驶室

内 TDCL 或发动机室内检查连接器的 T_C 和 E_1 端子。从 ABS 警告灯的闪烁读取故障码。如果有多个故障，数字较小的故障码先显示，如图 3-123 所示。

（2）故障码的清除

跨接驾驶室内 TDCL 或发动机室内检查连接器的 T_C 和 E_1 端子。在 3s 内踩下制动踏板 8 次或 8 次以上，即可清除存储在 ECU 中的故障码。从 TDCL 或检查连接器上拆下。接上维修连接器。

（四）ABS 各元件的检查

1. ABS 控制器的检查

ABS 控制器的检查如图 3-124 所示。

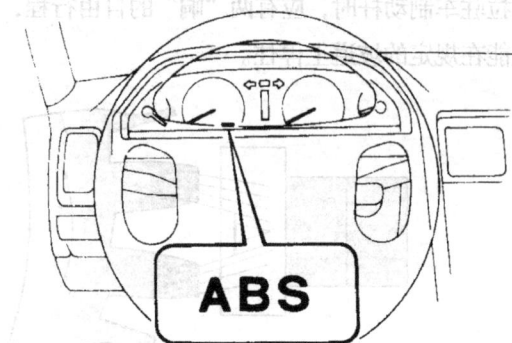

图3-123　故障码读取

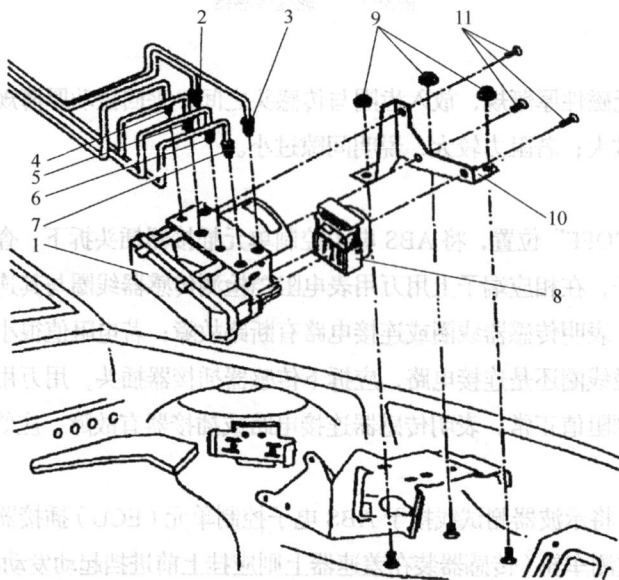

图3-124　ABS控制器的检查

1—ABS控制器；2—制动主缸后活塞与液压控制单元的制动管接头（拧紧力矩15Nm）；

3—制动主缸前活塞与液压控制单元的制动管接头（拧紧力矩15Nm）；

4—液压控制单元与右前制动轮缸的制动管接头（拧紧力矩15Nm）；

5—液压控制单元与左后制动轮缸的制动管接头（拧紧力矩15Nm）；

6—液压控制单元与右后制动轮缸制动管接头（拧紧力矩15Nm）；

7—液压控制单元与左前制动轮缸的制动管接头（拧紧力矩15Nm）；

8—ABS控制器线束插头（25针插头）；9—ABS控制器支架紧固螺栓（拧紧力矩20Nm）；

10—ABS控制器支架；11—ABS控制器安装螺栓（拧紧力矩10Nm）

2. 前轮转速传感器的检修

① 先拔下传感器导线插头（如图 3-125 中箭头所示），再拧下内六角紧固螺栓，拆下前轮转速传感器。

② 安装前轮转速传感器之前，先清洁传感器的安装孔内表面，并涂上固体润滑膏 G000650，然后装入转速传感器，以 10Nm 的力矩拧紧内六角紧固螺栓，最后插上导线插头。

3. 前轮齿圈的检查

① 前轮轴承损坏或轴承轴向间隙过大时，会影响前轮传感器的间隙。举升起前轮，使之离地，用双手转动前轮感觉前轮摆动是否异常。若轴承轴向间隙过大，则要检查齿圈轴向摆差（见图3-126）。轴向摆差应不大于0.3mm。

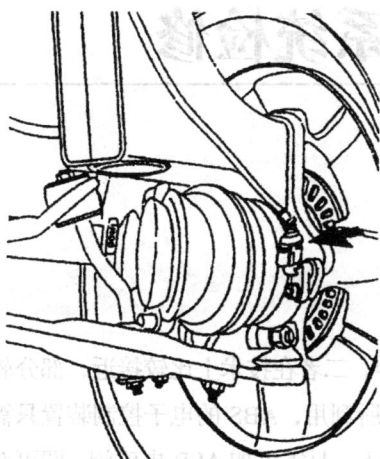

图3-125　前轮转速传感器的检修　　　　　　　　　　　　图3-126　前轮齿圈的检查

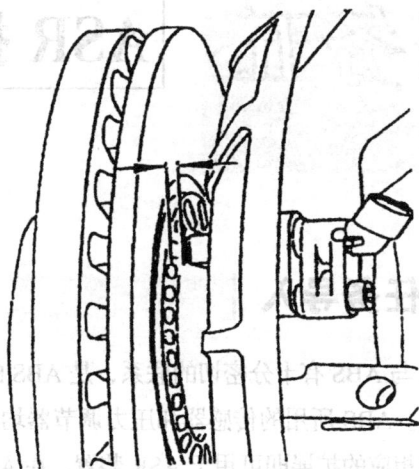

② 若前轮轴承损坏或轴向间隙过大时，则应更换轴承。

③ 若出现齿圈轴向摆差过大而引起传感器与齿圈擦碰，造成齿圈变形或齿数残缺不全，则应更换前轮齿圈。

④ 若前轮齿圈完好无损，但被泥泞或脏物堵塞，应清除齿圈空隙中的脏物。

4. 检查前轮转速传感器输出电压的检查

① 检查前轮转速传感器与齿圈之间的间隙是否符合规定，标准值为1.10～1.97mm。

② 顶起前轮，松开驻车制动器。

③ 关闭点火开关，拆下ABS控制单元挺接器。

④ 以30r/min的转速转动前轮，用万用表或示波器测量输出电压。4号和11号端子为左前轮速传感器端子，3号和18号端子为右前轮速传感器端子。用万用表测量时，前轮转速传感器输出电压应为70～310mV；用示波器测量时，输出电压应为3.4～14.8mV。

⑤ 若输出电压不符合规定时，检查传感器是否有故障；检查传感器电阻值（1.0～1.3kΩ）；在齿圈上取四点检查齿圈与车轮转速传感器之间的间隙是否过大；检查电线束安装是否有误差。

5. 后轮转速传感器输出电压的检查

① 检查后轮转速传感器与齿圈之间的间隙是否符合规定，标准值为0.42～0.80mm。

② 顶起前轮，松开驻车制动。

③ 拆下ABS电线束，在线束插接器处测量。

④ 以30r/min的转速转动后轮，用万用表或示波器测量输出电压。2号和10号端子为左后轮速传感器端子，1号和17号端子为右后轮速传感器端子。用万用表测量时，后轮转速传感器输出电压

应大于 260mV；用示波器测量时，输出电压应大于 12.2mV。若输出电压不符合规定时，检查传感器是否有故障；检查传感器电阻值（1.0～1.3kΩ）；在齿圈上取四点检查齿圈与车轮转速传感器之间的间隙是否过大；检查电线束安装是否有误差。

任务五　ASR 控制系统检修

一、任务导入

ASR 与 ABS 有十分密切的联系，是 ABS 的技术延伸。二者在技术上比较接近，部分软、硬件可以共用。ABS 所用的传感器和压力调节器均可为 ASR 所利用，ABS 的电子控制装置只需要在功能上进行相应的扩展即可用于 ASR 装置。在 ABS 的基础上，只需添加 ASR 电磁阀，即可对过分滑转的车轮实施制动。对电控发动机来说，通过总线就可控制发动机的输出力矩。非电控发动机，只需增加一些传感器和执行机构，就可控制发动机的输出力矩。基于此，通常把二者有机地结合起来，形成汽车 ABS/ASR 防滑控制系统。

二、相关知识

（一）驱动防滑系统概述

1. 驱动防滑系统的功用

驱动防滑系统（Acceleration Slip Regulation，ASR），有的车辆称为牵引力控制系统（Traction Control System，TCS），它的功用是防止汽车在加速过程中打滑，特别是防止汽车在非对称路面或在转向时驱动轮滑转，以保持汽车行驶方向的稳定性、操纵性和维持汽车的最佳驱动力。

2. 滑转率及其与附着系数的关系

汽车在驱动过程中，驱动车轮可能相对于路面发生滑转。滑转成分在车轮纵向运动中所占的比例称为驱动车轮的滑转率，通常用 "S_A" 表示：

$$S_A = (\omega r - v)/\omega r \times 100\%$$

式中，r——车轮的滚动半径；

ω——车轮的转动角速度；

v——车轮中心的纵向速度。

当车轮在路面上纯滚动时，车轮中心的纵向速度完全是由于车轮滚动产生的。此时 $v = \omega r$，其滑转率 $S_A = 0$；当车轮在路面上完全滑转（即汽车原地不动，而驱动轮的圆周速度不为 0）时，车轮

中心的纵向速度 $v = 0$，其滑动率 $S_A = 100\%$；当车轮在路面上边滚动边滑转时，$0 < S_A < 100\%$。

与汽车在制动过程中的滑移率相同，在汽车的驱动过程中，车轮与路面间的附着系数的大小随着滑转率的变化而变化。在干路面或湿路面上，当滑转率在 15%～30%时，车轮具有最大的纵向附着系数，此时可产生的地面驱动力最大。在雪路或冰路面上时，最佳滑移率在 20%～50%；当滑转率为零，即车轮处于纯滚动状态时，其侧向附着系数也最大，此时汽车保持转向和防止侧滑的能力最强。随着滑转率的增加，侧向附着系数下降，当滑转率为 100%，侧向附着系数变得极小，轮胎与路面之间的侧向附着力接近于零，车轮将完全丧失抵抗外界侧向力作用的能力。

3. 驱动防滑系统的控制方式

（1）发动机输出功率/转矩控制

一旦 ASR 电子控制单元检测到一个或两个驱动车轮发生滑转的情况，立即发出控制指令，控制发动机的输出功率/转矩，以抑制驱动轮的滑转。

发动机输出功率/转矩控制通常有以下几种方法。

① 调整供油量：减少或中断供油。

② 调整点火时间：减小点火提前角或停止点火。

③ 调整进气量：减小节气门的开度。

（2）驱动轮制动控制

当汽车在附着系数不均匀的路面上行驶时，处于低附着系数路面的驱动车轮可能会滑转，此时ASR 电子控制单元将使滑转车轮的制动压力上升，对该轮作用一定的制动力，使两驱动车轮向前运动速度趋于一致。

（3）防滑差速锁控制

防滑差速锁能对差速器锁止装置进行控制，使锁止范围从 0～100%，并通过 ASR 有效控制驱动车轮的驱动力，从而提高汽车在滑溜路面起步和加速能力及行驶方向稳定性。

（二）驱动防滑系统的基本组成和工作原理

1. 基本组成

图 3-127 所示为一典型的具有防抱死制动和驱动防滑功能的系统。其中驱动防滑系统与 ABS 共用轮速传感器和电子控制单元，只是在通往驱动车轮制动轮缸的制动管路中增设了一个 ASR 制动压力调节器，在由加速踏板控制的主节气门上方增设了一个由步进电机控制的副节气门，并在主、副节气门处各设置了一个节气门位置传感器。

2. 工作原理

当驱动防滑系统处于工作状态时，电子控制单元根据各轮速传感器检测到的转速信号，确定驱动车轮的滑转率和汽车的参考速度。当电子控制单元判定驱动车轮的滑转率超过设定的限值时，就使驱动副节气门的步进电机转动，减小副节气门的开度。此时，即使主节气门的开度不变，发动机的进气量也会因副节气门开度的关小而减少。如果驱动车轮的滑转率仍未降低到设定的控制范围内，电子控制单元又会控制 ASR 制动压力调节器和 ABS 制动压力调节器，对驱动车轮施加一定的制动压力，则驱动车轮上就会作用一制动力矩，从而使驱动车轮的转速降低。

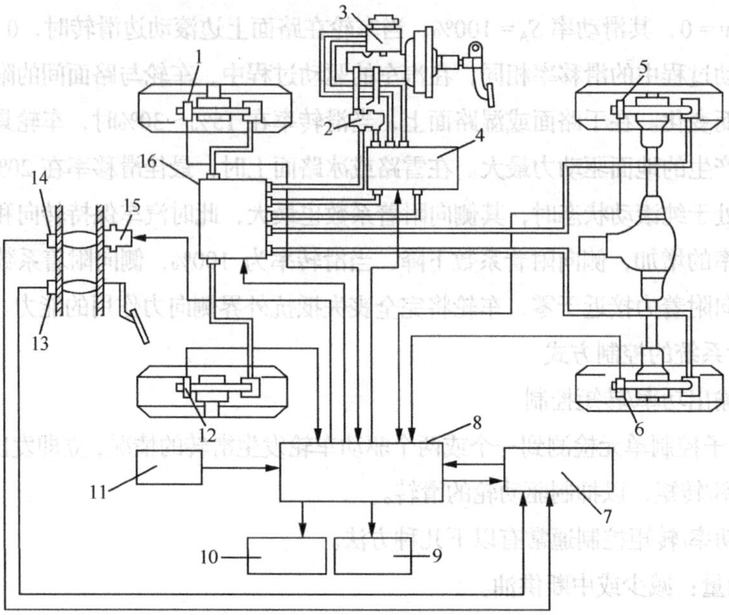

图3-127　典型ABS/ASR的组成

1—右前轮速传感器；2—比例阀和差压阀；3—制动主缸；4—ASR制动压力调节器；5—右后轮速传感器；
6—左后轮速传感器；7—发动机/变速器电子控制单元；8—ABS/ASR电子控制单元；9—ASR关闭指示灯；
10—ASR工作指示灯；11—ASR选择开关；12—左前轮速传感器；13—主节气门位置传感器；
14—副节气门位置传感器；15—副节气门驱动步进电机；16—ABS制动压力调节器

（三）驱动防滑系统主要部件

1. 副节气门驱动装置

（1）功用

副节气门驱动装置的功用是根据电子控制单元传送的指令来控制副节气门的开启角度，从而控制进入发动机气缸的空气量，达到控制发动机输出转矩的目的。

（2）结构

副节气门驱动装置安装在节气门壳体上，如图 3-128 所示。它是一个由电子控制单元控制转动的步进电动机，由永磁体、传感线圈和旋转轴等组成。在旋转轴的末端安装一个小齿轮（主动齿轮），由它带动安装在副节气门轴末端的凸轮轴齿轮旋转，以此控制副节气门的开启角度。

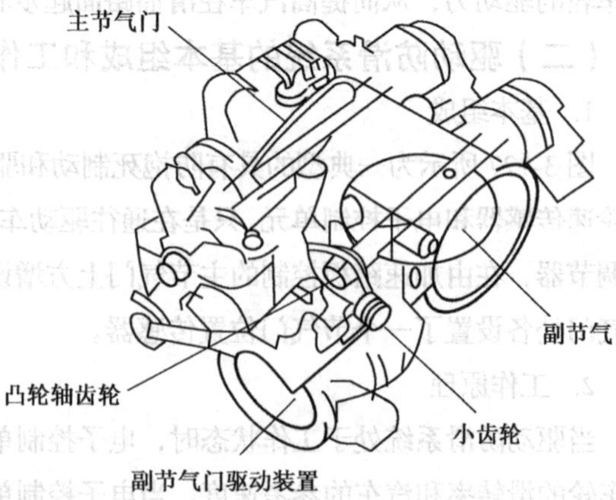

图3-128　节气门体总成

（3）工作原理

当驱动防滑系统不工作时，副节气门在弹簧力作用下保持全开状态，进入发动机的空气量由驾驶员控制主节气门的开度决定。当前、后轮速传感器检测到车轮滑转需进行防滑控制时，电子控制单元驱动步进电机通过凸轮轴齿轮旋转，从而控制副节气门的开度。

2. ASR 制动压力调节器

防抱死制动系统中的制动压力调节器要接受电子控制单元的控制指令，适时地调整制动轮缸的制动液压力，控制制动车轮的滑移率，从而保证制动车轮与路面之间的附着系数处于最佳。而驱动防滑系统也需要控制驱动车轮与路面之间的运动状态，使轮胎与路面的附着系数处于最佳。而防滑转制动压力调节器所处的位置与防抱死系统中制动压力调节器所处的位置相同，它起什么作用呢？它与防抱死系统的制动压力调节器有什么区别呢？

（1）功用和结构

ASR 制动压力调节器的结构型式有独立型式和组合型式两种。独立式 ASR 制动压力调节器是和 ABS 制动压力调节器在结构上各自分开，如图 3-129 所示。组合式制动压力调节器将 ABS 和 ASR 制动压力调节器组合为一体。

两种类型的 ASR 制动压力调节器在结构上虽然有所不同，但都离不开液压泵总成和电磁阀总成。

液压泵总成由一个电动机驱动的液压柱塞泵和一个蓄能器组成，如图 3-130 所示。其中电动柱塞泵的功用是从制动主缸储液罐中吸取制动液，升压后送到蓄能器。蓄能器的功用是储存高压制动液，并在系统工作时向车轮制动轮缸提供制动液压。

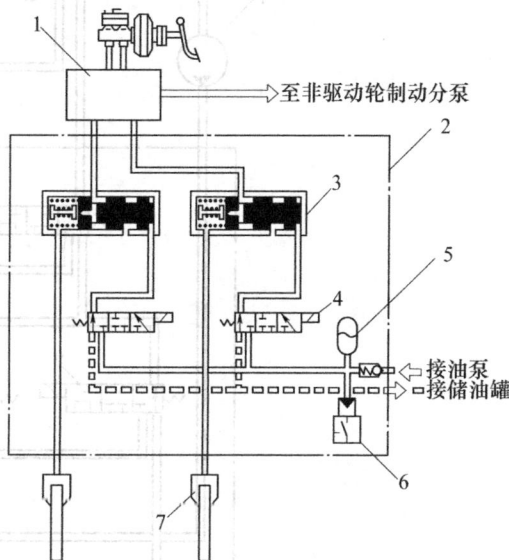

图3-129 独立式ASR制动压力调节器
1—ABS制动压力调节器；2—ASR制动压力调节器；
3—调压缸；4—三位三通电磁阀；5—蓄能器；
6—压力开关；7—驱动车轮制动器

电磁阀总成主要有三个二位二通电磁阀，即蓄能器切断电磁阀、制动主缸切断电磁阀、储液罐切断电磁阀以及压力开关等部分组成，如图 3-131 所示。其中蓄能器切断电磁阀的功用是在防滑系统工作时，将制动液由蓄能器中传送至车轮制动轮缸；制动主缸切断电磁阀的功用是当蓄能器中的制动液压传送给车轮制动轮缸后，防止制动液流回制动主缸；储液罐切断电磁阀的功用是在防滑系统工作中将车轮制动轮缸中的制动液传送回制动主缸中；压力开关的作用是调节蓄能器中的压力。

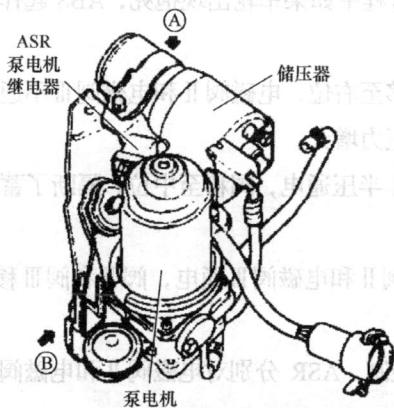

图3-130 液压泵总成

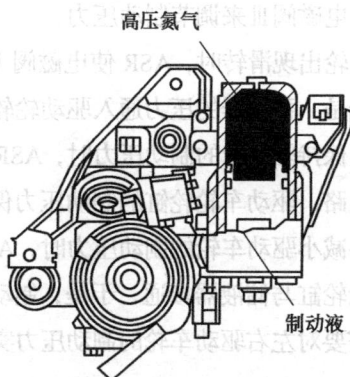

图3-131 电磁阀总成

（2）工作原理

雷克萨斯 LS400 乘用车同时具有 ABS 和 ASR 系统，且共用一个电子控制单元。其组合式制动压力调节器的液压回路如图 3-132 所示。

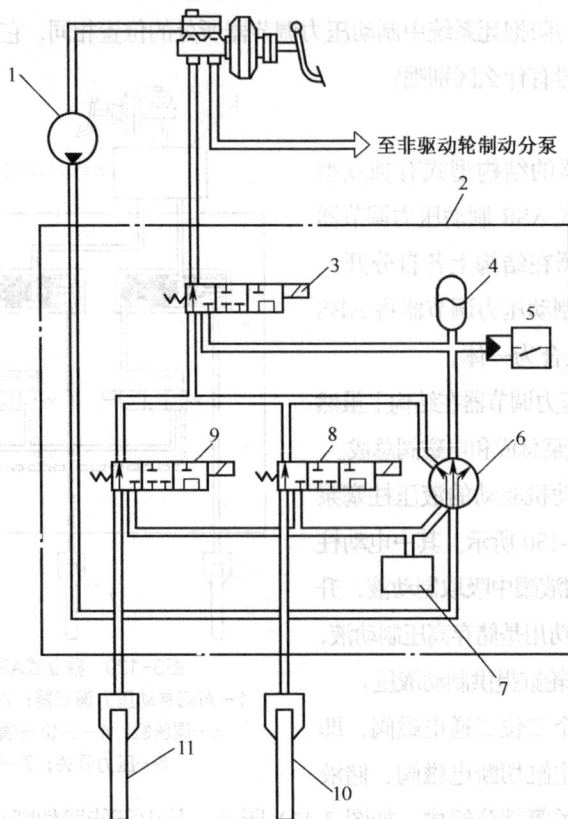

图3-132　ABS/ASR制动压力调节器
1—电动液压泵；2—ABS/ASR制动压力调节器；3—电磁阀Ⅰ；4—蓄能器；5—压力开关；6—循环泵；
7—储液器；8—电磁阀Ⅱ；9—电磁阀Ⅲ；10—驱动车轮制动器

ASR 不起作用时，电磁阀Ⅰ不通电。汽车在制动过程中如果车轮出现抱死，ABS 起作用，通过电磁阀Ⅱ和电磁阀Ⅲ来调节制动压力。

当驱动轮出现滑转时，ASR 使电磁阀Ⅰ通电，阀移至右位，电磁阀Ⅱ和电磁阀Ⅲ不通电，阀仍在左位，于是，蓄压器的压力通入驱动轮轮缸，制动压力增大。

当需要保持驱动轮的制动压力时，ASR 使电磁阀Ⅰ半压通电，阀移至中位，隔断了蓄能器及制动主缸的通路，驱动车轮轮缸的制动压力保持不变。

当需要减小驱动车轮的制动压力时，ASR 使电磁阀Ⅱ和电磁阀Ⅲ通电，阀Ⅱ和阀Ⅲ移至右位，将驱动车轮轮缸与储液器接通，于是，制动压力下降。

如果需要对左右驱动车轮的制动压力实施不同的控制，ASR 分别对电磁阀Ⅱ和电磁阀Ⅲ实行不同的控制。

3. 电子控制单元（ECU）

一般，ABS 和 ASR 共用一个电子控制单元。对于驱动防滑系统，它根据驱动车轮转速传感器输送的速度信号计算判断出车轮与路面间的滑转状态，并适时地向其执行机构发出指令，以降低发动机的输出转矩和车轮的转速，从而实现防止驱动轮滑转的目的。

此外，电子控制单元（ECU）还具有初始检测功能、故障自诊断功能和失效保护功能。

（1）车轮防滑控制

电子控制单元不断地监测出驱动轮轮速传感器传来的速度信号，并不断地计算出每个车轮的速度，同时也计算出汽车的行驶速度和车轮滑转率。当汽车在起步或突然加速过程中，若驱动轮滑转，电子控制单元（ECU）立即使防滑系统工作。

例如，当踩下加速踏板后，主节气门迅速开启，驱动轮加速。若驱动轮速度超过设定控制速度后，电子控制单元即发出指令，关闭副节气门，减少发动机进气量，从而使发动机转矩降低。同时，电子控制单元发出指令接通 ASR 制动压力调节器电磁阀，并将 ABS 压力调节器电磁阀置于"增压制动"状态，于是 ASR 蓄能器高压制动液使制动轮缸的液压力迅速升高，实现对滑转驱动轮的制动。

当制动作用后，驱动轮加速度立即减小，电子控制单元将 ABS 压力调节器的三位电磁阀置于"保压制动"状态；若驱动轮速度降低太多，电磁阀就处于"减压制动"状态，使制动轮缸中的液压降低，驱动轮转速又恢复升高。

（2）初始检测功能

当汽车处在停止状态，自动变速器选挡杆处在"P"或"N"位置而接通点火开关时，电子控制单元（ECU）即开始对副节气门驱动装置和 ASR 制动压力调节器电磁阀的工作状态进行检测。

（3）故障自诊断功能

当电子控制单元检测到防滑转系统出现故障时，即点亮仪表盘上的 ASR 警告灯，以警告驾驶员 ASR 系统已出现故障，同时将故障以代码的形式存入存储器，供诊断时重新显示出来。

（4）失效保护功能

当电子控制单元（ECU）检测到 ASR 有故障时，电子控制单元（ECU）立即发出指令，断开 ASR 节气门继电器、ASR 液压泵电机继电器和 ASR 制动主继电器，从而使 ASR 系统不起作用。而发动机和制动系统仍可以按照没有采用 ASR 系统时那样工作。

三、任务实施

（一）ASR 系统的故障自诊断

以丰田雷克萨斯 LS400 乘用车为例介绍 ASR 系统的故障诊断及检查步骤。

雷克萨斯 LS400 乘用车同时具有 ABS 和 ASR，且共用一个电子控制单元，其 ASR 和 ABS 的控制原理简图如图 3-133 所示，系统控制电路如图 3-134 所示。电子控制单元各端子排列及名称如表 3-3 所示。

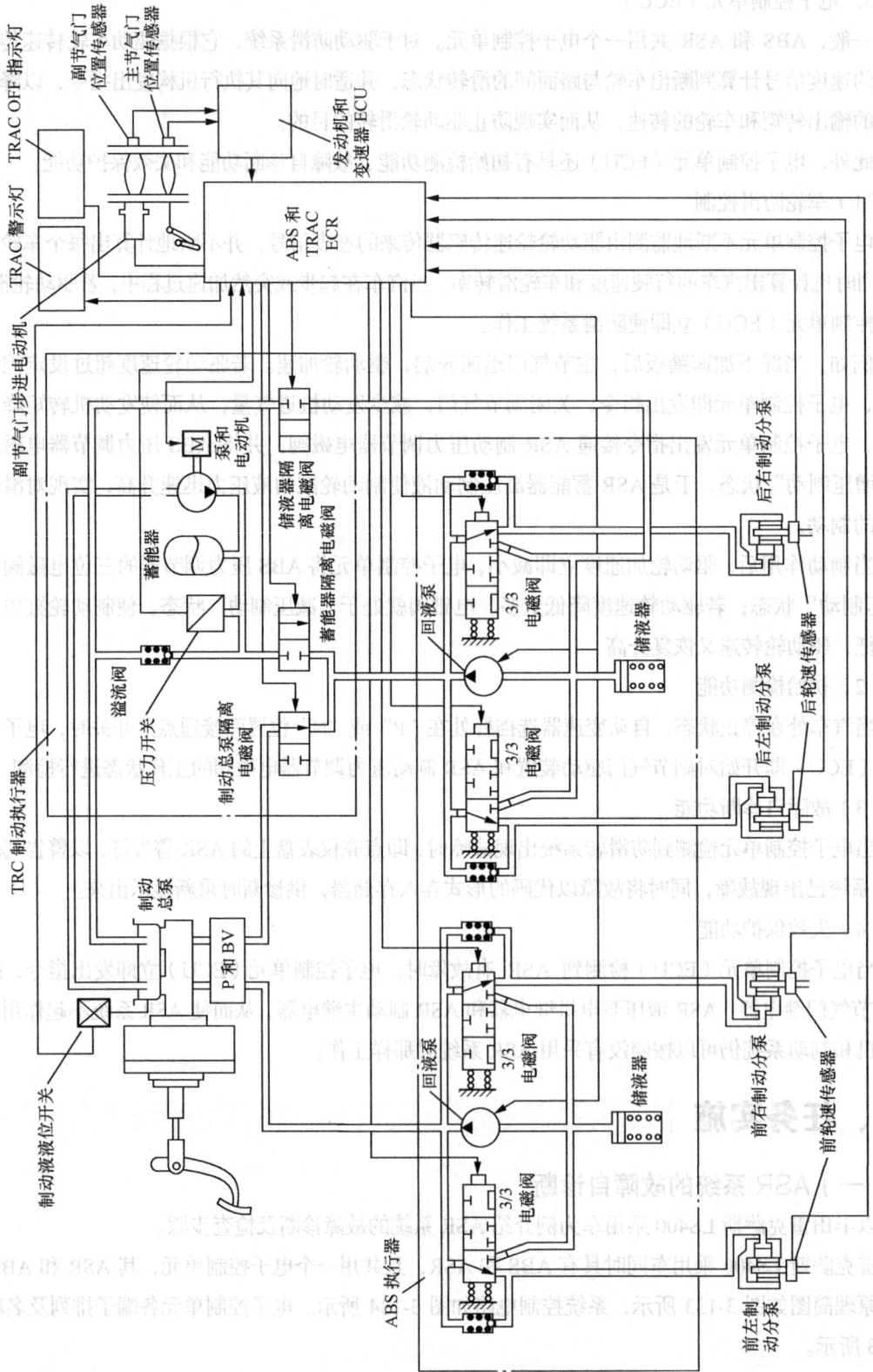

图3-133 雷克萨斯LS400的ASR和ABS控制原理简图

驻车制动器开关
制动指示灯
制动液液面警告开关
制动灯
制动灯开关
换挡位置指示灯（用于 P 挡位）
换挡位置指示灯（用于 N 挡位）
空挡层动开关
仪表
ABS 警告灯
TRC 切断开关
AM1 熔断器
IGI
ECU-IG
ECU+B
WA
IG
BAT
PKB
STP
LBLI
PL
NL
CSW

TRC 关断指示灯
WT
TRC 指示灯
IND
TDCL

TRC 制动主继电器
TSR
TRC 制动执行器
SAC
SMC
SRC
PR
E2
TC
D/G
TS
发动机故障警告灯

TRC 节气门继电器
BM
TTR
TRC 电动机继电器
TMR
TRC 泵电动机
MTT
ML+
ML-
维修连接器
检查连接器

ABS
熔断器
TRC
交流发电机熔断器
蓄电池

主节气门位置传感器
副节气门执行器
TRS
IDLI
ACM
A
A-
B
B-
BCM
副节气门位置传感器
W
IDLI
E2
VTA1
VC
VTA2

发动机（和 ECT）ECU

ABS 泵电动机继电器
MT
MR
R-
SR
SFR
SFL
SRR
SRL
AST
GND
GND
GND
E1
E1
电磁线圈继电器
ABS 执行器

IDL2
VTH
VSH
TR2
NEO
FR+
FR-
FL+
FL-
RR+
RR-
RL+
RL-
IDL2
VTH
VSH
TR2
NRO
右前轮速传感器
左前轮速传感器
右后轮速传感器
左后轮速传感器

ABS（和 TRC）ECU

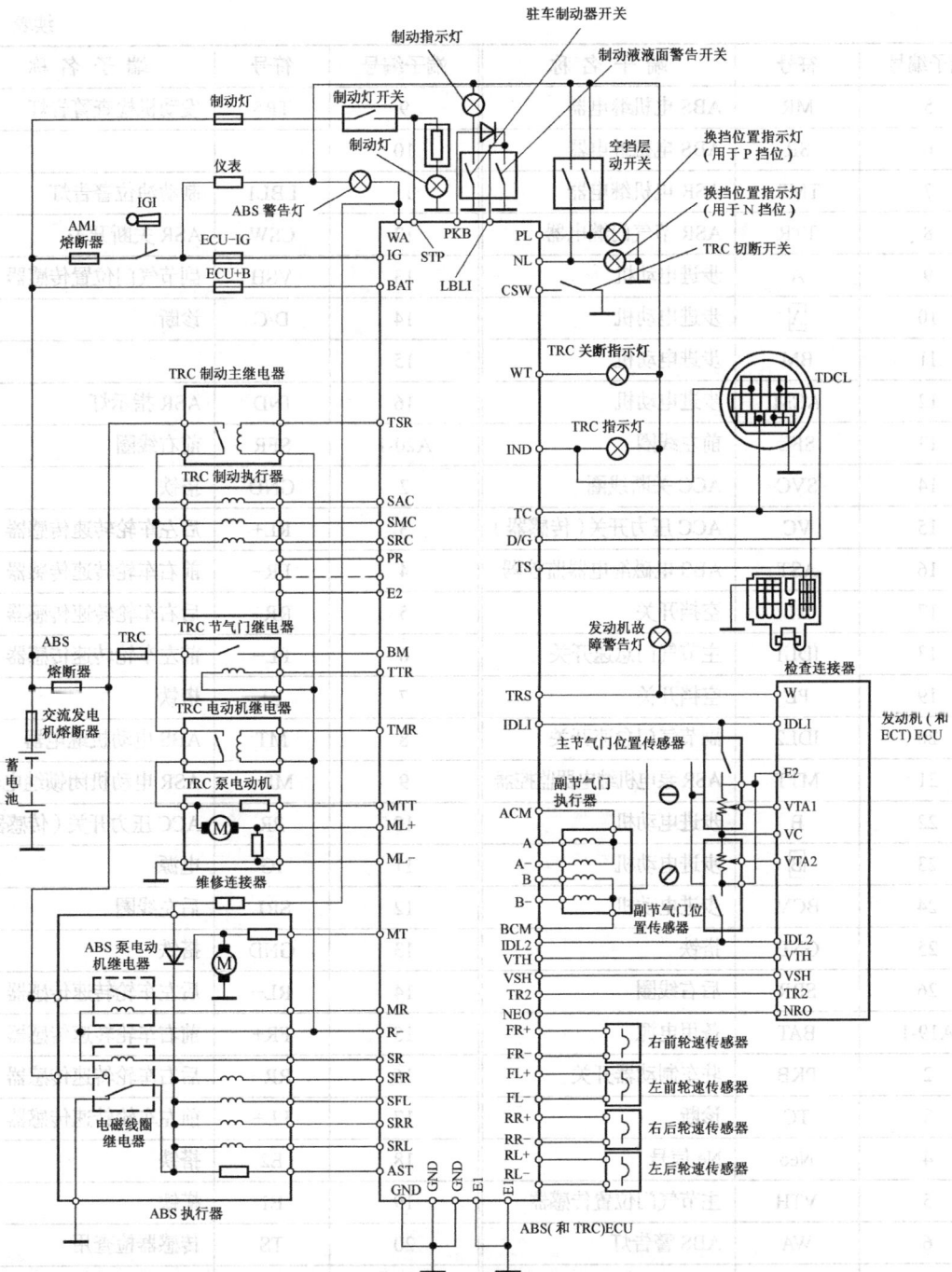

图3-134 雷克萨斯LS400 ASR系统的控制电路

表 3-3 雷克萨斯 LS400 ABS 和 ASR 电子控制单元端子排列及名称

端子编号	符号	端子名称	端子编号	符号	端子名称
A18-1	SMC	主缸切断电磁阀	3	R-	继电器地线
2	SRC	储液器切断电磁阀	4	TSR	ASR 线圈继电器

端子编号	符号	端 子 名 称	端子编号	符号	端 子 名 称
5	MR	ABS 电机继电器	9	TR5	发动机检查警告灯
6	SR	ABS 电磁继电器	10		
7	TMR	ASR 电机继电器	11	LBL1	制动油位警告灯
8	TTR	ASR 节气门继电器	12	CSW	ASR 关断开关
9	A	步进电动机	13	VSH	副节气门位置传感器
10	Ⓐ	步进电动机	14	D/C	诊断
11	BM	步进电动机	15		
12	ACM	步进电动机	16	IND	ASR 指示灯
13	SFL	前左线圈	A20-1	SFR	前右线圈
14	SVC	ACC 关断线圈	2	GND	搭铁
15	VC	ACC 压力开关（传感器）	3	RL+	后左车轮转速传感器
16	AST	ABS 电磁继电器监控器	4	FR−	前右车轮转速传感器
17	NL	空挡开关	5	RR+	后右车轮转速传感器
18	IDL1	主节气门怠速开关	6	FL−	前左车轮转速传感器
19	PL	空挡开关	7	E1	搭铁
20	IDL2	副节气门怠速开关	8	MT	ABS 电动机继电器
21	MTT	ASR 泵电机继电器监控器	9	ML−	ASR 电动机闭锁继电器
22	B	步进电动机	10	PR	ACC 压力开关（传感器）
23	Ⓑ	步进电动机	11	IG	电源
24	BCM	步进电动机	12	SRL	后左线圈
25	GND	搭铁	13	GND	搭铁
26	SRR	后右线圈	14	RL−	后左车轮转速传感器
A19-1	BAT	备用电源	15	FR+	前右车轮转速传感器
2	PKB	驻车制动器开关	16	RR−	后右车轮转速传感器
3	TC	诊断	17	FL+	前左车轮转速传感器
4	Neo	Ne 信号	18	E2	搭铁
5	VTH	主节气门位置传感器	19	E1	搭铁
6	WA	ABS 警告灯	20	TS	传感器检查用
7	TR2	发动机通信	21	ML+	ASR 电动机闭锁传感器
8	WT	ASR OFF 指示器	22	STP	停车灯开关

（1）系统的自检

当点火开关接通时，仪表板上的 ASR 警告灯会亮起，3s 后 ASR 警告灯熄灭。如果点火开关接通时，ASR 警告灯不亮或 3s 后不熄灭，应为不正常，需进行检查。

（2）故障码的读取和清除

由于与 ABS 共用一个 ECU，所以 ASR 故障码的读取和清除方法与 ABS 的操作方法相同。ASR 故障码的内容及检测部位如表 3-4 所示。

表 3-4 　　　　　雷克萨斯 LS400 乘用车 ASR 系统故障码

故障代码	故障原因	检测部位
11	ASR 制动主继器电路断路	主继电器触点不能闭合或接触不良；主继电器与电子控制单元间、主继电器与制动压力调节器间、主继电器与蓄电池间的线路或接线端子接触不良或松脱；电子控制单元有故障
12	ASR 制动主继器电路短路	主继电器触点不能张开或线圈与电源短路；主继电器与制动压力调节器间的线路或接线端子与电源有短路；电子控制单元故障
13	ASR 节气门继电器电路断路	节气门继电器触点不能闭合或接触不良；节气门继电器与电子控制单元间、节气门继电器与蓄电池间的线路或接线端子接触不良或松脱；电子控制单元故障
14	ASR 节气门继电器电路短路	节气门继电器触点不能张开或线圈与电源短路；节气门继电器与控制线路或接线端子与电源短路；电子控制单元故障
15	因漏油 ASR 电动机工作时间过长	压力开关或压力传感器故障；制动压力调节器与电子控制单元间线路或接线端子故障；电子控制单元故障
16	压力开关断路或压力传感器短路	
17	压力开关（传感器）一直关断	
19	ASR 电动机开关动作过于频繁	
21	主缸关断电磁阀电路断路或短路	制动压力调节器故障；调节器与电子控制单元间的线路或接线端子；调节器与主继电器间的线路或接线端子；电子控制单元故障
22	蓄压器关断电磁阀电路和断路或短路	
23	储液室关断电磁阀断路或短路	
24	副节气门执行器电路断路或短路	副节气门驱动器故障；节气门体卡住；副节气门传感器故障；电子控制单元故障
25	步进电机达不到电子控制单元预定的位置	
26	电子控制单元指令副节气门全开，但是副节气门不动	
27	步机电机断电时，副节气门仍未达到全开的位置	
44	ASR 工作时，滑转信号未送入电子控制单元	发动机电子控制单元故障；电子控制单元与发动机电子控制单元线路或接线端子故障；电子控制单元故障
45	当急速开关断开时，主节气门位置传感器信号≥1.5V	主节气门位置传感器故障；电子控制单元与发动机电子控制单元间的线路或接线端子故障；电子控制单元故障
46	当急速开关接通时，主节气门位置传感器信号≥4.3V 或≤0.2V	

续表

故障代码	故障原因	检测部位
47	当怠速开关断开时，副节气门位置传感器信号≥1.45V	副节气门位置传感器故障；电子控制单元与发动机电子控制单元间的线路或接线端子故障；电子控制单元故障
48	当怠速开关接通时，副节气门位置传感器信号≥4.3V或≤0.2V	
49	与发动机电子控制单元信息交换电路断路或短路	电子控制单元与发动机电子控制单元间的线路或接线端子故障；电子控制单元或发动机电子控制单元故障
51	发动机控制系统有故障	
52	制动液面过低报警开关接通	制动液泄漏；制动液液面过低报警开关故障；制动液液面过低报警开关与电子控制单元间线路接线端子故障；电子控制单元故障
54	ASR电动机继电器电路断路	电动液压泵继电器故障；电动液压泵及继电器与电子控制单元间或接线端子故障；电子控制单元故障
55	ASR电动机继电器短路	
56	ASR电动液压泵不能转动	电动液压泵电动机故障；液压泵电动机与搭铁间、与电子控制单元间线路或接线端子故障；电子控制单元故障
57	ASR灯常亮	电子控制单元故障

（二）ASR系统的检测

（1）电源电压

在点火开关关断和接通时，BAT端子上的电压均应为10～14V；在点火开关断开时IG端子上的电压应为0V，点火开关接通时，该端子电压应为10～14V。

（2）空挡起动开关两端子PL、NL上的电压

PL、NL两端子上的电压在点火开关断开时，均为0V；当点火开关接通、变速操纵杆在P或N时均为10～14V，其他位置时为0V。

（3）制动开关STP端子上的电压

在制动灯开关接通时，STP端子上的电压应为10～14V；制动灯开关断开时应0V。

（4）制动液液面高度警告开关LBL1端子上的电压

在点火开关接通和制动液液面高度开关断开时，LBL1端子上的电压值应为10～14V；液位开关接通时，应小于1V。

（5）ASR切断开关CSW端子上的电压

在点火开关接通时，按下ASR切断开关，其端子电压为0V；放开ASR切断开关，电压约为5V。

（6）ASR制动主继电器TSR端子上的电压

点火开关接通时，TSR端子上的电压应为10～14V。

（7）ASR节气门继电器BTH和TTR两端子上的电压

在点火开关接通时，BTH、TTR两端子上的电压均应为10～14V；点火开关断开时均为0V。

（8）ASR 制动压力调节器各端子上的电压

在点火开关接通时，SMC、SAC、SRC 三端子上的电压值均应为 10～14V；PR、VC 两端子上的电压值均应约为 5V。

（9）与发动机和自动变速器电子控制单元相关的端子电压

① IDL1 和 IDL2 两端子上的电压。在点火开关接通时，节气门关闭，电压应为 0V；节气门开启，电压应为 5V。

② VTH 和 VSH 两端子上的电压。在点火开关接通、节气门关闭，电压约为 0.6V；节气门开启，电压约为 3.8V。

③ TR2 端子上的电压。在点火开关接通时约为 5V。

④ TR5 端子上的电压。在点火开关接通和发动机检查灯打开时，电压约为 1.2V；若发动机运转且发动机检查灯关闭时，电压为 10～14V。

⑤ NEO 端子上的电压。在点火开关接通且发动机停熄时，其电压约为 5V；怠速时电压约为 2.5V。

（10）ASR 关闭指示灯 WT 端子上的电压

在点火开关接通时，若指示灯断开，电压应为 10～14V；若指示接通，电压应为 0V。

（11）故障诊断插座 TC、TS 和 D/G 端子上的电压

① TC 端子上的电压。在点火开关接通时，其电压应为 10～14V。

② TS 端子上的电压。在点火开关接通时，其电压应为 10V。

③ D/G 端子上的电压。在点火开关接通时，其电压应为 10～14V。

任务六　制动能量回收系统检修

一、任务导入

制动能量回收系统回收车辆在制动或惯性滑行中释放出的多余能量，并通过发电机将其转化为电能，再储存在蓄电池中，用于之后的加速行驶。这个蓄电池还可为车内耗电设备供电，降低对发动机的依赖、燃耗及二氧化碳排放。

二、相关知识

（一）定义

制动能量回收系统（Braking Energy Recovery System）也称为再生制动，是指将汽车制动时产

生的热能转换成机械能，并将其存储在电容器内，在使用时可迅速将能量释放。

实际上，并不是所有的制动能量都可以再生。在纯电动车上，只有驱动轮上的制动能量可以沿着与之相连接的驱动轴传送到能量储存系统，另一部分的制动能量将通过车轮上的摩擦制动以热的形式散失掉。同时，车辆的安全性也影响着制动能量的回收。由此看来，传统的摩擦制动也是必需的。一方面，单纯的再生制动不能给驾驶者在制动时提供很好的感觉，容易使他们产生错觉；另一方面，在汽车需要紧急制动时，摩擦制动将起到关键性的作用。只有将再生制动与摩擦制动有效结合，才能产生一个高效的制动系统。

（二）工作原理

制动能量回收是现代电动汽车与混合动力车重要技术之一，也是它们的重要特点。在一般内燃机汽车上，当车辆减速、制动时，车辆的运动能量通过制动系统而转变为热能，并向大气中释放。而在电动汽车与混合动力车上，这种被浪费掉的运动能量已可通过制动能量回收技术转变为电能并储存于蓄电池中，并进一步转化为驱动能量。例如，当车辆起步或加速时，需要增大驱动力时，电机驱动力成为发动机的辅助动力，使电能获得有效应用。

一般认为，在车辆非紧急制动的普通制动场合，约 1/5 的能量可以通过制动回收。制动能量回收按照混合动力的工作方式不同而有所不同。

例如，在丰田普锐斯混合动力车上，车辆运动能量能够通过液压制动和能量回收制动的协调控制回收。但在本田 Insight 混合动力车上，由于发动机与驱动电机连接，所以不能够消除发动机制动。因此，在制动时发动机全部气门关闭，以消除泵气损失，而只存在发动机本身的纯粹的机械摩擦损失。

在发动机气门不停止工作场合，减速时能够回收的能量约是车辆运动能量的 1/3。通过智能气门正时与升程控制系统使气门停止工作，发动机本身的机械摩擦（含泵气损失）能够减少约 70%。回收能量增加到车辆运动能量的 2/3。

（三）电动汽车的制动模式

汽车的制动请求按制动强度的大小可分为下面 3 种类型。

1. 弱制动强度的制动

当行驶中出现行人、车辆交通情况或地形发生变化而难以通过或可能发生危险时，需要有目的地提前采取减速。对于传统燃油车，此时驾驶员脚抬起加速踏板，利用发动机怠速时活塞压缩气缸内气体的反作用力降低车速。

2. 中等制动强度的制动

当弱制动强度的制动未能达到预计要求时，联合发动机的阻力与制动器制动力共同制动来加快车辆减速。

3. 大制动强度的制动

当出现不可预见的紧急情况时，需要车辆紧急停车，此时由制动器产生尽可能大的制动力来加快车辆减速。

由以上三种制动模式可知，除了大制动强度制动（此时的制动时间短促，采用再生制动，能量可能无法短时间吸收）外，其他两种模式都可以应用再生制动，将刹车产生的能量回馈到能量存储系统。

（四）影响再生制动能量回收的主要因素

影响电动汽车再生制动的因素有许多，主要包括行驶工况、制动安全性要求、车辆驱动型式、电机类型和能量存储系统。下面对这些主要影响因素予以分析。

1. 行驶工况

不同行驶工况，电动汽车制动出现的频率不同，制动频率高、制动强度低的行驶工况，电动汽车可能回收的制动能就多，如城市工况下车辆密度大、红绿灯多，造成车辆频繁起步与停车。相对而言，制动频率低的工况，可能回收的制动能就少，如高速公路行驶工况。

2. 制动安全性要求

制动系统的首要任务是满足驾驶员的制动请求，其次是要满足车辆制动时的方向稳定性与制动效率要求。当电制动的制动强度达不到驾驶员的制动请求时，应通过制动控制策略立即让机械摩擦制动参与制动，决不能为了多回收制动能而只让电制动工作；此外，为使前、后轮制动满足 ECE 制动法规要求，即使有时电制动有足够制动能力，也需抑制其制动能力，以使前、后轮均满足制动效率要求。

3. 车辆驱动型式

制动时，并不是所有车轮上的制动能均可回收，只有驱动轮上的制动能才可能回收。而且在其他条件不变时，由于制动时前轮分配较多的制动力，前驱型电动汽车比后驱型回收的制动能要多。当然，前轮都用电驱动可能回收的制动能最多。

4. 电机类型

再生制动对电机的扭矩特性要求与驱动时对电机的动力特性要求相同。即要求驱动电机在满足车辆动力性能要求的条件下既要有尽可能宽的恒功率工作区，也要在较宽的转速和转矩范围内都有较高的效率。这样不但可以降低对电机额定功率的需求，而且可增强回收制动能的能力。

5. 能量存储系统

能量存储系统剩余容量的多少是决定再生制动能回收的最重要因素。当能量存储系统中的电池被充满时，便无法回收制动能。其次制动时避免充电电流过大或充电时间过长而损害电池。电动汽车绝大多数的加、减速任务是依靠电池等的放电与充电来完成，每次加、减速强度的大小取决于蓄电池的 SOC 及短时间内充、放电功率的大小。通常只有当 SOC 低时，再生制动时才表现出较强的回收能力。因此要求存储系统不但要有高的充、放电循环次数，而且要有高效的快速充、放电能力。

（五）丰田混合动力车的制动能量回收系统

丰田混合动力车制动能量回收系统是由原发动机车型的液压制动器（包括液压传感器、液压阀）与电机（减速、制动时起发电机作用，即转变为能量回收发电工况）、逆变器、电控单元（包括动力蓄电池电控单元、电机电控单元和能量回收电控单元）组成。

丰田的能量回收制动系统的特点是采用制动能量回收与液压制动的协调控制，其协调制动的原理是在不同路况和工况条件下首先确保车辆制动稳定性和安全性，同时考虑到动力蓄电池的再生制动的能力（由动力蓄电池电控单元控制）使车轮制动扭矩与电机能量回收制动扭矩之间达到优化目标的协调控制，并由整车电控单元实施集中控制。

当驾驶员踩制动踏板，则按照制动踏板力大小，通过行程模拟器（Stroke Simulator）等部分，液压制动器（液压伺服制动系统）实时进入相应工作，紧接着制动能量回收系统也将进入工作状态。亦即如果动力蓄电池的电控单元判断动力蓄电池有相应的荷电量（SOC）回收能力，制动能量回收制动力占整个制动力的相应部分。当车辆接近停止时，制动能量回收系统制动力变为零。这两种制动力的能量变换比例与图 3-135 所示相应面积的比例相当。当液压制动的面积小，制动能量回收制动的面积大时，表示制动能量回收量增加。增加制动能量回收的面积直接与降低燃油耗相关。但是在液压制动保持不变的状态下，只考虑制动能量回收率上升而增加制动力，导致驾驶员对制动路感变差不舒适。为解决这一问题开发了电子线控制动（Brake by Wire）的电子控制制动器（ECB: Electronic Control Brake）。如图 3-136 所示，在电子控制制动器中，制动踏板与车轮制动分泵不是通过液压管路直接连接，而是通过电控单元（ECU）向液压能量供给源发出相应指令，使对应于制动能量回收制动强度的液压传递到相应车轮制动分泵。因此，制动能量回收制动与液压制动之和达到与制动踏板行程量相对应的制动力值，从而改善驾驶员制动操作时路感。

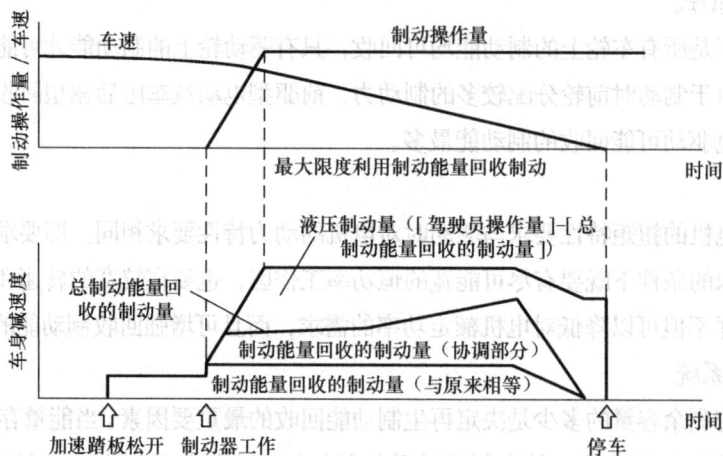

图3-135　制动能量回收制动与液压制动的协调控制

由图 3-136 所示可知，制动能量回收控制受到脚制动踏板力信号经过制动总泵与行程模拟器输入部再进入液压控制部（包括液压泵电机、蓄压器）的液压机构再经过制动液压调节传递到车轮制动分泵，同时该液压信号如果系统发生故障停止时，液压紧急启动，电磁切换阀开启，即又通过电磁阀切换，传递到车轮制动分泵。

（六）本田第四代 IMA 混合动力系统的制动能量回收系统控制

本田第四代 IMA 混合动力系统应用在 2010 款 Insight 混合动力车上。其制动能量回收系统采用执行器和电控单元组成一体化模块型式，包括 IMA 系统电机控制模块、动力蓄电池监控模块和电机驱动模块。

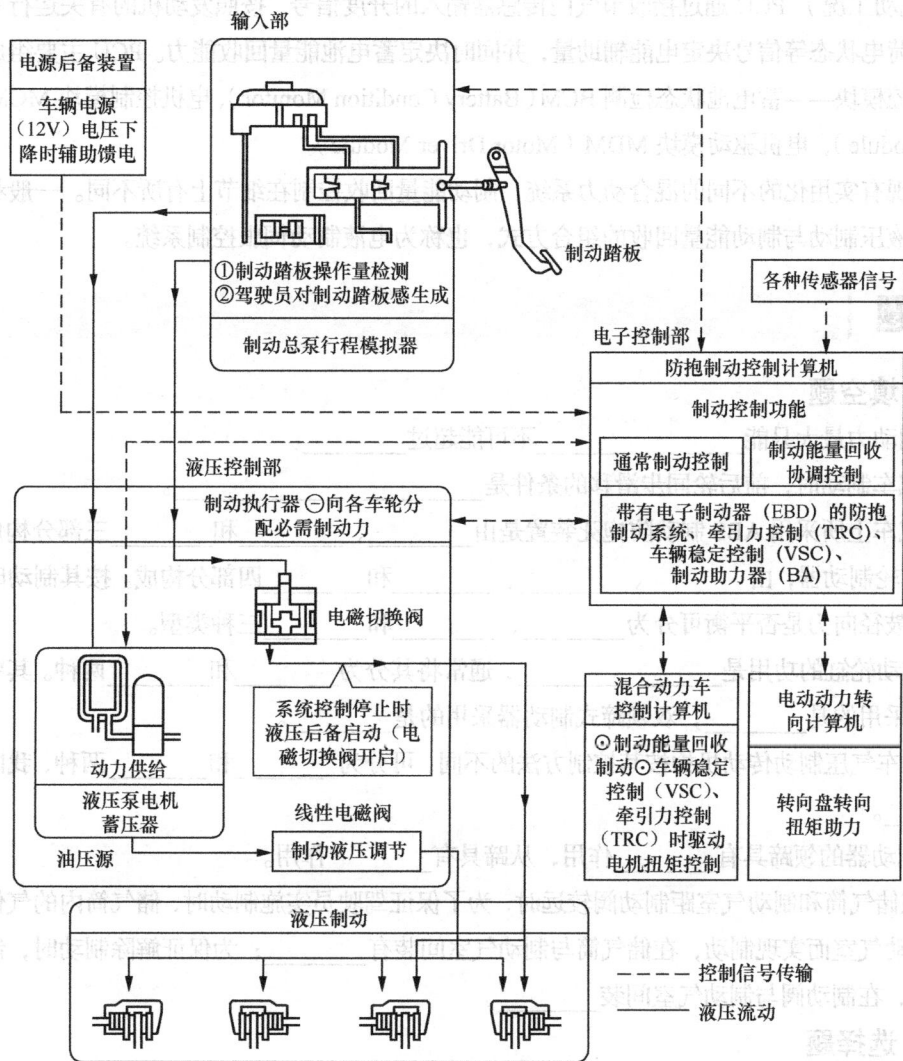

图3-136 车辆制动能量协调控制

制动能量回收系统工作过程如下：

IMA 电机在制动、缓慢减速时，通过混合动力整车电控单元发出相应指令使电机转为发电机再生发电工况，通过制动能量回收控制系统以电能形式向动力蓄电池充电。其基本工作过程是：当制动时，制动踏板传感器使 IMA 电控单元激活制动总泵伺服装置，通过动力蓄电池电控单元、能量回收电控单元、电机电控单元等电控单元发出相应指令，使液压机械制动和电机能量回收之间制动力协调均衡以实现最优能量回收。第四代 IMA 系统采用了可变制动能量分配比率，比上一代的制动能量回收能力增加 70% 。

IMA 电机、动力蓄电池电控单元、能量回收电控单元、电机电控单元等都属于本田第四代 IMA 混合动力系统的"智能动力单元 IPU（Intelligent Power Unit）"组成部分。它是由动力控制单元 PCU（Power Control Unit）、高性能镍氢蓄电池和制冷系统组成。PCU 是 IPU 的核心部分，控制电机助力

（即进入电动工况）。PCU 通过接收节气门传感器输入的开度信号，按照发动机的有关运行参数和动力蓄电池荷电状态等信号决定电能辅助量，并同时决定蓄电池能量回收能力。PCU 主要组成部分有蓄电池监控模块——蓄电池状态检测 BCM（Battery Condition Monitor）、电机控制模块 MCM（Motor Control Module）、电机驱动模块 MDM（Motor Driver Module）。

综观现有实用化的不同的混合动力系统，制动能量回收控制在细节上有所不同。一般都采用电子控制的液压制动与制动能量回收的组合方式，也称为电液制动伺服控制系统。

练习题

一、填空题

1. 制动力最大只能_____不可能超过_____。

2. 汽车制动时，前后轮同步滑移的条件是_____。

3. 汽车上所采用 ABS 制动防抱死装置是由_____、_____和_____三部分构成。

4. 车轮制动器，由_____、_____、_____和_____四部分构成。按其制动时两制动蹄对制动鼓径向力是否平衡可分为_____、_____和_____三种类型。

5. 制动轮缸的功用是_____，通常将其分为_____和_____两种。其中领从蹄式制动器采用的是_____，双领蹄式制动器采用的是_____。

6. 挂车气压制动传动机构按其控制方法的不同，可分为_____和_____两种，我国一般采用_____。

7. 制动器的领蹄具有_____作用，从蹄具有_____作用。

8. 在储气筒和制动气室距制动阀较远时，为了保证驾驶员实施制动时，储气筒内的气体能够迅速充入制动气室而实现制动，在储气筒与制动气室间装有_____；为保证解除制动时，制动气室迅速排气，在制动阀与制动气室间装_____。

二、选择题

1. 鼓式车轮制动器的旋转元件是（   ）。

    A. 制动蹄   B. 制动鼓   C. 摩擦片   D. 制动盘

2. 领从蹄式轮缸车轮制动器的两制动蹄摩擦片的长度是（   ）。

    A. 前长后短   B. 前后等长   C. 前短后长

3. 在解除制动时，液压制动主缸的出油阀和回油阀开闭情况是（   ）。

    A. 先关出油阀，再开回油阀   B. 先开回油阀，再关出油阀

    C. 两阀都开启   D. 两阀都关闭

4. 汽车制动时，制动力的大小取决于（   ）。

    A. 汽车的载质量   B. 制动力矩

    C. 车速   D. 轮胎与地面的附着条件

5. 汽车制动时，当车轮制动力 F_B 等于车轮与地面之间的附着力 F_A 时，则车轮（   ）。

A. 做纯滚动 　　 B. 做纯滑移 　　 C. 边滚边滑 　　 D. 不动

6. 领从蹄式制动器一定是（　　　）。

　　A. 等促动力制动器 　　　　　　 B. 不等促动力制动器

　　C. 非平衡式制动器 　　　　　　 D. 以上三个都不对。

7. 在结构形式、几何尺寸和摩擦副的摩擦系数一定时，制动器的制动力矩取决于（　　　）。

　　A. 促动管路内的压力 　　　　　　 B. 车轮与地面间的附着力

　　C. 轮胎的胎压 　　　　　　　　　 D. 车轮与地面间的摩擦力

8. 在汽车制动过程中，如果只是前轮制动到抱死滑移而后轮还在滚动，则汽车可能（　　　）。

　　A. 失去转向性能 　　　　　　 B. 甩尾

　　C. 正常转向 　　　　　　　　 D. 调头

9. 制动控制阀的排气阀门开度的大小影响（　　　）。

　　A. 制动效能 　　 B. 制动强度 　　 C. 制动状态 　　 D. 制动解除时间

三、名词解释题

1. 制动效能；2. 制动距离；3. 制动减速度；4. 液压制动踏板的自由行程；5. 附着系数；6. 滑移率；7. 滑转率；8. ABS；9. ASR；10. 领蹄；11. 从蹄；12. 钳盘式制动器

四、问答题

1. 什么是制动踏板感（"路感"）？对实施制动有何帮助？

2. 对制动液有何要求？写出更换制动液的操作步骤。

3. 什么是摩擦制动器？它是如何分类的？各自的结构特点如何？

4. 什么是领从蹄式制动器？简述其结构及其工作原理，并指出哪一蹄是领蹄？哪一蹄是从蹄？

5. 什么是制动助势蹄和减势蹄？装有此两种蹄的制动器是何种制动器？

6. 什么是双向自增力式制动器？其与单向自增力式制动器在结构上有何区别？

7. 盘式制动器与鼓式制动器比较有哪些优缺点？

8. 气压制动系的供能装置主要包括哪些装置？它们的作用是什么？这些装置在气压制动系中的作用是什么？是否是必不可少的？

9. 增压式伺服制动系和助力式伺服制动系各具有什么特点？

10. 什么是理想的汽车前后轮制动力分配比？汽车制动时前轮或后轮先抱死会产生什么后果？

11. 感载阀的特点是什么？为什么有些汽车制动力调节装置中采用感载阀？

12. 汽车为什么要安装防抱死制动装置？

13. 在图 3-137 所示中标出一般制动系的主要部件，并用示意简图来说明盘式与鼓式制动系统的工作原理。

14. 图 3-138 所示为红旗 CA7220 型轿车制动防抱死系统的组成及布置，试写出组成部件的名称，并说明其工作过程。

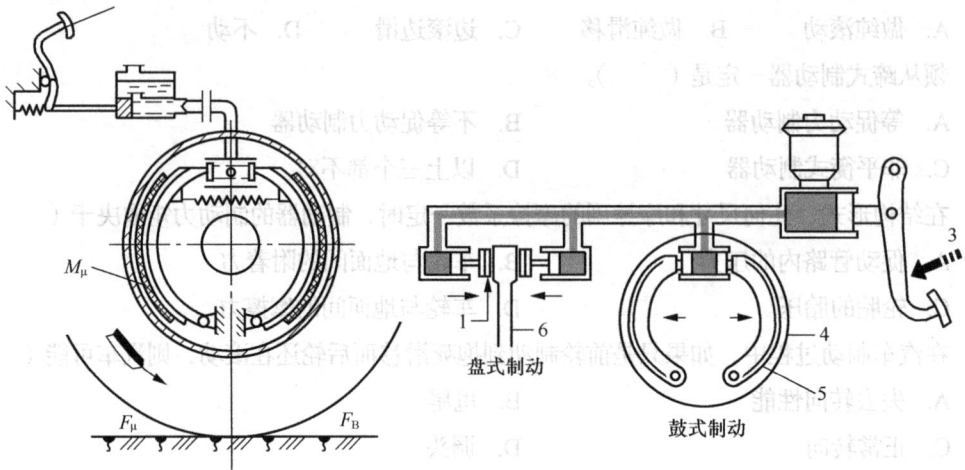

图3-137　制动系

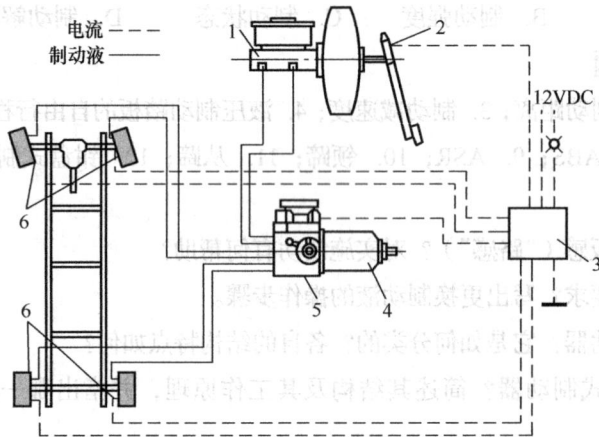

图3-138　红旗CA7220型轿车制动防抱死系统

综合练习题

一、填空题

1. 驱动防滑转系统是通过调节_____来实现驱动车轮滑转控制的。

2. 悬架系统的调节方式有_____和_____两种。

3. 评价制动效能的主要评价指标有_____、_____和_____。

4. ASR 不起作用时，辅助节气门处于_____位置，当需要减少发动机驱动力来控制车轮滑转时，ASR 控制器输出信号使辅助节气门驱动机构工作，改变_____开度。

5. 电子控制悬架系统的功能有_____、_____、_____。

6. 丰田凌志轿车电子控制动力转向系统主要有_____、_____、_____、_____和_____等组成。

二、选择题

1. 关于车轮滑移率 S，下列哪个说法正确_____。

A. $S=$（车速-轮速）/车速　　　　B. $S=$（轮速-车速）/车速

C. $S=$（车速-轮速）/轮速　　　　D. $S=$（轮速-车速）/轮速

2. 关于装有 ABS 的汽车的制动过程，下列哪个说法是正确的_____。

　　A. 在制动过程中，只有当车轮趋于抱死时，ABS 才工作

　　B. 只要驾驶员制动，ABS 就工作；

　　C. 在汽车加速时，ABS 才工作

　　D. 在汽车起步时，ABS 工作

3. 下列叙述不正确的是_____。

　　A. 制动时，转动转向盘，会感到转向盘有轻微的震动。

　　B. 制动时，制动踏板会有轻微下沉。

　　C. 制动时，ABS 继电器不断的动作，这也是 ABS 正常起作用的正常现象。

　　D. 装有 ABS 的汽车，在制动后期，不会出现车轮抱死现象。

4. 为了避免灰尘与飞溅的水、泥等对传感器工作的影响，在安装前需车速传感器加注_____。

　　A. 机油　　　　B. 工作液　　　　C. 润滑脂　　　　D. AT 油

5. 当滑转率为_____时，附着系数达到峰值。

　　A. 20%　　　　B. 75　　　　C. 45　　　　D. 50%

6. 在下列防滑控制方式中，反映时间最短的是_____。

　　A. 发动机输出功率控制

　　B. 驱动轮制动控制

　　C. 差速锁与发动机输出功率综合控制

　　D. 防滑差速锁控制

7. 车辆高速行驶时，主要对转向轮起回正作用的定位参数是_____。

　　A. 前轮前束　　　　B. 车轮外倾　　　　C. 主销内倾　　　　D. 主销后倾

8. 下面对前轮采用麦弗逊式独立悬架车辆定位参数的调整的说法错误的是_____。

　　A. 可以通过改变转向节与横摆臂外端的位置来调整定位参数

　　B. 可以通过改变弹性支柱上支座的位置来调整定位参数

　　C. 可以通过改变转向节悬臂轴的位置来调整定位参数

　　D. 可以通过改变转向节上端的位置来调整定位参数

9. 液压制动器踏板变轻，原因可能为_____。

　　A. 缺液或油路泄漏　　　　　　　B. 刹车油黏度过大

　　C. 刹车油黏度过小　　　　　　　D. 压紧弹簧弹力下降

10. 蜗杆曲柄指销式转向器指销轴承预紧度是通过_____来进行调整的。

　　A. 调整螺母　　　　B. 调整垫片　　　　C. 调整螺栓　　　　D. 调整螺钉

三、判断题

（　　）1. 装有制动真空助力器的制动系统，在进行排气操作前，首先要把制动助力控制装置

接通，使制动系统处于助力状态。

（　　）2. 刚刚放出的制动液不能马上添回储液罐，需在加盖的玻璃瓶中静置 12h 以上，待制动液中的气泡排尽后才能使用。

（　　）3. ASR 专用的信号输入装置是 ASR 选择开关、将 ASR 选择开关关闭，ASR 就不起作用。

（　　）4. 丰田车系防抱死制动与驱动防滑工作时，当需要对驱动轮施加制动力矩时，驱动防滑的 3 个电磁阀都不通电。

（　　）5. 装有电子控制悬架系统的汽车在高速行驶时，可以使车高降低，以减少空气阻力，提高操纵的稳定性。

（　　）6. 在车轮打滑时，电子控制悬架系统能以转向角和汽车车速正确判断车身侧向力的大小。

（　　）7. 在检测汽车电子控制空气悬架时，当用千斤顶将汽车顶起时，应将高度控制 ON/OFF 开关拨到"ON"位置。

（　　）8. 电动式 EPS 是利用直流电动机作为动力源，电子控制单元根据转向参数和车速等信号，控制电动机扭矩的大小和方向。

（　　）9. 横摆角速度比例控制是通过检测横摆角速度以控制后轮转向操纵量。

（　　）10. 为改变汽车的侧倾刚度，可通过改变纵向稳定杆的扭转刚度来实现。

四、分析题

1. 试分析汽车行驶跑偏的原因有哪些？
2. 试分析液压制动系统的排气方法？
3. 试分析气压制动拖滞的原因有哪些？
4. 试分析采用电子控制悬架系统的汽车高度的调整方法？
5. 试分析 ABS 车速传感器的故障及检修方法？
6. 盘式制动器与鼓式制动器相比有哪些优点？